THEODOR HELLER

# Logik und Axiologie der analogen Rechtsanwendung

# NEUE KÖLNER RECHTSWISSENSCHAFTLICHE ABHANDLUNGEN

HERAUSGEGEBEN VON
DER RECHTSWISSENSCHAFTLICHEN FAKULTÄT
DER UNIVERSITÄT ZU KÖLN

HEFT 16

Berlin 1961

WALTER DE GRUYTER & CO.

vorm. G. J. Göschen'sche Verlagshandlung · J. Guttentag, Verlagsbuchhandlung
Georg Reimer · Karl J. Trübner · Veit & Comp.

# Logik und Axiologie der analogen Rechtsanwendung

Von

Dr. Theodor Heller

Attendorn

Berlin 1961

WALTER DE GRUYTER & CO.

vormals G. J. Göschen'sche Verlagshandlung · J. Guttentag, Verlagsbuchhandlung
Georg Reimer · Karl J. Trübner · Veit & Comp.

Archiv-Nr. 27 08 61 / 16
Satz und Druck: Berliner Buchdruckerei UNION GmbH., Berlin SW 61

# Inhalt

# Literaturverzeichnis

Entsprechend der in den Anmerkungen gewählten Zitierweise wird den im Literaturverzeichnis angeführten Werken der Name des Verfassers und bei mehreren Werken desselben Verfassers jeweils ein Kennbuchstabe (a), (b), (c) ... vorangestellt.

Für die mehrfach angeführten Zeitschriften und Sammelwerke sind folgende Abkürzungen benutzt worden:

| | |
|---|---|
| AcP | Archiv für die civilistische Praxis |
| AöR | Archiv des öffentlichen Rechts |
| ARSP | Archiv für Rechts- und Sozialphilosophie |
| DRiZ | Deutsche Richterzeitung |
| Forum Rphil. | Forum der Rechtsphilosophie, herg. von Ernst Sauer, Köln 1950 |
| Jhr. Jb. | Jherings Jahrbücher |
| JR | Juristische Rundschau |
| JZ | Juristenzeitung |
| Leipz. Ztschr. | Leipziger Zeitschrift für Deutsches Recht |
| MDR | Monatsschrift für Deutsches Recht |
| NJW | Neue Juristische Wochenschrift |
| Preuß. OVG | Amtliche Entscheidungssammlung des Preußischen Oberverwaltungsgerichts |
| RG (Z) | Amtliche Entscheidungssammlung der Reichsgerichtsrechtsprechung in Zivilsachen |
| Seuff. Arch. | Seufferts Archiv für Entscheidungen oberster Gerichte |
| SJZ | Süddeutsche Juristenzeitung |
| Theoria | „Theoria", A Swedish Journal of Philosophy and Psychology (Lund) |

* * *


Adamson-Royce — Adamson, R.-Royce, Josiah: Art. „Analogy (in Logic)", in: Dictionary of Philosophy and Psychology, ed. by J. M. Baldwin, vol. 1, p. 41, New York 1928.

Bachof — Bachof, Otto: Über die Geltung des Art. 104 des Grundgesetzes oder von der Aufgabe des Richters zur Ausfüllung von Gesetzeslücken, in: JZ 1951, S. 737.

Barker — Barker, Stephen Francis: Induction and Hypothesis, New York 1957.

Bartholomeyczik — Bartholomeyczik, Horst: Die Kunst der Gesetzesauslegung, Frankfurt/Main 1951.

Baumgarten (a) — Baumgarten, Arthur: Die Wissenschaft vom Recht und ihre Methode, Bd. I, Tübingen 1920, Bd. II, Tübingen 1922.

Baumgarten (b) — Baumgarten, Arthur: Rechtsphilosophie, München u. Berlin 1929.

Baumgarten (c) Baumgarten, Arthur: Grundzüge der juristischen Methodenlehre, Berlin 1939.

Becker, O. (a) Becker, Oskar: Einführung in die Logistik, Meisenheim/Glan 1951.

Becker, O. (b) Becker, Oskar: Untersuchungen über den Modalkalkül, Meisenheim/Glan 1952.

Becker, W. (a) Becker, Walter G.: Rerum notitia. Die Entscheidung aus dem Sachverhalt, in: JR 1949, S. 489, 523; 1950, S. 5.

Becker, W. (b) Becker, Walter G.: Die Realität des Rechts, in: ARSP, Bd. 40 (1952/53), S. 216, 375, 534.

Beling Beling, Ernst: Methodik der Gesetzgebung, Berlin 1922.

Bender Bender, Bernd: Zur Methode der Rechtsfindung bei der Auslegung und Fortbildung gesetzten Rechts, in: JZ 1957, S. 593.

Bergmann Bergmann, Heinrich: Die Auswertung von Vorschriften des Bürgerlichen Gesetzbuches im Rechtsbereich der Verwaltung, Diss. Leipzig 1946 (Masch. schrl.)

Betti Betti, Emilio: Jurisprudenz und Rechtsgeschichte vor dem Problem der Auslegung, in: ARSP, Bd. 40 (1952/53), S. 354.

Binder (a) Binder, Julius: Philosophie des Rechts, Berlin 1925.

Binder (b) Binder, Julius: Grundlegung zur Rechtsphilosophie, Tübingen 1935.

Bockelmann Bockelmann, Paul: Richter und Gesetz, in: Rechtsprobleme in Staat und Kirche, Festschrift für Rudolf Smend, Göttingen 1952, S. 23.

Bochenski (a) Bochenski, I. M.: Die zeitgenössischen Denkmethoden, München 1954.

Bochenski (b) Bochenski, I. M.: Formale Logik, Freiburg u. München 1956.

Bochenski (c) Bochenski, I. M.: On Analogy, in: „The Thomist“, a Speculative Quarterly Review (Washington), Vol. XI (1948), S. 424.

Bochenski-Menne Bochenski, I. M. — Menne, Albert: Grundriß der Logistik, Paderborn 1954.

Boehmer Boehmer, Gustav: Grundlagen der bürgerlichen Rechtsordnung,

1. Buch: Das bürgerliche Recht als Teilgebiet der Gesamtrechtsordnung, Tübingen 1950,

2. Buch, 1. Abt.: Dogmengeschichtliche Grundlagen des bürgerlichen Rechtes, Tübingen 1951,

2. Buch, 2. Abt.: Praxis der richterlichen Rechtsschöpfung, Tübingen 1952.

de Boor de Boor, Hans Otto: Gesetzesauslegung und Technik im Urheberrecht, in: Festschrift für Hans Niedermeyer, Göttingen 1953, S. 7.

Bott-Bodenhausen Bott-Bodenhausen, Manfred: Formatives und funktionales Recht in der gegenwärtigen Kulturkrisis, Berlin 1926.

| | |
|---|---|
| Bovensiepen | Bovensiepen, Rudolf: Art. „Analogie und per argumentum e contrario", in: Hdwb. der Rechtswiss., herg. von Fritz Stier-Somlo und Alexander Elster, Bd. I, Berlin u. Leipzig 1925. |
| Brütt | Brütt, Lorenz: Die Kunst der Rechtsanwendung, Berlin 1907. |
| Brugger | Brugger, Walter, S. J.: Philosophisches Wörterbuch, 1. Aufl., Freiburg/Brg. 1947. |
| Brusiin (a) | Brusiin, Otto: Über die Objektivität der Rechtsprechung, Helsinki 1949. |
| Brusiin (b) | Brusiin, Otto: Über das juristische Denken, Kopenhagen u. Helsinki 1951. |
| Bülow | Bülow, Oskar: Gesetz und Richteramt, Leipzig 1885. |
| Burckhardt | Burckhardt, Walter: Die Lücken des Gesetzes und die Gesetzesauslegung, Bern 1925. |
| Burkamp | Burkamp, Wilhelm: Logik, Berlin 1932. |
| Carnap (a) | Carnap, Rudolf: Abriß der Logistik, Wien 1929. |
| Carnap (b) | Carnap, Rudolf: On Inductive Logic, in: Philosophy of Science, (Baltimore), vol. XII (1945), S. 72. |
| Carnap (c) | Carnap, Rudolf: Logical Foundations of Probability, Chicago, 1951 (2nd impression). |
| Carnap (d) | Carnap, Rudolf: The Continuum of Inductive Methods, Chicago 1952. |
| Carnap (e) | Carnap, Rudolf: Einführung in die symbolische Logik, Wien 1954. |
| Coing (a) | Coing, Helmut: Die obersten Grundsätze des Rechts, Heidelberg 1947. |
| Coing (b) | Coing, Helmut: Grundzüge der Rechtsphilosophie, Berlin 1950. |
| Coing (c) | Coing, Helmut: Vom Sinngehalt des Rechts, in: Forum Rphil., S. 61. |
| Coing (d) | Coing, Helmut: System, Geschichte und Interesse in der Privatrechtswissenschaft, in: JZ 1951, S. 481. |
| Coing (e) | Coing, Helmut: Über einen Beitrag zur rechtswissenschaftlichen Grundlagenforschung, in ARSP, Bd. 41 (1954/55), S. 436. |
| Dahm | Dahm, Georg: Deutsches Recht, Stuttgart u. Köln 1951. |
| Dewey | Dewey, John: Logic, the Theory of Inquiry, New York 1951. |
| Drews | Drews, Arthur: Lehrbuch der Logik, Berlin 1928. |
| Drobisch | Drobisch, Moritz Wilhelm: Neue Darstellung der Logik nach ihren einfachsten Verhältnissen mit Rücksicht auf Mathematik und Naturwissenschaft, 4. Aufl., Leipzig 1875. |
| Dubislav | Dubislav, Walter: Zur Unbegründbarkeit der Forderungssätze, in: Theoria, vol. III (1937), S. 330. |
| Dühring | Dühring, Eugen: Logik und Wissenschaftstheorie, Leipzig 1878. |
| Dunz | Dunz, Walter: Das „Schweigen des Gesetzgebers" und die Rechtsfindung, in: NJW 1958, S. 6. |

| | |
|---|---|
| Ehrlich | Ehrlich, Eugen: Die juristische Logik, Tübingen 1925. |
| Eisler | Eisler, Rudolf: Art. „Ähnlichkeit", „Analogie" und „Analogieschluß", in: Wörterbuch der philosophischen Begriffe, Bd. I, 4. Aufl., Berlin 1927. |
| Elze | Elze, Hans: Lücken im Gesetz, Diss. Halle 1913. |
| Emge (a) | Emge, Carl August: Vorschule der Rechtsphilosophie, Berlin 1925. |
| Emge (b) | Emge, Carl August: Einführung in die Rechtsphilosophie, Frankfurt/M. u. Wien 1955. |
| Emge (c) | Emge, Carl August: Das Problem des Fortschritts, Wiesbaden 1958. |
| Emge (d) | Emge, Carl August: Verwechslung von dogmatischen Rechtsbegriffen mit Rechtstatsachen, in: ARSP, Bd. 39 (1950/51), S. 1. |
| Engisch (a) | Engisch, Karl: Die Einheit der Rechtsordnung, Heidelberg 1935. |
| Engisch (b) | Engisch, Karl: Logische Studien zur Gesetzesanwendung, Heidelberg 1943. |
| Engisch (c) | Engisch, Karl: Die Idee der Konkretisierung im Recht, Heidelberg 1953. |
| Engisch (d) | Engisch, Karl: Einführung in das juristische Denken, Stuttgart 1956. |
| Enneccerus-Nipperdey | Enneccerus, Ludwig — Nipperdey, Hans Carl: Allgemeiner Teil des bürgerlichen Rechts, 14. Aufl., 1. Halbband, Tübingen 1952. |
| Erbe | Erbe, Walter: Von der angeblichen Unverbindlichkeit der Jurisprudenz, Tübingen 1948. |
| Erdmann | Erdmann, Benno: Logik, Logische Elementarlehre, 3. Aufl. Berlin und Leipzig 1923. |
| Ernst | Ernst, Fritz: Lebendige Justiz, Münster 1956. |
| Esser (a) | Esser, Josef: Einführung in die Grundbegriffe des Rechtes und Staates, Wien 1949. |
| Esser (b) | Esser, Josef: Grundsatz und Norm in der richterlichen Fortbildung des Privatrechts, Tübingen 1956. |
| Esser (c) | Esser, Josef: Interpretation und Rechtsneubildung im Familienrecht, in: JZ 1953, S. 521. |
| Evers | Evers, Hans-Ulrich: Der Richter und das unsittliche Gesetz, Berlin 1956. |
| Falk | Falk, Jean: Die Analogie im Recht, Diss. Gießen 1906. |
| Fechner (a) | Fechner, Erich: Rechtsphilosophie, Tübingen 1956. |
| Fechner (b) | Fechner, Erich: Das kausale Rechtsdenken, eine Gefahr für die Rechtswissenschaft?, in: AcP, Bd. 151 (N.F. Bd. 31) (1950/51), S. 352. |
| Fischer, K. | Fischer, Kuno: System der Logik und Metaphysik, 3. Aufl., Heidelberg 1909. |
| Fischer, W. | Fischer, Walter: Die Bindung des Richters an das Gesetz, Wien und Leipzig 1928. |
| Fischl | Fischl, Johann: Logik, 2. Aufl., Graz, Wien u. Altötting 1952. |

Fleiner (a) Fleiner, Fritz: Über die Umbildung zivilrechtlicher Institute durch das öffentliche Recht, Tübingen 1906.

Fleiner (b) Fleiner, Fritz: Institutionen des deutschen Verwaltungsrechts, 1. Aufl., Tübingen 1911; 2. Aufl., Tübingen 1912; 8. Aufl., Tübingen 1928.

Forsthoff (a) Forsthoff, Ernst: Recht und Sprache, Prolegomena zu einer richterlichen Hermeneutik, Halle (Saale) 1940.

Forsthoff (b) Forsthoff, Ernst: Lehrbuch des Verwaltungsrechts, Bd. I: Allgemeiner Teil, 3. Aufl. München u. Berlin 1953.

Franzen Franzen, Hans: Gesetz und Richter, Hamburg (o. J.).

Freytag-Löringhof Freytag-Löringhoff, Baron von, Bruno: Logik, ihr System und ihr Verhältnis zur Logistik, 2. Aufl., Stuttgart 1957.

Friedmann Friedmann, Wolfgang: Übergesetzliche Rechtsgrundsätze und die Lösung von Rechtsproblemen, in: ARSP, Bd. 41 (1954/55), S. 348.

Friedrich Friedrich, Hans-Peter: Die Analogie als Mittel der richterlichen Rechtsfindung, in: Zschr. f. Schweiz. Recht, N. F. Bd. 71 (1952), S. 439.

Garcia Máynez Garcia Máynez, Eduardo: Die relationale Struktur der rechtlichen Verhaltensregelung, in: ARSP, Bd. 44 (1957/58), S. 1.

Gast Gast, Brigitte: Der Einfluß der Entwicklung der Verhältnisse auf die Auslegung von Steuergesetzen, Düsseldorf 1957.

Geiler Geiler, Karl: Macht und Recht, Berlin, Göttingen u. Heidelberg 1949.

George George, Leopold: Die Logik als Wissenschaftslehre, Berlin 1868.

Germann (a) Germann, Oskar Adolf: Methodische Grundfragen, Basel 1946.

Germann (b) Germann, Oskar Adolf: Grundlagen der Rechtswissenschaft, Bern 1950.

Germann (c) Germann, Oskar Adolf: Zum Verhältnis zwischen Rechtsquellen und Rechtsfindung, in: Festschrift Hans Lewald, Basel 1953, S. 485.

Gmür Gmür, Max: Die Anwendung des Rechts nach Art. 1 des schweizerischen Zivilgesetzbuches, Bern 1908.

Gowa Gowa, Ferdinand: Die Rechtsnorm von Treu und Glauben im Verwaltungsrecht, Diss. Hamburg 1933.

Grau Grau, Walter: Rechtsprechung oder Gesetzgebung zur Anpassung des Privatrechts an die veränderten Verhältnisse?, in: AcP, Bd. 122 (N. F. Bd. 2) (1924), S. 318.

Hänssler Hänssler, Ernst Hermann: Zur Theorie der Analogie und des sogenannten Analogieschlusses, Diss. Basel 1927.

Hagemann-Dyroff Hagemann, Georg — Dyroff, Adolf: Logik und Poetik, 11./12. Aufl., Freiburg 1924.

Hamann Hamann, Andreas: Die Ermessensfreiheit der Gesetzgebung, in: NJW 1955, S. 969.

| | |
|---|---|
| Hamilton | Hamilton, Edward John: Erkennen und Schließen, Leipzig 1912. |
| Harrod | Harrod, Roy: Foundations of Inductive Logic, London 1956. |
| Heck (a) | Heck, Philipp: Gesetzesauslegung und Interessenjurisprudenz, Tübingen 1914. |
| Heck (b) | Heck, Philipp: Begriffsbildung und Interessenjurisprudenz, Tübingen 1932. |
| Hedemann | Hedemann, Justus Wilhelm: Die Flucht in die Generalklauseln, Tübingen 1933. |
| Heller | Heller, Hermann: Bemerkungen zur staats- und rechtstheoretischen Problematik der Gegenwart, in: AöR, N. F. Bd. 16 (1929), S. 321. |
| Hering (a) | Hering, Carl Jos.: Die Aequitas im Decretum Gratiani, zur Theorie der Billigkeit, Meisenheim/Glan 1954. |
| Hering (b) | Hering, Carl Jos.: Die Billigkeit im philosophischen Rechtsdenken, Diss. Bonn 1938. |
| Hering (c) | Hering, Carl Jos.: Die Billigkeit im kanonischen Recht, in: Deutsche Landesreferate zum III. Intern. Kongreß f. Rechtsvergleichung i. London, Tübingen 1950. |
| Hering (d) | Hering, Carl Jos.: Der Begriff der Analogie im kanonischen Recht (Mskr. 1954). |
| Herrfahrdt | Herrfahrdt, Heinrich: Lücken im Recht, Bonn 1915. |
| Hessen | Hessen, Johannes: Lehrbuch der Philosophie, Bd. 1: Wissenschaftslehre, München u. Basel 1950. |
| v. Hippel, E. (a) | v. Hippel, Ernst: Rechtsgesetz und Naturgesetz, 2. Aufl., Tübingen 1949. |
| v. Hippel, E. (b) | v. Hippel, Ernst: Einführung in die Rechtstheorie, 4. Aufl., Münster 1955. |
| v. Hippel, E. (c) | v. Hippel, Ernst: Mechanisches und moralisches Rechtsdenken, in: Forum Rphil. S. 49. |
| v. Hippel, F. (a) | v. Hippel, Fritz: Zur Gesetzmäßigkeit juristischer Systembildung, Berlin 1930. |
| v. Hippel, F. (b) | v. Hippel, Fritz: Richtlinien und Kasuistik im Aufbau von Rechtsordnungen, Marburg/Lahn 1942. |
| v. Hippel, F. (c) | v. Hippel, Fritz: Das Problem der Rechtsfindung, in: Reinhardt, Rudolf: Einführung in die Rechtswissenschaft, 2. Aufl., Marburg/Lahn 1950. |
| v. Hippel, F (d) | v. Hippel, Fritz: Zum Aufbau und Sinnwandel unseres Privatrechts, Tübingen 1957. |
| Höffding | Höffding, Harald: Der Begriff der Analogie, Leipzig 1924 (= Høffding: Begrebet Analogie, Kobenkam 1923). |
| Höfler (a) | Höfler, Alois: Grundlehren der Logik, 6. Aufl., Leipzig u. Wien 1919. |
| Höfler (b) | Höfler, Alois: Logik, 2. Aufl., Wien u. Leipzig 1922. |
| Honecker | Honecker, Martin: Logik, 1. Aufl., Berlin u. Bonn 1927, 2. Aufl., Bonn 1942. |
| Hoppe | Hoppe, I.: Die Analogie, Berlin 1873. |
| Huber | Huber, Eugen: Recht und Rechtsverwirklichung, 2 Aufl., Basel 1925. |

| | |
|---|---|
| Hubmann | Hubmann, Heinrich: Grundsätze der Interessenabwägung, in AcP, Bd. 155 (N. F. Bd. 35) (1956), S. 85. |
| Husserl | Husserl, Gerhard: Recht und Zeit, Frankfurt/M. 1955. |
| Isay | Isay, Hermann: Rechtsnorm und Entscheidung, Berlin 1929. |
| Jahrreiß | Jahrreiß, Hermann: Berechenbarkeit und Recht, Leipzig 1957. |
| Jerusalem | Jerusalem, Franz Wilhelm: Kritik der Rechtswissenschaft, Frankfurt/M. 1948. |
| Kaufmann | Kaufmann, Felix: Logik und Rechtswissenschaft, Tübingen 1922. |
| Kegel | Kegel, Gerhard: Begriffs- und Interessenjurisprudenz im internationalen Privatrecht, in: Festschrift Hans Lewald, Basel 1953, S. 259. |
| Keynes | Keynes, John Maynard: A Treatise on Probability, London 1921. |
| Kindt-Kiefer | Kindt-Kiefer, Johann Jakob: Zur Bindung des Rechtes an das Gewissen: Über Gerechtigkeit und Freiheit, Bern 1941. |
| Kiß | Kiß, Geza: Gesetzesauslegung und „ungeschriebenes" Recht, in: Jhr. Jb. Bd. 58 (N. F. Bd. 22) (1911), S. 413. |
| Klug | Klug, Ulrich: Juristische Logik, Berlin, Göttingen u. Heidelberg, 1951. |
| Koppelmann | Koppelmann, Wilhelm: Untersuchungen zur Logik der Gegenwart, Bd. 2: Formale Logik, Berlin 1918. |
| Kretschmar | Kretschmar, Paul: Über die Methode der Privatrechtswissenschaft, Leipzig 1914. |
| v. Kries | v. Kries, Johannes: Logik, Tübingen 1916. |
| Kromann | Kromann, K.: Kurzgefaßte Logik und Psychologie, Leipzig 1890. |
| Kronstein | Kronstein, Heinrich: Rechtsauslegung im wertgebundenen Recht, Karlsruhe 1957. |
| Kübl | Kübl, Friedrich: Das Rechtsgefühl, Berlin 1913. |
| Külpe | Külpe, Oswald: Vorlesungen über Logik, Leipzig 1923. |
| Kyburg | Kyburg, Henry E.: The Justification of Induction, in: The Journal of Philosophy (New York), vol. LIII, (1956), S. 394. |
| Larenz | Larenz, Karl: Das Problem der Rechtsgeltung, Berlin 1929. |
| Laun | Laun, Rudolf: Allgemeine Rechtsgrundsätze, in: Beiträge zur Kultur- und Rechtsphilosophie, Festschrift Für Gustav Radbruch, Heidelberg 1948. |
| Lassally | Lassally, Oswald: Zum Begriff „Maßnahmen", in: Die öffentliche Verwaltung, 1955, S. 143. |
| Lefebvre | Lefebvre, Charles: Les pouvoirs du juge en droit canonique, Paris 1938. |
| Lenz | Lenz, Georg: Förmliches und wirkliches Recht, in ARSP, Bd. 41 (1954/55), S. 231. |

| | |
|---|---|
| Lindenbaum-Hosiasson | Lindenbaum-Hosiasson, Janina: Induction et Analogie: Comparaison de leur fondement, in: Mind (London), vol. L (1941), p. 351. |
| Lipps | Lipps, Theodor: Grundzüge der Logik, Hamburg u. Leipzig 1893. |
| Liver | Liver, Peter: Der Wille des Gesetzes, Bern 1954. |
| Löhlein | Löhlein, Roland: Das kausale Rechtsdenken als rechtswissenschaftliche Methode, in: JR 1950, S. 132. |
| Lotze | Lotze, Hermann: System der Philosophie, 1. Teil: Logik, Leipzig 1912. |
| Mach | Mach, Ernst: Die Ähnlichkeit und die Analogie als Leitmotiv der Forschung, in: Annalen der Naturphilosophie, Bd. 1 (1902), S. 5. |
| Maihofer | Maihofer, Werner: Recht und Sein, Frankfurt/M. 1954. |
| Mally | Mally, Ernst: Gegenstandstheoretische Grundlagen der Logik und Logistik, Leipzig 1912. |
| Manigk | Manigk, Alfred: Art. „Auslegung", in: Hdwb. d. Rechtswiss., herg. von Fritz Stier-Somlo u. Alex. Elster, Bd. I Berlin u. Leipzig 1926. |
| Mannzen | Mannzen, Walter: Die Bindung des Richters an Gesetz und Recht, in: SJZ, 1948, S. 646. |
| Marcic | Marcic, René: Vom Gesetzesstaat zum Richterstaat, Wien 1957. |
| Maschke | Maschke, Hermann: Die Rangordnung der Rechtsquellen, Berlin 1932. |
| Mayer, H. | Mayer, Hellmuth: Das Analogieverbot im gegenwärtigen deutschen Strafrecht, in: SJZ 1947, S. 12. |
| Mayer, O. | Mayer, Otto: Deutsches Verwaltungsrecht, 2 Bde., 2. Aufl., München u. Leipzig 1914—17, 3. Aufl., München u. Leipzig 1924. |
| Meier-Hayoz | Meier-Hayoz, Arthur: Der Richter als Gesetzgeber, Zürich 1951. |
| Menne | Menne, Albert: Logik und Existenz, Meisenheim/Glan 1954. |
| Messner | Messner, Johannes: Zur Problematik des Naturrechts in der modernen Welt, in: Hochland, 42. Jg. (1949/50), S. 521. |
| Metzke | Metzke, Erwin: Handlexikon der Philosophie, Heidelberg 1948. |
| Meyer | Meyer, Hans: Systematische Philosophie, 2 Bde., Paderborn 1955. |
| Mezger | Mezger, Edmund: Strafrecht, 2. Aufl., München u. Berlin 1948. |
| Moritz | Moritz, Manfred: Der praktische Syllogismus und das juristische Denken, in: Theoria, vol. XX (1954), S. 78. |
| Müller-Erzbach | Müller-Erzbach, Rudolf: Die Rechtswissenschaft im Umbau, München 1950. |

| | |
|---|---|
| Müllereisert | Müllereisert, F. Arthur: Theorie des Rechts und der Rechtswissenschaft,<br>Bd. I: Grundzüge einer anthropologischen Wert-Dynamik oder Wert-Energetik, Lindau 1953.<br>Bd. II: Der allgemeine Rechtswert. Das Naturrecht. Das objektive Recht, Lindau 1956.<br>Bd. III: Das subjektive Recht. Die Wert-Dynamik im Strafrecht und im Großraum, Lindau 1956. |
| Nagel | Nagel, Ernest: Logic without Metaphysics, Glencoe, Illinois 1956. |
| Nawiasky | Nawiasky, Hans: Allgemeine Rechtslehre, 2. Aufl., Einsiedeln, Zürich u. Köln 1948. |
| Nebinger | Nebinger, Robert: Verwaltungsrecht, Allgemeiner Teil, 2. Aufl., Stuttgart 1949. |
| Nolfi | Nolfi, Padrot: Idee und Wahrscheinlichkeit, Bonn 1956. |
| Oertmann | Oertmann, Paul: Interesse und Begriff in der Rechtswissenschaft, Leipzig 1931. |
| Oswald | Oswald: Grundsätzliche Fragen der Gesetzesauslegung im Steuerrecht, in: NJW 1953, S. 1811. |
| Otto | Otto, Hermann: Die Gewißheit des Richterspruchs, Hannover 1915. |
| Palandt | Palandt, Otto: Bürgerliches Gesetzbuch, 15. Aufl., München und Berlin 1956. |
| Pawlowski | Pawlowski, Martin: Mittelbares und unmittelbares Rechtsdenken, in: NJW 1955, S. 130. |
| Peters | Peters, Karl: Das Gewissen des Richters und das Gesetz, in: Gegenwartsprobleme des Rechts, N. F. Heft 1, Paderborn 1950, S. 23. |
| Petraschek | Petraschek, Karl: System der Rechtsphilosophie, Freiburg/Brg. 1932. |
| Platzeck | Platzeck, Erhard-Wolfram: Von der Analogie zum Syllogismus, Paderborn 1954. |
| Prior | Prior, A. N.: Formal Logic, Oxford 1955. |
| Radbruch | Radbruch, Gustav: Rechtsphilosophie, Stuttgart 1950. |
| Reichel (a) | Reichel, Hans: Gesetz und Richterspruch, Zürich 1915. |
| Reichel (b) | Reichel, Hans: Zu den Einleitungsartikeln des Schweizerischen Zivilgesetzbuches, in: Festgabe für Rudolf Stammler zum 70. Geburtstage, herg. von Edgar Tatarin-Tarnheyden, Berlin u. Leipzig 1926. |
| Reichel (c) | Reichel, Hans: Induktion in der Jurisprudenz, in: Grünhuts Zeitschrift für das Privat- und öffentliche Recht, Bd. 32 (1904), S. 99. |
| Reimes | Reimes, Walter: Zum Begriff des Ordnungsgefüges in Natur- und Rechtswissenschaft, in: ARSP, Bd. 44 (1957/58), S. 65. |
| Reinhardt-König | Reinhardt, Rudolf — König, Wilhelm: Richter und Rechtsfindung, München u. Berlin 1957. |
| Reinicke (a) | Reinicke, Dres. G. u. D.: Die Auslegungsgrundsätze des Deutschen Obergerichts (DOG) und des Obersten Gerichtshofs für die brit. Zone, in: JR 1951, S. 161. |

| | |
|---|---|
| Reinicke (b) | Reinicke, Dres. G. u. D.: Zur Frage, ob das Gericht berechtigt ist, über den Willen des Gesetzgebers Beweis zu erheben, in: MDR 1952, S. 141. |
| Reinicke (c) | Reinicke, Dres. G. u. D.: Die Auslegungsgrundsätze des Bundesgerichtshofes, in: NJW 1951, S. 681. |
| Reinicke (d) | Reinicke, Dres. G. u. D.: Die Bedeutung des Wortlauts bei der Auslegung von Gesetzen nach der Rechtsprechung des Bundesgerichtshofes, in NJW 1952, S. 1033. |
| Reinicke (e) | Reinicke, Dres. G. u. D.: Die Ausfüllung primärer und sekundärer Gesetzeslücken nach der Rechtsprechung des Bundesgerichtshofs, in: NJW 1952, S. 115. |
| Reinicke (f) | Reinicke, Dres. G. u. D.: Die Auslegungsgrundsätze des Bundesarbeitsgerichts, in: NJW 1955, S. 1380, 1662. |
| Reinicke (g) | Reinicke, Dres. G. u. D.: Die Bindung des Richters an veraltete Gesetze, in: MDR 1957, S. 193. |
| RGR-Kommentar | Das Bürgerliche Gesetzbuch, herg. von Reichsgerichtsräten und Bundesrichtern, 1. Bd.: Allgemeiner Teil, 10. Aufl., Berlin 1953. |
| Ridder | Ridder, Helmut K. J.: Aequitas und Equity, in: ARSP, Bd. 39 (1950/51), S. 181. |
| Rieder | Rieder, Hermann: Irrtum des Gesetzgebers und Gesetzesauslegung, in: JR 1955, S. 374. |
| Riezler (a) | Riezler, Erwin: Das Rechtsgefühl, 2. Aufl., München 1946. |
| Riezler (b) | Riezler, Erwin: Der totgesagte Positivismus, in: Festschrift Fritz Schulz, Bd. 2, Weimar 1951, S. 330. |
| Royce | Royce, Josiah: Art. „Analogy" in: Dictionary of Philosophy and Psychology, ed. by J. M. Baldwin, vol. 1, p. 41, New York 1928. |
| Rümelin, G. | Rümelin, Gustav: Werturteile und Willensentscheidungen im Civilrecht, Freiburg/Brg. 1891. |
| Rümelin, M. (a) | Rümelin, Max: Die Billigkeit im Recht, Tübingen 1921. |
| Rümelin, M. (b) | Rümelin, Max: Rechtsgefühl und Rechtsbewußtsein, Tübingen 1925. |
| Rümelin, M. (c) | Rümelin, Max, Gesetz, Rechtsprechung und Volksbetätigung auf dem Gebiet des Privatrechts, in: AcP, Bd. 122 (N. F. Bd. 2) (1924), S. 145, 265. |
| Russel | Russell, Bertrand: Einführung in die mathematische Philosophie, München 1923. |
| Ryan | Ryan, Columba, O. P.: The Reach of Analogical Argument, in: Dominican Studies, London, vol. 4, 1951, p. 102. |
| Sauer (a) | Sauer, Wilhelm: Lehrbuch der Rechts- und Sozialphilosophie, Berlin 1929. |
| Sauer (b) | Sauer, Wilhelm: System der Rechts- und Sozialphilosophie, Basel 1949. |
| Sauer (c) | Sauer, Wilhelm: Juristische Methodenlehre, Stuttgart 1940. |
| Sax | Sax, Walter: Das strafrechtliche „Analogieverbot", Göttingen 1953. |

| | |
|---|---|
| Schack | Schack, Friedrich: „Analogie" und „Verwendung allgemeiner Rechtsgedanken" bei der Ausfüllung von Lücken in den Normen des Verwaltungsrechts, in: Festschrift zu Ehren von Rudolf Laun, Hamburg 1948, S. 275. |
| Schätzler | Schätzler, Johann-Georg: Sind schlechte Gesetze nichtig?, in: NJW 1957, S. 121. |
| Scheuerle | Scheuerle, Wilhelm A.: Rechtsanwendung, Nürnberg u. Düsseldorf 1952. |
| Schmidt | Schmidt, Eberhardt: Gesetz und Richter, Karlsruhe 1952. |
| Schneider | Schneider Egon: Begriffsjurisprudenz im Strafrecht, in: NJW 1954, S. 1637. |
| Schönfeld | Schönfeld, Walter: Grundlegung der Rechtswissenschaft, Stuttgart und Köln 1951. |
| Schönke | Schönke, Adolf: Auslegung, Analogie und Gewohnheitsrecht im Strafrecht, in: MDR 1947, S. 85. |
| Scholz | Scholz, Franz: Die Rechtssicherheit, Berlin 1955. |
| Schreier | Schreier, Fritz: Die Interpretation der Gesetze und Rechtsgeschäfte, Leipzig u. Wien 1927. |
| Schüle | Schüle, Adolf: Treu und Glauben im deutschen Verwaltungsrecht, in: Verwaltungsarchiv, Bd. 38 (1933), S. 399. |
| Schwinge (a) | Schwinge, Erich: Der Methodenstreit in der heutigen Rechtswissenschaft, Bonn 1930. |
| Schwinge (b) | Schwinge, Erich: Teleologische Begriffsbildung im Strafrecht, Bonn 1930. |
| Schwinge (c) | Schwinge, Erich: Irrationalismus und Ganzheitsbetrachtung in der deutschen Rechtswissenschaft, Bonn 1938. |
| Searles | Searles, Herbert L.: Logic and Scientific Methods, 2. Aufl., New York o. J. (1956). |
| Siebert | Siebert, W.: Die Methode der Gesetzesauslegung, Heidelberg 1957. |
| Sigwart | Sigwart, Christoph: Logik, 2 Bde., 5. Auflage., Tübingen 1924. |
| Sohm—Mitteis—Wenger | Sohm, Rudolf — Mitteis, Ludwig — Wenger, Leopold: Institutionen des Römischen Rechts, 17. Aufl., Berlin 1949. |
| Somló | Somló, Felix: Juristische Grundlehre, 2. Aufl., Leipzig 1927. |
| Spieß | Spieß, Hans: Gesetzeswortlaut und Auslegung, in: DRiZ 1956, S. 168. |
| Stammler (a) | Stammler, Rudolf: Theorie der Rechtswissenschaft, Halle/Saale 1911. |
| Stammler (b) | Stammler, Rudolf: Lehrbuch der Rechtsphilosophie, 3. Aufl., Berlin u. Leipzig 1928. |
| Stanka | Stanka, Rudolf: Vom Ursprung rechtlicher Erkenntnis, in: ARSP, Bd. 41 (1954/55), S. 19. |
| Staudinger | J. v. Staudingers Kommentar zum Bürgerlichen Gesetzbuch, 1. Bd.: Allgemeiner Teil, Erläutert von F. Brändl u. H. Coing, 11. Aufl., Berlin 1957. |

| | |
|---|---|
| Stegmüller | Stegmüller, Wolfgang: Das Wahrheitsproblem und die Idee der Semantik, Wien 1957. |
| Steinwenter | Steinwenter, Artur: Prolegomena zu einer Geschichte der Analogie, in: Festschrift Fritz Schulz, 2. Bd., Weimar 1951, S. 345. |
| Stern | Stern, William: Die Analogie im volkstümlichen Denken, Berlin 1893. |
| Störring | Störring, Gustav: Logik, Leipzig 1910. |
| Tammelo (a) | Tammelo, Ilmar: Untersuchungen zum Wesen der Rechtsnorm, Heidelberg 1947. |
| Tammelo (b) | Tammelo, Ilmar: Drei rechtsphilosophische Aufsätze, Willsbach u. Heidelberg 1948. |
| Troll | Troll, Wilhelm: Das Analogieproblem in seiner Bedeutung für die Naturerkenntnis, in: Experientia (Basel) vol. VII (1951), S. 436. |
| Tropisch | Tropisch, Ernst: Sachgehalte und Norm, in: ARSP, Bd. 44 (1957/58), S. 189. |
| Ueberweg | Ueberweg, Friedrich: System der Logik und Geschichte der logischen Lehren, 5. Aufl., Bonn 1882. |
| del Vecchio | del Vecchio, Giorgio: Lehrbuch der Rechtsphilosophie, 2. Aufl., Basel 1951. |
| Viehweg | Viehweg, Theodor: Topik und Jurisprudenz, München 1953. |
| Walder | Walder, Willy: Grundlehre jeder Rechtsfindung, Berlin 1928. |
| v. Weber | v. Weber, Hellmut: Zur Geschichte der Analogie im Strafrecht, in: Zeitschr. f. d. gesamte Strafrechtswiss., Bd. 56, (1937), S. 551. |
| Weigelin | Weigelin, Ernst: Die Lücken im Recht, in: Jhr. Jb. Bd. 88 (N. F. Bd. 52) (1939/40), S. 2. |
| Wieacker (a) | Wieacker, Franz: Gesetz und Richterkunst, Karlsruhe 1958. |
| Wieacker (b) | Wieacker, Franz: Gesetzesrecht und richterliche Kunstregel, in: JZ 1957, S. 701. |
| Wilhelm | Wilhelm, Walter: Zur juristischen Methodenlehre im 19. Jahrhundert, Frankfurt/M. 1958. |
| Windscheid-Kipp | Windscheid, Bernhard — Kipp, Theodor: Lehrbuch des Pandektenrechts, Bd. I, 9. Aufl., Frankfurt/M. 1906. |
| Wolff (a) | Wolff, Karl: Die Gesetzessprache, Wien 1952. |
| Wolff (b) | Wolff, Karl: Die Gesetzessprache in Rechtsvorschriften des Internationalen Privatrechts, in: Festschrift Hans Lewald, Basel 1953, S. 401. |
| von Wright | von Wright, Georg Henrik: The Logical Problem of Induction, 2. Aufl., Oxford 1957. |
| Wundt | Wundt, Wilhelm: Logik, I. Bd.: Allgemeine Logik und Erkenntnistheorie, 5. Aufl., Stuttgart 1924. |
| Ziehen | Ziehen, Theodor: Lehrbuch der Logik, Bonn 1921. |
| Zimmermann (a) | Zimmermann, Theo: Willenserklärung und Gesetz, in: NJW 1951, S. 948. |

Zimmermann (b) Zimmermann, Theo: Die höchstrichterliche Rechtsprechung zur Berichtigung der Gesetze, in: NJW 1952, S. 959.

Zimmermann (c) Zimmermann, Theo: Die höchstrichterliche Rechtsprechung zur Anpassung der Gesetze an die veränderten wirtschaftlichen Verhältnisse, in: NJW 1953, S. 484.

Zimmermann (d) Zimmermann, Theo: Analogie oder Umkehrschluß?, in: NJW 1954, S. 624.

Zimmermann (e) Zimmermann, Theo: Mehrstufige Rechtsfindung als Verbindung von subjektiver und objektiver Auslegungsmethode, in: NJW 1954, S. 1628.

Zimmermann (f) Zimmermann, Theo: Der Wortlaut des Gesetzes im Spiegel der höchstrichterlichen Rechtsprechung, in: NJW 1956, S. 1262.

Zimmermann (g) Zimmermann, Theo: Struktur und Einzelfragen der Gesetzesauslegung im Spiegel der Entwicklung höchstrichterlicher Rechtsprechung, in: Goltdammers Archiv für Strafrecht 1955, S. 336.

Zitelmann Zitelmann, Ernst: Lücken im Recht, Leipzig 1903.

Die inzwischen erschienene zweite Auflage der „Juristischen Logik" von Ulrich Klug sowie die Untersuchung Rudolf Carnaps über „Induktive Logik und Wahrscheinlichkeit" (Wien) lagen bei Abfassung der nachfolgenden Darstellung noch nicht vor.

# Vorbemerkung

Bei der relativ geringen Beachtung, welche die Ergebnisse der modernen Logik bislang in der Rechtswissenschaft gefunden haben, darf die Frage berechtigt erscheinen, warum die hiermit vorgelegte Arbeit den Versuch unternimmt, am Beispiel der Analogie Berührungspunkte zwischen den Problemen der Rechtsanwendung und der formalen Logik aufzuzeigen und einen Beitrag zu leisten zu der notwendigen Scheidung der logischen und axiologischen Elemente der Rechtsanwendung.

Der Ursprung dieses Versuches, der keineswegs sogleich mit der jetzigen Themenstellung begonnen worden ist, mag vielleicht zunächst überraschen, und doch ist aus dem ersten Ansatzpunkt ganz zwangsläufig jener Fragenkreis hervorgetreten, von dem diese Arbeit nunmehr ausgeht. Am Anfang stand für mich die Beschäftigung mit einigen Einzelfragen der Anwendbarkeit von Privatrechtsgrundsätzen im öffentlichen Recht, die zu einer Analyse der methodologischen Vorstellungen nötigten, von denen die namentlich durch die Rechtsprechung des Reichsgerichts gestützte und gefestigte herrschende Ansicht über die gegenseitige Ergänzbarkeit von Privatrecht und öffentlichem Recht ausgeht. Bekanntlich unterscheidet diese Lehre scharf zwischen der analogen Anwendung von Privatrechtsnormen, die mit dogmatischer Strenge auf den Bereich des Privatrechts selbst beschränkt wird, und der Herausarbeitung allgemeiner Rechtsgrundsätze, die zwar an Hand positiver Privatrechtsnormen entwickelt, aber auch im Bereich des öffentlichen Rechts für anwendbar erklärt werden.

Es mußte auffallen, daß diese Auffassung zwar eine dogmatische Forderung aufstellt, aber in Schwierigkeiten gerät bei ihren Bemühungen, hinreichend überzeugende Unterscheidungsmerkmale anzugeben, nach denen die von positiven Normen ausgehende Erarbeitung und Anwendung allgemeiner Rechtsgrundsätze von der „analogen“ Rechtsanwendung eindeutig abgegrenzt werden kann. Bislang scheint mir eine solche Rechtfertigung jedenfalls nicht gelungen zu sein. Was die umfangreiche Literatur und die Rechtsprechung zur Anwendung von Privatrechtsgrundsätzen im öffentlichen Recht als Begründung anführen und anführen können, bleibt abhängig von den rechtstheoretischen Vorstellungen, die mit der analogen Rechtsanwendung selbst verbunden sind. Die Frage nach der Bedeutung der Analogie für die Rechtsanwendung kann daher durch die angeführte Theorie der allgemeinen Rechtsgrundsätze weder umgangen noch gelöst werden.

Mit dieser Überlegung aber war bereits jene Fragestellung erreicht, mit der sich die nachfolgenden Untersuchungen beschäftigen. Daß dabei auch eine juristische Betrachtungsweise nicht an den Bemühungen der Logik um die Rechtfertigung der Analogie als einer logischen Schlußfigur vorbeigehen konnte, leuchtet alsdann ohne weiteres ein und nötigte zu einem Rekurs auf die Logik sowohl in ihrer traditionellen als auch ihrer modernen Gestalt, da erst eine Untersuchung beider bündige Auskunft darüber zu geben vermag, wie weit die Möglichkeiten logischer Argumentation im Rahmen der Rechtsanwendung reichen.

Da aber das Analogieschlußverfahren der Logik den Sinngehalt und die Bedeutung der juristischen Analogie für die Rechtsanwendung nicht zu erschöpfen vermag, waren ebenfalls die axiologischen Grundlagen des juristischen Analogieverfahrens anzugehen.

Eine inhaltliche Beschäftigung mit den Wesenselementen des Wertungsaktes und den rechtsphilosophischen Auffassungen über den Wertbegriff konnte indessen mit der vorgelegten Arbeit als einer methodologisch ausgerichteten Untersuchung nicht erstrebt werden, zumal damit eine eingehende Auseinandersetzung mit der Wertphilosophie schlechthin notwendig geworden wäre.

Es mag zur Klärung eines im nachfolgenden häufig auftauchenden Begriffs genügen, in teilweiser Anlehnung an Fechner[1]) den Akt des Bewertens zu umschreiben als einen geistigen Akt des Vorziehens und Nachsetzens, in welchem aus mehreren Möglichkeiten eine Wahl getroffen wird und der nicht von den ihm zugrundeliegenden Realfaktoren wie Interessen-, Bedürfnis- oder Machtlage abschließend determiniert wird, sondern Raum läßt für die Möglichkeit, die Bewertungsgrundlage durch sachbezogenes Denken, wie es sich namentlich in der Betrachtung der „Natur der Sache" zeigt, zu finden.

Diese Deutung impliziert zugleich einen bestimmten Wertbegriff, da sie von der Möglichkeit ausgeht, das Seiende in einer Rangordnung zu sehen und damit zu einer Erfassung und Vergleichung einzelner Rechtsgüter vorzudringen.

Auch eine vorwiegend methodologische Untersuchung kann die sie bestimmenden rechtsphilosophischen Grundansätze nicht verleugnen. Sie reicht damit zwangsläufig hinein in jenen Bereich, in welchem sich die Forderung nach streng objektiver Wissenschaftlichkeit konfrontiert sieht mit der inneren Notwendigkeit zu philosophischem Bekenntnis. Nicht die Außerachtlassung eines dieser beiden Grundanliegen jeden philosophischen Bemühens, sondern nur die Redlichkeit der sauberen und sachgerechten Abgrenzung beider kann als sinnvolle Aufgabe gelten.

---

1) Fechner (b), S. 357.

A.

# Begriff und logische Struktur der Analogie und des Analogieschlusses

## I. Analogie und Analogieschluß in der traditionellen Logik

### 1. Die Analogie als logisches Verhältnis

§ 1 Gleichheit, Ähnlichkeit, Verschiedenheit

Das herkömmliche Lehrsystem der Logik folgt der Dreiteilung „Begriff", „Urteil", „Schluß", um dann in der „Methodenlehre" das Gebiet der Elementarlogik zu verlassen. Die elementarste Grundform, mit der sich die traditionelle Logik beschäftigt, ist der „Begriff". Man unterscheidet zwischen „Individualbegriffen", die einen Gegenstand in seiner konkreten Einmaligkeit bezeichnen, und „Allgemeinbegriffen", welche die übereinstimmenden Merkmale mehrerer Gegenstände umfassen.

Ein Allgemeinbegriff ist nicht denkbar, ohne daß die Gegenstände, für die er gilt, in bestimmten Beziehungen zueinander stehen. Der Logik erwächst damit die Aufgabe, sich mit diesen Beziehungen zu beschäftigen. Aber auch die Begriffe selbst und mit ihnen die durch sie zum Ausdruck gebrachten Gegenstände können, wie schon die Lehre vom Urteil zeigt, in einer für die Logik bedeutsamen Weise untereinander in Bezug gesetzt werden.

Die Beziehungen lassen sich unter den mannigfaltigsten Gesichtspunkten ordnen. Von besonderer Bedeutung für die Klärung des uns interessierenden Analogiebegriffs sind dabei die Relationen der Gleichheit, der Ähnlichkeit und der Verschiedenheit.

Die Gleichhheit unterscheidet sich von der Identität, die als eine Relation zwischen mehreren inhaltlich übereinstimmenden Begriffen oder Erscheinungstatsachen ein und desselben Gegenstandes aufgefaßt wird[2]), dadurch, daß sie mindestens zwei Gegenstände voraussetzt. Inhaltlich wird sie nach einer verbreiteten Definition bestimmt als eine Übereinstimmung in allen Merkmalen[3]) oder als das Übereinkommen in allen Bestimmungen und Ordnungsbeziehungen[4]). Dieser „totalen" Gleichheit wird gelegentlich die „eingeschränkte" Gleichheit

---

[2]) Drews, S. 163 f.; Hänssler, S. 57.
[3]) Drews, S. 163 f.; Metzke, S. 12 f.
[4]) Erdmann, S. 364.

zur Seite gestellt, bei der die Übereinstimmung lediglich in einzelnen Bestimmungsrichtungen gegeben ist[5]).

Damit wird aber bereits ein Sachverhalt umschrieben, den viele Logiker nicht mehr als Gleichheit, sondern als Ähnlichkeit bezeichnen[6]). Manche definieren ausdrücklich die Ähnlichkeit als „unvollständige" oder „partielle" Gleichheit[7]).

Nach Erdmann[8]) entstehen durch fortschreitende Abstraktion Ordnungsreihen, in denen die einzelnen Abstraktionsstufen die Koordination oder Subordination der einzelnen Gattungen und Arten anzeigen und die ihre Glieder zu „Ähnlichkeitsreihen" verbinden. Was derselben Ordnungsreihe angehört, ist jedem anderen Gliede dieser Reihe ähnlich, und je näher sich die einzelnen Glieder in der Reihe stehen, desto größer ist ihre Ähnlichkeit, so daß eine graduelle Abstufung der Ähnlichkeitsbeziehungen möglich wird. Als Beispiel einer solchen Ordnungs- und Ähnlichkeitsreihe führt Erdmann an[9]):

> „Madonnenbilder Raphaels, ... italienische Madonnenbilder des 16. Jahrhunderts, ... Madonnenbilder der Renaissance, ... Heiligenbilder, ..."

Irgendein italienisches Madonnenbild des 16. Jahrhunderts wäre demnach einem Madonnenbild Raphaels ähnlicher als ein nicht zu den italienischen gehörendes Madonnenbild der Renaissance.

Demgegenüber sieht Drews[10]) den Ähnlichkeitsgrad numerisch, wenn er betont, Gegenstände oder Begriffe seien um so ähnlicher, je größer die Zahl der gemeinsamen Eigenschaften sei. Nach Ziehen[11]) kommt es dabei auf die relative Zahl der Übereinstimmungen, also auf ihr Verhältnis zur Zahl der nicht übereinstimmenden Merkmale an. Auch George[12]) hält die Ähnlichkeit, die er als eine Gemeinsamkeit des Grundes deutet, einer graduellen Abstufung für fähig, sieht sie jedoch in der „Wesentlichkeit" der gemeinsamen Merkmale, die „nicht gezählt, sondern gewogen" werden müßten, und bringt damit in einem stärkeren Maße materiale Gesichtspunkte in die Ähnlichkeitsbestimmung[13]).

Der üblichen Deutung der Ähnlichkeit als eine partielle Gleichheit folgt auch Honecker[14]) mit seinem Begriff der „komplexen Ähnlichkeit". Er stellt ihm jedoch den Begriff der „eingeschränkten Ähnlich-

---

5) Erdmann, S. 364; Honecker, S. 53 (1. Aufl.).

6) Drews, S. 164; Drobisch, § 150; Dühring, S. 104; Mach, S. 5; Metzke, S. 12 f.; ferner die in Anm. 7 Genannten.

7) Erdmann, S. 364; Eisler, Bd. 1, S. 21; Honecker, S. 53 u. 153 (1. Aufl.).

8) Erdmann, S. 208 ff.

9) Erdmann, S. 210.

10) Drews, S. 405.

11) Ziehen, S. 761.

12) George, S. 545.

13) Vgl. auch die „Ähnlichkeit im Wesensbestande" bei Troll, S. 436.

14) Vgl. Anm. 7.

keit“ zur Seite, der dann benutzt wird, „wenn Gegenstände innerhalb einer und derselben Bestimmtheitsrichtung eine Gleichheit im Verhältnis der Ausmaße zueinander besitzen“[15]). Wesentlich für diesen Begriff ist also, daß die Gegenstände nicht nur in einzelnen Merkmalen übereinkommen, sondern diese Merkmale auch genau dem gleichen Maße nach aufweisen. Sieht man bei Artgleichheit der Merkmale von der Gleichheit des Ausmaßes ab, so läßt sich unter dem Gesichtspunkt der mehr oder weniger stark ausgeprägten Verschiedenheit dieses Ausmaßes eine graduelle Abstufung der Ähnlichkeit gewinnen.

Gegenüber dieser Einschränkung des üblichen Ähnlichkeitsbegriffs findet sich zuweilen auch eine wesentliche Erweiterung über den Bereich einer genau definierten partiellen Gleichheit hinaus. Der Ähnlichkeitsbegriff wird dabei jedoch in zunehmendem Maße unbestimmt und läßt eine exakte Abgrenzung vermissen. So ist eine Ähnlichkeit erblickt worden in der „Verwandtschaft von Gegenständen oder Vorstellungsinhalten in qualitativer Hinsicht“[16]) oder in „geringer Verschiedenheit“ wie zwischen grün und grüngelb, benachbarten Tönen oder verwandten Formen[17]).

Eine eingehende Analyse der Ähnlichkeitsbeziehungen, die zu einer umfassenden Systematisierung vorzudringen versucht, findet sich bei Ziehen[18]). Er unterscheidet zwischen „frustaler“[19]) und „propinqualer“ Ähnlichkeit. Erstere soll auf der Gleichheit einzelner Merkmale oder Teile beruhen und sich beispielsweise zwischen den Akkorden „c-e-g“ und „d-f-g“ finden, während die propinquale Ähnlichkeit umschrieben wird als eine „nicht weiter zerlegbare Ähnlichkeit einfacher Gegenstände“. Als Beispiel dafür führt Ziehen die Empfindungsqualitäten „gelb“ und „orange“ an, ferner die geometrischen Figuren „Kreis“ und „Ellipse von geringer Exzentrität“.

Die Gleichheit deutet er als Grenzfall der Ähnlichkeit, und zwar bei einfachen Gegenständen der frustalen, bei zusammengesetzten der propinqualen Ähnlichkeit.

Als Sonderfälle der propinqualen Ähnlichkeit nennt Ziehen die „kognate“ und die „perpropinquale“. Kognat ist die propinquale Ähnlichkeit, wenn sie sich auf die Zugehörigkeit der Gegenstände zu einer Gattung beschränkt, perpropinqual ist sie, wenn sie sich auf alle Merkmale der (zusammengesetzten) Gegenstände erstreckt, wie dies etwa bei Kleidern der Fall sein soll, die sich in Schnitt, Form, Farbe, Stoff, kurz in allen Merkmalen ähneln.

---

15) Honecker, S. 53 (1. Aufl.).
16) Eisler, Bd. 1, S. 21.
17) Külpe, S. 347 f.
18) Ziehen, S. 327 f.
19) Von lat. „frustrum“ = Brocken, Bissen, Stück.

Zwischen frustaler und propinqualer Ähnlichkeit sind nach Ziehen auch Kombinationen möglich. Beruht eine (frustale) Ähnlichkeit nicht auf Gleichheit, sondern auf propinqualer Ähnlichkeit, so ergibt sich die frusto-propinquale Ähnlichkeit, beispielsweise zwischen einer hellgrünen Wiese und einem dunkelgrünen Kleid.

Als eine dritte Art der Ähnlichkeit führt Ziehen schließlich neben der frustalen und propinqualen noch die Relationsähnlichkeit an, die auf der Ähnlichkeit der Relationen zwischen den Merkmalen des einen Gegenstandes mit den Relationen zwischen den Merkmalen des anderen Gegenstandes beruhe. So seien die Konsonanzen „c-g" und „es-b" deshalb ähnlich, weil beide das Quintintervall enthielten.

Ziehen meint, man könne die Relationsähnlichkeit in mancher Beziehung als Spezialfall der frustalen Ähnlichkeit auffassen. Man wird sie vom Standpunkt der traditionellen Logik aus aber auch als Spezialfall der propinqualen Ähnlichkeit ansehen können. Denn da — um bei dem Beispiel Ziehens zu bleiben — die Konsonanzen „c-g" und „es-b" unter den Gattungsbegriff „Quinte" fallen, besteht propinquale Ähnlichkeit, die ja nach Ziehen auf der Zugehörigeit zu einer gemeinsamen Gattung beruhen kann. Ebenso läßt sich die frustale Ähnlichkeit durchaus als Sonderfall der propinqualen deuten, denn bei der Gleichheit einzelner Merkmale oder Teile ist auch logisch gesehen eine gemeinsame Gattung denkbar. Da ferner die Übereinstimmung in der Gattung wiederum nur ein Spezialfall der weiter gefaßten propinqualen Ähnlichkeit ist, stehen wir schließlich vor einem logisch wenig exakten Ähnlichkeitsbegriff, dessen Brauchbarkeit für die Logik von sehr zweifelhafter Natur ist.

Es bleibt noch die Relation der Verschiedenheit zu bestimmen. Als „unbestimmte Verschiedenheit" kann sie nach Erdmann[20]) als nicht weiter zerlegte Beziehung zwischen nichtidentischen Gegenständen und Begriffen angesehen werden, während sie als „bestimmte Verschiedenheit" nach einzelnen Bestimmungsweisen näherhin erfaßt wird. Im letzteren Sinne wird sie von Honecker[21]) darin erblickt, daß den Gegenständen oder Begriffen entweder in allen Bestimmungsrichtungen gemeinsame Merkmale fehlen (totale Verschiedenheit)[22]), oder nur in einzelnen Bestimmungsrichtungen (partielle Verschiedenheit). Die partielle Verschiedenheit trifft sich demnach mit der partiellen Gleichheit. Soweit eine graduelle Abstufung der partiellen Gleichheit für möglich gehalten wird, ist auch eine solche der Verschiedenheit denkbar. Ziehen[23]) unterscheidet demgemäß einzelne Verschiedenheitsarten, die den von ihm entwickelten Ähnlichkeitsarten entsprechen.

---

20) Erdmann, S. 347.
21) Honecker, S. 53 (1. Aufl.).
22) Erdmann, S. 213 spricht hier von „generischer Verschiedenheit".
23) Ziehen, S. 328.

## § 2 Analogie und Ähnlichkeit

Vielen Logikern gilt der Terminus „Analogie", wie sich im einzelnen bei der Behandlung des „Analogieschlusses" zeigen wird[24]), lediglich als Synonym zu den termini „Ähnlichkeit" und „partielle Gleichheit". Analog wären der üblichen Deutung der Ähnlichkeit entprechend demnach diejenigen Gegenstände und Begriffe, die in einzelnen Merkmalen übereinstimmen.

Diese allgemeine Gleichsetzung von Analogie und Ähnlichkeit hat jedoch Widerspruch erfahren, wobei allerdings bei den Kritikern keine Einmütigkeit darüber besteht, ob die Analogie gegenüber der Ähnlichkeit einen engeren[25]) oder einen weiteren[26]) Begriff darstellt.

Seinem Ähnlichkeitsbegriff entsprechend[27]) hält George[28]) nur dasjenige für analog, was auf gleichen Bedingungsreihen beruht. Dem würde zunächst entsprechen, eine Analogie nur anzunehmen zwischen den durch die gleiche Bedingung hervorgerufenen Veränderungen. George geht aber noch einen Schritt weiter und nimmt eine Analogie auch an zwischen einer Bedingung und den durch sie hervorgerufenen Veränderungen.

Damit verwandt ist die Auffassung, die Analogie sei ein Verhältnis, bei dem das sie begründende Gemeinsame unmittelbar nur dem einen Gegenstand, dem anderen hingegen lediglich in einer Abhängigkeit vom ersteren zukomme. Diese Abhängigkeit braucht jedoch nicht notwendig in einem Kausalnexus zu bestehen. Man spricht in diesem Sinne von einer „Attributionsanalogie"[29]) und führt als Beispiel etwa an den Begriff „gesund", der unmittelbar nur einem lebenden Organismus zukomme, in einem davon abgeleiteten Sinne jedoch auch anderen Dingen zugesprochen werden könne („gesundes Klima", „gesunde Hautfarbe" etc.).

Mit dieser Deutung wird der Bereich der Ähnlichkeit im Sinne einer partiellen Gleichheit und einer Übereinstimmung in einem gemeinsamen Gattungsbegriff verlassen; dieser Bereich erscheint zumindest für die Abgrenzung des Analogiebegriffs nicht mehr wesentlich. Auch Hänssler löst sich von der in der traditionellen Logik vorherrschend gewordenen Deutung der Ähnlichkeit und greift zur Klärung des Analogiebegriffs auf den ursprünglichen Wortsinn und die Geschichte dieses Terminus zurück, den er bis in die Frühe der altgriechischen Philosophie verfolgt[30]). Es ist hier nicht der Ort, auf diese etymolo-

---

24) Vgl. unten § 3.
25) Mach, S. 5.
26) Hänssler, S. 55 ff.
27) Vgl. oben Seite 4.
28) George, S. 548 ff.
29) Brugger, S. 11 f.; Hagemann, S. 144; Ryan, S. 116.
30) Vgl. hierzu auch das Werk von Platzeck.

gischen und philosophiegeschichtlichen Untersuchungen im einzelnen einzugehen. Bedeutsam erscheint jedoch, daß Hänssler in der Analogie eine Relation zwischen Relationen erblickt, und zwar eine „mathematische Gleichsetzung zweier Faktoren, die sich ihrerseits wieder als mathematische Relationen darstellen“[31]. Diese Gleichsetzung kann sich nach Hänssler dem Sinne des Wortes „Analogie“ gemäß nur auf die „Übereinstimmung im λόγος“ beziehen. Der „äußere Habitus“ der beiden Relationskomplexe gilt ihm demgegenüber als unwesentlich, entscheidend kommt es ihm allein an auf die Zurückführung zweier Relationen auf ihren gemeinsamen *λόγος* als das „fundamentum relationis“.

Nun erscheint es vom Standpunkt der Logik aus schwierig, wenn nicht völlig unmöglich, das Wesen dieses *λόγος* zu bestimmen. In einer exakten Weise hält das Hänssler auch nur im Bereich des Quantitativen, näherhin der Mathematik für möglich, und er sieht in der mathematischen Proportion von der Art 15 : 25 = 21 : 35 den adäquaten Ausdruck der Analogie[32]. Beiden Teilrelationen der mathematischen Proportion gemeinsam ist der Quotient 3 : 5, und diesen gemeinsamen Quotienten versteht Hänssler als eine „mathematische Erscheinungsform des *λόγος*“, freilich noch nicht als diesen selbst, der sich deshalb weiterhin als der Zahl immanent einer unmittelbaren begrifflichen Erfassung mit den Mitteln der Logik entzieht.

In dem Maße nun, in welchem die Analogie vom Bereich des rein Quantitativen in den des Qualitativen übertragen wird, muß sie, wie Hänssler betont, immer stärker den „Charakter der begrifflichen Reinheit“ verlieren[33], selbst wenn man an der Voraussetzung festhält, daß die Analogie eine Beziehung zwischen Beziehungen darstellt.

Man wird nach Hänssler nicht erwarten dürfen, daß die Analogie eine Aussage ermöglicht über Wesen oder Erscheinungsform der Objekte, da man mit Hilfe der Analogie im Unterschied zu Gleichheit und Ähnlichkeit nur ausmachen könne, daß die Relationen in i r g e n d e i n e r Hinsicht Übereinstimmung zeigen[34].

Demgegenüber sieht Mach[35] in der Analogie zwar auch eine Relation zwischen mehreren Beziehungssystemen, er läßt jedoch nicht jede zufällige Übereinstimmung als Analogie gelten. Die Analogie kann, wie er ausführt, „der unmittelbaren sinnlichen Beobachtung ganz verborgen bleiben und sich erst durch die Vergleichung der begrifflichen Beziehungen der Merkmale des einen Objektes untereinander mit den Beziehungen der Merkmale des anderen offenbaren“. In Übereinstim-

---

31) Hänssler, S. 32.
32) Vgl. insbesondere Hänssler, S. 31 ff.
33) Hänssler, S. 35.
34) Hänssler, S. 57.
35) Mach, S. 5.

mung damit definiert er die Analogie als „eine Beziehung von Begriffssystemen, in welcher die Verschiedenheit je zweier homologer Begriffe als auch die Übereinstimmung in den logischen Verhältnissen je zweier homologer Begriffspaare zum klaren Bewußtsein kommt". Interessanterweise bezeichnet Troll[36]) gerade umgekehrt den Sonderfall der „äußerlichen Ähnlichkeit" als Analogie, während er die auf den Wesensbestand gehenden Übereinstimmungen „Homologien" nennt, wie ganz allgemein die Biologie bei morphologischer Gleichwertigkeit von „Homologie" und nur bei einer lediglich funktionellen Gleichwertigkeit von „Analogie" spricht[37]).

Auch Dühring[38]) erblickt in der Analogie eine Relation zwischen Begriffsverhältnissen, sucht aber eine Einschränkung dadurch, daß er nicht nur eine Gleichheit der Begriffsverhältnisse fordert, sondern zugleich eine partielle Übereinstimmung der jeweils einander entsprechenden Begriffe des einen und des anderen Begriffsverhältnisses.

Abgesehen von diesen Einschränkungsversuchen zeigt sich eine Übereinstimmung der zuletzt dargestellten Auffassungen darin, daß auch bei der qualitativen Analogie das Grundverhältnis der Proportionalität gewahrt bleibt, wenn es auch schwer fällt, dieses Grundverhältnis mit einer hinreichenden Exaktheit zum Ausdruck zu bringen. Ob darum die Relationen der Qualität oder der Quantität in Frage stehen, in beiden Fällen handelt es sich somit um das Verhältnis zweier oder mehrerer Verhältnisse, in welchem letztere zumindest partiell übereinkommen. Die damit umschriebene Sachlage kann man als „Proportionalitätsanalogie"[39]) bezeichnen.

Geht man nun davon aus, daß jede beliebige Gleichsetzung der Relationen als hinreichend für eine Analogie angesehen wird[40]), und berücksichtigt man ferner, daß die jeweils korrespondierenden Einzelbeziehungen bestehen können

a) innerhalb verglichener Einzelobjekte (etwa A und B),
b) zwischen diesen Einzelobjekten und einem gemeinsamen Dritten (A — C und B — C),
c) zwischen den zum Vergleich stehenden Einzelobjekten und jeweils anderen weiteren Objekten (A — C und B — D),

so ergibt sich ein unendlich weites Anwendungsgebiet der Analogie, und es erscheint unabweislich, hier zu Einschränkungen zu kommen, um den Erkenntniswert und die wissenschaftliche Brauchbarkeit dieses Begriffes nicht nahezu gänzlich zu beseitigen. Doch will es der traditionellen Logik nicht gelingen, in dieser Frage zu einer allgemein befrie-

36) Troll, S. 436.
37) Troll, S. 436; Eisler, Bd. 1, S. 42.
38) Dühring, S. 104.
39) Brugger, S. 11 f.
40) Ähnlich auch Adamson-Royce, S. 41.

digenden Lösung zu gelangen. Auch die von Mach aufgezeigte Abgrenzung erscheint zu sehr vom Naturwissenschaftlichen her geformt und auch letztlich zu unbestimmt, als daß sie für die Logik generelle Gültigkeit beanspruchen könnte, während der eingeschränkte Analogiebegriff bei Dühring nichts anderes darstellt als einen nachträglichen Rückgriff auf den in der Logik vorherrschenden Ähnlichkeitsbegriff.

Weiterhin bleiben auch hinsichtlich der Abgrenzung von Analogie und Ähnlichkeit die Verhältnisse mehrdeutig. Eine teilweise Übereinstimmung zwischen den Vergleichsobjekten besteht selbst bei der Analogie, die demnach als Sonderfall der Ähnlichkeit erscheinen könnte. Andererseits kann man die Begriffe „Gleichheit" und „Ähnlichkeit" strenger als die Analogie an die durch fortschreitende Abstraktion gewonnenen Ordnungsreihen binden und die Analogie als einen diese Reihen übersteigenden umfangsreicheren Begriff auffassen. Eine Klärung dieser Einzelfragen vom Standort der traditionellen Logik aus zu versuchen, erscheint jedoch wenig erfolgversprechend, da es ihr an dem Rüstzeug mangelt, das zu einer streng formalen, der Gefahr einer Überschreitung der Grenzen zu anderen Wissenschaftszweigen entgehenden Behandlung dieses Problemkreises notwendig wäre.

## 2. Der Analogieschluß

### § 3 Form und Bedeutung des Analogieschlusses

Es gehört zur Eigentümlichkeit der Syllogistik, daß sie keine Folgerung gestattet, die nicht schon implicite in den Prämissen enthalten ist. Bei den Versuchen, diese Grenze ihrer Leistungsfähigkeit zu überwinden, mußte die Logik auf die Möglichkeiten stoßen, die ihr die Analogie in dieser Richtung zu bieten scheint.

Ohne insoweit eine Unterscheidung von Analogie und Ähnlichkeit zu treffen, gehen die meisten Vertreter der traditionellen Logik dabei von dem Sachverhalt aus, daß zwei oder mehrere Gegenstände, etwa M und S, in einigen ihrer Merkmale, etwa a, b, c, übereinstimmen. Es ergibt sich alsdann die Frage, ob sich auf Grund dieser Übereinstimmung und der weiteren Feststellung, daß M auch noch das Merkmal d aufweist, etwas drüber ausmachen läßt, ob auch bei S dieses Merkmal d auftritt. Diese Frage wird überwiegend bejaht[41]).

---

[41]) Vgl. z. B. Drews, S. 405 ff.; Drobisch, § 150; Erdmann, S. 739 ff.; Hagemann, S. 232 ff.; Höfler (a), S. 137 f.; Höfler (b), S. 741 ff.; Metzke, S. 19; Sigwart, Bd. 2, S. 311 ff.; vgl. ferner die bei Eisler, S. 44, sowie die in den nachfolgenden Anmerkungen angeführten Belegstellen.

Als Grundschema dieses als „Analogieschluß" bezeichneten Verfahrens ergibt sich demnach:

M hat die Merkmale a, b, c, d.
S hat die Merkmale a, b, c.
Folglich hat S (wahrscheinlich) auch das Merkmal d[42]).

Andere, aber auf dem gleichen Grundgedanken beruhende Analogieschlußformen sind etwa folgende:

M ist P.
S ist M in a, b, c.
S ist (wahrscheinlich) P[43]).

M ist P.
M ist A.
S ist A.
S ist (wahrscheinlich) P[44]).

$$S\ [\ = \Sigma\,(a, b)\ ]\ P$$
$$S_1\ [\ = \Sigma\,(a, c) \sim S \cdot P$$ [45]).

Die Zugehörigkeit der S und M zur selben Gattung kann dabei dadurch zum Ausdruck kommen, daß statt dieser Symbole „S" und „M" etwa die Zeichen „$S_1$" und „$S_2$" gebraucht werden[46]).

Ein Schlußschema, in welchem nicht deutlich wird, worin die Ähnlichkeit oder Analogie besteht, baut so auf:

M ist P.
S ist M ähnlich.
S ist (wahrscheinlich) P[47]).

Äußerlich entspricht letzteres Schema der ersten aristotelischen Schlußfigur[48]), wäre aber als solche eine quaternio terminorum und demnach nicht stringent.

Die mit Hilfe des Analogieschlusses gezogene Folgerung wird gewöhnlich als „wahrscheinlich" bezeichnet, ob das nun in der conclusio ausdrücklich erwähnt wird oder nicht. Es finden sich aber auch Schemata, deren Folgesatz in die Form eines problematischen Urteils

---

42) Vgl. hierzu Drews, S. 406.
43) Wundt, S. 327; ähnlich Stern, S. 80.
44) Ueberweg, S. 435.
45) Külpe, S. 348.
46) So z. B. Lipps, S. 176.
47) Drews, S. 406; Erdmann, S. 739 ff.; Honecker, S. 153 (1. Aufl.); vgl. zu letzterem aber Fußnote 49; ferner Ueberweg, S. 422, der jedoch „gleichartig" statt „ähnlich" sagt.
48) Ein Schlußaufbau nach der zweiten Figur findet sich bei Kroman, S. 96.

etwa von der Art „S kann P sein“ gekleidet wird und damit bewußt über eine positive Wahrscheinlichkeit nichts aussagt[49]).

Neben dem Analogieschluß als Folgerung von einer teilweisen auf eine weitergehende Übereinstimmung, die irgendein Prädikat einer Art auf eine ihr koordinierte Art überträgt[50]), ist ebenfalls eine Folgerung von einer teilweisen auf eine völlige Übereinstimmung denkbar[51]). Ihr Schema würde lauten:

M hat die Merkmale a, b, c, d, e, f, g, ... usw.
S hat die Merkmale a, b, c, d.
S hat die Merkmale a, b, c, d, e, f, g, ... usw.

Oder kürzer:

I. S ist M in einigen Merkmalen.
II. S ist M in allen Merkmalen.

Gegenüber diesen üblichen Arten, den Analogieschluß aufzubauen, macht Hänssler[52]) geltend, in ihnen komme nicht zum Ausdruck, daß die Notwendigkeit, etwa das neben a in M enthaltene Merkmal b auf das mit M in a übereinstimmende S zu übertragen, streng genommen nicht in der Übereinstimmung von S und M in a, sondern in der notwendigen Zusammengehörigkeit von a und b liege. Er folgert darum so:

(I) „Weil a mit b in M unlösbar verknüpft ist, so müssen sie es auch in S sein“.

Diese Form reduziert er dann auf die Proportion:

(II) a b : M = a′ b′ : S.

Die Umgestaltung von „a b“ in der Proportion zu „a′ b′“ bringt einen völlig neuen Gesichtspunkt in die Betrachtung, welcher sich nicht ohne weiteres aus der erstgenannten Schlußformel ergibt und dem noch im einzelnen nachzugehen ist. Aber auch unabhängig von der Frage der Ableitbarkeit der Formel II aus der Schlußformel I erscheint durch die von Hänssler entwickelten Formeln nicht viel gewonnen. Steht nämlich die generelle Notwendigkeit eines Zusammenhangs von a und b fest, so kann ihre Zusammengehörigkeit in dem S, das a ent-

49) So bei Honecker, S. 153 (1. Aufl.), durch Überlegungen, die außerhalb der Logik liegen, hält er jedoch positive Wahrscheinlichkeit für erreichbar; ferner bei Külpe, S. 348 f., der jedoch die Möglichkeit anerkennt, durch Ausschluß anderer Folgerungsmöglichkeiten oder durch positive Begründung des inneren Zusammenhangs den Analogieschluß beweiskräftiger zu machen.

50) Störring, S. 277.

51) Hänssler, S. 107 ff.; Lotze, S. 358, 362; v. Kries, S. 402, der auf vollständige „Ähnlichkeit“ schließt; gegen diese Möglichkeit einer Folgerung auf alle Merkmale: Fischer, K., S. 69

52) Hänssler, S. 107 ff.

hält, durch einen einfachen Syllogismus erschlossen werden. Fehlt hingegen diese generelle Festellung — sei es, daß die Zusammenhänge von a und b noch völlig unbekannt sind, oder sei es, daß sie auf Grund eines voraufgegangenen Analogie- oder Induktionsschlusses (für den die von Hänssler gemachte Voraussetzung dann nicht gegeben sein könnte) nur für M angegeben werden können — so steht man im Grunde wieder vor dem Schlußschema, gegen das sich die Kritik Hänsslers richtet und das er wie folgt darstellt:

$$\frac{\begin{array}{l} M - P\ (a \rightarrow b) \\ S - a \end{array}}{S - P\ (a \rightarrow b)}$$

Für den Analogieschluß kann es bedeutsam sein, daß die Merkmale a und b nicht nur in einer einmaligen Erscheinung mit einem Gegenstand, der hier $S_1$ genannt werden soll, verknüpft sind, sondern sich diese Verknüpfung wiederholt bei den mit $S_1$ art- oder gattungsgleichen $S_2$, $S_3$, $S_4$ . . . zeigt. Wird nunmehr auf das Merkmal b bei einem das Merkmal a aufweisenden $S_n$ geschlossen, so gründet sich dieser Schluß auf eine Mehrzahl von Obersätzen[53]), und man könnte aufbauen:

$$\frac{\begin{array}{l} S_1 - a,\ b \\ S_2 - a,\ b \\ S_3 - a,\ b \\ \cdot \quad \cdot \quad \cdot \\ \cdot \quad \cdot \quad \cdot \\ \cdot \quad \cdot \quad \cdot \\ S_n - a \end{array}}{S_n - a,\ b}$$ [54])

Stern[55]) gibt dem Schluß eine allgemeinere Form:

Viele a, b, c, sind verbunden mit d.
Diese Vorstellung enthält a, b, c.
―――――――――――――――
Daher ist diese Vorstellung auch zu verbinden mit d.

Setzt man dabei im Obersatz „alle“ an Stelle von „viele“, so wird der Schluß zum Syllogismus.

Nun ist es auch denkbar, daß bei jedem Einzelfall $S_1$, $S_2$, $S_3$, $S_4$ . . . die Merkmale a und b gewisse Modifikationen, $a_1$, $a_2$ . . . , $b_1$, $b_2$ . . . aufweisen. Von einigen Logikern wird es für möglich gehalten, bei dieser Sachlage aus den Voraussetzungen „$S_1 - a_1\ b_1$“ und „$S_2 - a_2$“ ein $b_2$

53) Höfler (b), S. 741.

54) Die Ähnlichkeit zwischen $S_1$, $S_2$, $S_3$ ... muß, wie Ziehen, S. 760 sagt, eine „prägnante“ sein, d. h. zwischen allen $S_1$, $S_2$, $S_3$ ... in gleichem Sinne bestehen. Ziehen spricht dann von „Konsimilität“.

55) Stern, S. 91.

zu erschließen, das gegenüber $b_1$ bestimmte Modifikationen aufweist. Diese Folgerung wird gern in die Form der mathematischen Proportion

$$S_1 : a_1\, b_1 = S_2 : a_2\, b_2$$

gekleidet[56]), und man nennt sie im Gegensatz zu dem bisher behandelten „Schluß nach unvollständiger Analogie" einen „Schluß nach strenger Analogie"[57]) oder „Analogie im engeren Sinne"[58]).

In diesem Zusammenhang müssen jedoch drei verschiedene Richtungen des Schlußfolgerns auseinander gehalten werden:

1. Die Folgerung, daß, wenn ein $S_1$ die Merkmale $a_1$ und $b_1$ hat, ein $S_2$ mit dem Merkmal $a_2$ (das mit $a_1$ gattungsgleich ist) auch ein Merkmal haben muß, welches mit $b_1$ gattungsgleich ist.
2. Die Folgerung, daß, wenn für $a_1$ $b_1$ in $S_1$ eine Gesetzmäßigkeit des Zusammenhanges angenommen wird, die gleiche Gesetzmäßigkeit in $S_2$ auftreten muß.
3. Die Folgerung, daß das durch die Folgerung 1 auf $S_2$ übertragene Gattungsmerkmal b, das für $S_1$ die Modifikation $b_1$, besitzt, für $S_2$ auf Grund der durch die Folgerung 2 auf $S_2$ übertragenen Gesetzmäßigkeit die Modifikation $b_2$ erhalten muß.

Die Folgerungen 1 und 2 entsprechen durchaus den bisher behandelten Fällen und unterscheiden sich in ihrer Exaktheit nicht von ihnen. Die Folgerung 3, die eigentlich erst die „strenge Analogie" darstellt, setzt, sofern in $S_2$ das Merkmal b unbekannt ist, die Folgerungen 1 und 2 voraus und liegt auf einer völlig anderen Ebene, denn während die beiden erstgenannten Folgerungen aus einer festgestellten teilweisen Ähnlichkeit schließen[59]), schließt die Folgerung 3 aus der bereits vorausgesetzten Gleichheit der Teilrelationen auf ein nicht unmittelbar gegebenes, aber bereits implicite in den Voraussetzungen enthaltenes Glied einer Teilrelation.

Drobisch geht bei der strengen Analogie davon aus[60]), daß zwei Begriffe A und B koordinierte Arten ihrer nächsthöheren Gattung G sind und daß dem Begriff A ein Prädikat P zukommt, das einen für alle Arten der Gattung gemeinsamen Bestandteil p und eine auf A beschränkte Modifikation $\alpha$ enthält ($P = p\,\alpha$). Dann, so meint Drobisch, muß es auch für B ein Prädikat Q geben, das ebenfalls ein durch ein $\beta$ modifiziertes Prädikat p der Gattung G ist ($Q = p\,\beta$), so daß sich P

---

[56]) Ueberweg, S. 438; ähnlich verfährt Höffding, S. 46, der in der Analogie einen Schluß von einem Übergang innerhalb einer „fortschreitenden Verschiedenheitsreihe" oder „partiellen Identitätsreihe" auf einen entsprechenden Übergang innerhalb einer parallellaufenden Reihe erblickt.

[57]) Drobisch, § 149; Lotze, S. 297.

[58]) Sigwart, Bd. 2, S. 312.

[59]) Fischl, S. 115.

[60]) Drobisch, § 149.

zu Q verhält wie $\alpha$ zu $\beta$ und A zu B und eine Gleichheit der Verhältnisse zwischen den zum Vergleich stehenden Subjekten und den ihnen „analogen" Prädikaten bestehen muß.

Drobisch leitet aus diesen Überlegungen den Schluß ab:

A hat das Prädikat P ($= p\alpha$) als Eigenschaft oder Folge.
B ist A mit Vertauschung von $\alpha$ mit $\beta$.

Also hat B das Prädikat P mit Vertauschung von $\alpha$ mit $\beta$ (d. i.: $p\beta = Q$).

Diese Folgerung läßt sich jedoch noch weiter zerlegen, wobei zur Abkürzung die „Vertauschung von $\alpha$ mit $\beta$" durch den Quotienten $\frac{\beta}{\alpha}$ ausgedrückt werden soll:

1) Syllogismus
$$\left\{\begin{array}{l} P = p\alpha \\ A = P \\ \hline A = p\alpha \end{array}\right.$$

2) Substitution durch gleichsinnige Inhaltsänderung
$$A\frac{\beta}{\alpha} = p\alpha\frac{\beta}{\alpha} \quad \left(\frac{p\alpha\beta}{\alpha}\right)$$

3) Syllogismus
$$\left\{\begin{array}{l} A\frac{\beta}{\alpha} = p\alpha\frac{\beta}{\alpha} \\ B = A\frac{\beta}{\alpha} \\ \hline B = \frac{p\alpha\beta}{\alpha} \end{array}\right.$$

5) Syllogismus
$$\left\{\begin{array}{l} B = \frac{p\alpha\beta}{\alpha} \\ \frac{p\alpha\beta}{\alpha} = p\beta \\ \hline B = p\beta \end{array}\right.$$

$\frac{p\alpha\beta}{\alpha} = p\beta$ ⟶ 4) Gleichsinnige Änderung von Zähler und Nenner

Wundt[61]) gibt der exakten Analogie die Form:

$$\begin{array}{c} M = P \\ S : AR = M : AT \\ \hline S = \frac{R}{T}\,P \end{array}$$

Dabei werden die übereinstimmenden Glieder von S und M mit A, die besonderen Modifikationen von S und M mit R und T bezeichnet. Ersetzt man nun zur Vereinfachung zunächst im Untersatz des Schlusses M durch P, so ergibt sich die Proportion S : AR = P : AT, die sich weiter vereinfachen läßt in S : R = P : T.

Soll nach dieser Proportion etwas logisch zwingend gefolgert werden, so muß eines ihrer Glieder nicht explicite bestimmt und die ganze Proportion von einem allgemeinen Gesetz beherrscht sein[62]). Sind aber

[61]) Wundt, S. 328.
[62]) Lotze, S. 295.

diese Bedingungen erfüllt, so führt Lotze[63]) die Proportion auf einen Schluß nach dem Modus Darii zurück, bei dem das allgemeine Gesetz zum Obersatz wird:

> Alle Größenpaare i. S. der Aufgabe haben das Verhältnis V (hier S : R).
>
> P und T ist ein solches Größenpaar.
>
> Also besteht zwischen P und T das Verhältnis V.

Wundt selbst betont, daß der exakte Analogieschluß die Anwendung algebraischer Operationen darstellt, die auf besonderen, aber gewöhnlich unterdrückten logischen Schlüssen beruhen[64]). Wie bereits an dem von Drobisch angeführten Schlußschema gezeigt worden ist, ist dabei das logische Prinzip der Substitution von besonderer Bedeutung[65]).

Die Anwendbarkeit des Schlusses nach strenger Analogie wird zumeist auf das Gebiet des Quantitativen beschränkt. Bedingung für eine Proportion ist nach Sigwart[66]), daß sich die jeweiligen Unterschiede für die einzelnen Proportionsglieder in bestimmten, von erkennbaren Regeln beherrschten Reihen ordnen lassen, was dann der Fall ist, wenn sie quantitativer Art sind[67]).

Nach Drobisch[68]) ist die exakte Analogie jedoch nicht an diese Grenze gebunden, wie er an folgendem Beispiel zu verdeutlichen sucht:

> „Der Mensch (A) und das Tier (B) sind beseelte Organismen (G). Der eigentümliche Artunterschied des Menschen ist die Vernunft ($\alpha$), der des Tieres Instinkt ($\beta$). Beiden kommt zufolge ihrer gemeinsamen Gattung das Prädikat ‚vermögen zu handeln' (P) zu, aber dem Menschen in besonderer Beziehung auf seinen Artunterschied das Vermögen, vernünftig zu handeln ($P = p\alpha$). Hieraus folgt nun nach strenger Analogie, daß dem Tier mit Bezug auf seinen Artunterschied das Vermögen, instinktiv zu handeln ($Q = p\beta$), zukommen muß."

Störring[69]) hält dieser Auffassung mit Recht entgegen, sie setze etwas voraus, ohne dafür den Beweis zu erbringen, da sie sich auf die Annahme stütze, jeder Eigenschaft einer Art entspreche eine andere Eigenschaft einer anderen Art und diese Eigenschaften seien so beschaffen, daß man sie in einen für die Gattung konstanten Faktor und einen bestimmten Artunterschied zerlegen könne. Selbst wenn jedoch eine solche allgemeine Regel nicht bekannt sei, so meint Lotze[70]),

---

63) Lotze, S. 295.
64) Wundt, S. 328.
65) Zur „Substitution" vgl. Erdmann, S. 351 ff., 559 ff.
66) Sigwart, Bd. 2, S. 312
67) Vgl. auch Wundt, S. 328 ff.; Störring, S. 278 f.; Ziehen, S. 765 f.
68) Drobisch, § 149.
69) Störring, S. 278 f.
70) Lotze, S. 297.

werde man jedenfalls dazu neigen, einen Zusammenhang zu vermuten und das Ergebnis zu erraten. Darin liegt freilich von der Logik aus gesehen nichts anderes als ein Rückgriff auf das Prinzip der unvollständigen Analogie, so daß ein Schluß nach strenger Analogie in seiner conclusio nur den Wahrscheinlichkeitswert aufweisen kann, den die ihm voraufgegangenen Folgerungen bereits erreicht haben.

## § 4 Analogieschluß und Induktion

Unter einem Induktionsschluß wird gemeinhin ein Verfahren verstanden, in welchem von Einzelerscheinungen, -eigenschaften, -verhältnissen auf ein umfassenderes Allgemeines geschlossen wird[71]. Das Schlußschema kann wie folgt aufgebaut werden:

$S_1$, $S_2$, $S_3$, $S_4$ sind P.
$S_1$, $S_2$, $S_3$, $S_4$ sind S.
Alle S sind (wahrscheinlich) P[72].

oder:

$S_1$ ist P.
$S_2$ ist P.
. . .
. . .
. . .
Alle S sind (wahrscheinlich) P[73].

Ohne Bindung an einen Gattungsbegriff läßt sich schließen[74]:

In den Fällen a, b, c, d . . . ist m mit n verbunden.
Folglich sind m und n überhaupt verbunden.

Erdmann[75] unterscheidet zwischen verallgemeinernder und ergänzender Induktion, von denen die erstere auf das Allgemeine des Umfangs und die letztere auf das Allgemeine des Inhalts der Vordersätze schließen soll.

Der Folgesatz dieser Induktion geht wie der Folgesatz der unvollständigen Analogie über die gegebenen Prämissen hinaus. Dieser „unvollständigen" Induktion wird gewöhnlich noch die „vollständige" Induktion zur Seite gestellt, die sich als Grenzfall der unvollständigen ergibt, wenn die Prämissen den Allgemeinbegriff der conclusio erschöpfen und den Schluß dadurch zum Syllogismus werden lassen[76].

---

71) Drews, S. 390.
72) Ueberweg, S. 422.
73) Erdmann, S. 691.
74) Fischer, E., S. 69.
75) Erdmann, S. 691; ferner Drews, S. 390 f., der noch als weiteren Fall die „zusammenfassende Induktion" nennt, welcher er aber nur geringe Bedeutung beimißt.
76) Drews, S. 392 f.; Drobisch, § 147; Ueberweg, S. 426.

Die Abgrenzung zwischen Analogieschluß und Induktion könnte durch die Feststellung gesichert erscheinen, der Analogieschluß folgere als „Niveauschluß“[77]) von einem Besonderen auf ein gleichgeordnetes Besonderes, die Induktion hingegen vom Besonderen auf ein Allgemeineres[78]). Tatsächlich zeigt sich aber, daß trotz dieses begrifflichen Unterschiedes enge Beziehungen zwischen Induktion und Analogieschluß bestehen.

In Anlehnung an das aristotelische „παράδειγμα“, einem Schluß aus dem Beispiel[79]), ist der Analogieschluß als eine Verbindung von unvollständiger Induktion und Syllogismus gedeutet worden[80]). Der Schluß

$$\frac{\begin{array}{l} S_1 \text{ ist a, b, c} \ldots \\ S_2 \text{ ist a, b.} \end{array}}{S_2 \text{ ist c.}}$$

wird aufgelöst in

$$\left.\begin{array}{l} S_1 \text{ ist a, b, c} \ldots \\ S_1 \text{ ist S.} \\ \hline \text{Alle S sind a, b, c} \ldots \end{array}\right\} \text{1) Induktion}$$

$$\left.\begin{array}{l} \text{Alle S sind a, b, c} \ldots \\ S_2 \text{ ist ein S.} \\ \hline S_2 \text{ ist a, b, c} \ldots \end{array}\right\} \text{2) Syllogismus}$$

Bei dieser Auflösung zeigt sich, daß der Analogieschluß völlig in einer Induktion und einem Syllogismus aufgeht. Als besonderer Schluß wäre er demnach überflüssig[81]).

Nach einer entgegengesetzten Auffassung bezeichnet die Analogie jedoch lediglich die einzelnen Schritte, auf denen die Induktion zu ihrem Ziele gelangt[82]). Eine Induktion würde also dadurch entstehen, daß zunächst einmal per analogiam von einzelnen bekannten Fällen auf andere Fälle derselben Gattung geschlossen und erst dadurch der allgemeine, für die Gattung geltende Schlußsatz der Induktion gewonnen würde.

Eine schärfere Trennung von Induktion und Analogieschluß wird von George[83]) befürwortet, doch leugnet auch er nicht, daß zwischen

---

77) Ziehen, S. 761 u. öfter.

78) Der Begriff des „Besonderen“ in dieser Abgrenzung ist jedoch relativ, entscheidend ist die Gleichordnung. Eisler, Bd. 1, S. 44 f. spricht auch von Analogieschlüssen, die vom Allgemeinen auf Allgemeines gehen.

79) Zum Unterschied der Begriffe παρα'δειγμα und ἀναλογία bei Aristoteles, vgl. Höffding, S. 42.

80) Hagemann, S. 234; Kromann, S. 96; Lipps, S. 176; Störring, S. 276; Ueberweg, S. 435.

81) Anders dagegen bei Stern, S. 93, der in der Induktion die Vorwegnahme künftiger Analogieschlüsse sieht.

82) Drews, S. 406; Erdmann, S. 741; Fischer, E., S. 69.

83) George, S. 546.

beiden ein Zusammenhang besteht, wenn er auch seinem Ähnlichkeits- und Analogiebegriff entsprechend[84]) den Analogieschluß als auf einer Deduktion beruhend ansieht.

Bei aller Schärfe der begrifflichen Unterscheidung läßt sich nicht verkennen, daß vom Standort der traditionellen Logik aus unvollständige Induktion und unvollständiger Analogieschluß auf einem gleichen Prinzip beruhen. Drobisch[85]) führt darum beide auf einen allgemeineren Grundsatz zurück:

> „was von vielen Teilen eines Ganzen gilt, gilt wahrscheinlich von allen",

und Lotze[86]) meint, es habe wenig praktischen Wert, den Anteil der Induktion und den der Analogie bei manchen Folgerungen zu unterscheiden.

Man wird annehmen können, daß Analogieschluß und Induktion in ihrer durch die traditionelle Logik geprägten Form weitgehend gegenseitig ersetzbar sind[87]): Schließt man zunächst durch Induktion auf eine allgemeine Regel, so geht der Analogieschluß in einen bündigen Syllogismus über, schließt man hingegen durch Analogie zunächst von einigen auf alle Arten einer Gattung, so geht der Induktionsschluß in einem Syllogismus auf. Einer dieser beiden Möglichkeiten den logischen Vorrang zu geben, erscheint wenig sinnvoll.

## § 5 Zur Evidenz des Analogieschlusses

Die entscheidende Frage, die sich bei jedem Analogieschluß stellt, ist die nach der inneren Berechtigung dieser Folgerung. Wie läßt sich vom Standpunkt der Logik aus eine Rechtfertigung dafür liefern, daß in der genannten Weise vom Bekannten zu bisher Unbekanntem folgernd vorgedrungen wird?

Sofern man freilich die conclusio lediglich als ein problematisches Urteil setzt, durch das nicht mehr als eine bloße Möglichkeit ausgesprochen werden soll, liegen die Dinge verhältnismäßig einfach; dem Analogieschluß käme dafür aber auch so gut wie keine praktische Bedeutung zu. Nun wird ihm jedoch regelmäßig eine über die bloße Möglichkeit hinausgehende Wahrscheinlichkeit[88]) zugesprochen, und

---

84) Vgl. oben Seite 4 und 7.

85) Drobisch, § 150.

86) Lotze, S. 363.

87) Dieser Gedanke ist bei v. Kries, S. 404 angedeutet; vgl. auch Ziehen, S. 765 ff., der jedoch meint, die Induktion gehe dadurch prinzipiell über die Analogie hinaus, daß sie zu einem Allgemeinbegriff vordringe (S. 772).

88) „Wahrscheinlich" nennt Drews, S. 258 ein Urteil, für dessen Wahrheit ein Übergewicht von Gründen vorhanden ist; so auch Brugger, S. 403 f. George, S. 110 bezeichnet die Wahrscheinlichkeit als einen Prozeß des Denkens, der die Beobachtung auf ein bestimmtes Ziel hinleitet und zu der Gewißheit hin tendiert, daß die wahren Bedingungen eines Sachverhalts aufgefunden worden sind.

diese verlangt eine Begründung aus der Logik, sofern man den Analogieschluß ernsthaft als ein logisches Verfahren ansehen und darstellen will.

Es kann freilich nicht im Rahmen der vorliegenden Untersuchung liegen, in eine eingehende Auseinandersetzung mit den mannigfaltigen Wahrscheinlichkeitstheorien einzutreten. Für den juristischen Analogieschluß ist nämlich, wie sich in der weiteren Untersuchung noch näher zeigen wird, zu beachten, daß die Annahme einer mehr oder weniger großen Wahrscheinlichkeit weder eine notwendige noch eine hinreichende Bedingung der analogen Folgerung abgeben kann. Weil jedes Recht den Anspruch auf Verbindlichkeit erheben muß und daher mit zwingender Kraft auftritt, bedarf man auch für die juristischen Folgerungen, die zu neuen Normen führen sollen, einer zwingenden Begründung. Diese kann zwar nicht nur aus der Einsicht in die innere Verbindlicheit einer Rechtsnorm entnommen werden, sondern auch auf der Verbindlichkeit logischer Gesetze beruhen. Es würde jedoch dem Wesen der Rechtsnorm widersprechen, für die durch sie gesetzte Rechtsfolge eine nur „wahrscheinliche" Verbindlichkeit genügen zu lassen. Soweit sich daher die traditionelle Logik mit einer theoretischen Begründung des Analogieschlusses als eines Wahrscheinlichkeitsschlusses beschäftigt, mögen die nachfolgenden kurzen Hinweise genügen.

Höfler[89]) beruft sich für die mit dem Analogieschluß verwandte Induktion auf die Wahrscheinlichkeitsformel $\pi = \frac{m + 1}{m + n + 1}$, wobei $\pi$ die mathematische Wahrscheinlichkeit dafür abgeben soll, daß ein m-mal eingetroffenes und n-mal nicht eingetroffenes Ereignis auch im Falle m + 1 eintreffen wird[90]). Wundt[91]) macht demgegenüber geltend, dieser auf eine Vielzahl von Fällen zugeschnittene Wahrscheinlichkeitsbegriff habe bei den Analogieschlüssen keine Berechtigung, da letztere gerade darin bestehen könnten, daß von einem Gegenstand auf einen anderen geschlossen wird.

Bereits bei Drobisch[92]) findet sich die Unterscheidung einer mathematischen und einer philosophischen Wahrscheinlichkeit. Er nimmt an, nach ersterer werde dann geschlossen, wenn als Obersatz des Schlusses zwei entgegengesetzte Urteile von derselben Materie gegeben seien, während die philosophische Wahrscheinlichkeit voraussetze, daß ein eindeutiger Obersatz gebildet werde. Die Gründe der philosophischen

---

89) Höfler (b), S. 728.

90) Drews, S. 259 drückt den Grad der Wahrscheinlichkeit aus durch einen Bruch, dessen Zähler die Zahl der günstigen und dessen Nenner die der gleich möglichen Fälle angibt.

91) Wundt, S. 326, 427.

92) Drobisch, § 146.

Wahrscheinlichkeit seien, so meint er weiter[93]), zwar unvollständig, setzten aber voraus, daß keine Gegengründe vorlägen, während die mathematische Wahrscheinlichkeit gerade umgekehrt darauf beruhe, daß solche Gegengründe anzunehmen seien.

Folgt man dieser Deutung der philosophischen Wahrscheinlichkeit, so ist man genötigt, anzunehmen, daß nach ihr nicht mehr geschlossen werden kann, sobald ein für den Schlußsatz ungünstiger Fall, eine „Instanz"[94]) vorliegt. Induktion und Analogie sind nach Drobisch im Bereich dieser philosophischen Wahrscheinlichkeit beheimatet[95]).

Aber auch mit einer solchen begrifflichen Abgrenzung, die freilich, wie die folgenden Ausführungen zeigen werden, im allgemeinen nicht streng beachtet wird, ist noch nichts darüber ausgemacht, was denn zur Annahme einer philosophischen Wahrscheinlichkeit beim Analogieschluß berechtigt. Untersucht man die Voraussetzungen, unter denen der Analogieschluß unbedingte logische Stringenz erreicht, so stößt man auf die Notwendigkeit, den Obersatz des Schlusses in eine allgemeinere Form zu fassen. Wie immer man auch im einzelnen die Voraussetzungen für eine der Forderung nach logischer Reinheit des Verfahrens genügende Durchführung des Analogieschlusses formulieren mag, stets wird in ihr die Annahme enthalten sein müssen, daß in der noch unbekannten Wirklichkeit, auf die die Folgerung hinzielt, die Ordnungsprinzipien und Gesetzmäßigkeiten wiederkehren, die in dem Bekannten, von dem der Schluß seinen Ausgangspunkt nimmt, herrschen[96]).

Demnach wäre die Wahrscheinlichkeit des Schlusses von dem Gewißheitsgrad abhängig, mit dem diese Voraussetzung als gegeben angenommen werden darf[97]).

Es stellt sich dann aber die weitere Frage, wie von der Logik her eine solche Annahme begründet werden kann, und mit dieser Frage ist wiederum das gleiche Problem aufgeworfen, das die Theorie der Analogie zu lösen hat.

Um aus diesem unentrinnbar anmutenden Zirkel der Erklärung eines Prinzips durch sich selbst herauszukommen, ist versucht worden, die Folgerung vom Bekannten auf das Unbekannte zu begründen aus ihrer Bewährung durch die Erfahrung[98]). Eine generelle Zulässigkeit dieser Folgerungen ist freilich, wie Sigwart betont[99]), aus der Erfahrung

---

93) Drobisch, § 154.

94) Drobisch, § 148; Drews, S. 406.

95) Dagegen geht v. Kries, S. 402 f. über diese Grenze hinaus und spricht bei Wahrscheinlichkeitsfolgerungen, bei denen teils positive, teils negative Fälle gegeben sind, von „partiellen Analogien".

96) Erdmann, S. 703 ff., 741; Sigwart, Bd. II, S. 415 ff.

97) Ueberweg, S. 427, 437.

98) Erdmann, S. 708.

99) Sigwart, Bd. II, S. 438 f.

nicht abzuleiten, da die Zahl der Ausnahmen, in denen die nachherige Erfahrung eine zunächst gezogene Folgerung nicht bestätigt hat, zu groß ist. Die Bewährung könnte sich demnach nur als nachträgliche Bestätigung der Einzelfolgerung zeigen, sich dann allerdings für gleichgelagerte Fälle dahin auswirken, daß die Erwartung eines gleichen Ergebnisses gestärkt wird. Diese Erwartung stellt aber logisch gesehen nichts anderes dar als einen mehr oder weniger deutlich vollzogenen Analogieschluß, um dessen Erklärung es ja gerade geht. Sobald darum versucht wird, den Analogieschluß als solchen aus der Bewährung von Einzelfolgerungen zu rechtfertigen, tritt man vom Standort der Logik aus wieder in jenen Zirkel zurück, in dem sich die Erklärung des Prinzips auf dieses Prinzip selbst stützt.

V. Kries[100]) sucht die innere Begründung einer den Erfahrungsbereich überschreitenden Folgerung einmal darin, daß sich der Folgesatz widerspruchsfrei in die Gesamtordnung der vorgestellten Wirklichkeit einfügt[101]) — womit allerdings erst ein notwendiges negatives Kriterium erreicht wäre —, letztlich aber darin, daß die Annahme eines inneren Zusammenhanges der in den Schluß aufgenommenen Gegebenheiten ein unerläßliches Merkmal für die Erweiterung des Wissens darstellt. Er hält es ferner für eine notwendige Annahme, daß einem Satz aus der Summe seiner Bestätigungen ein gewisses Maß von Geltung erwächst, da mit der Preisgabe dieses Grundsatzes auf die Gewinnung von Erfahrung verzichtet werden müsse. Mit dieser Auffassung, die in modifizierter Form auch das Prinzip der Bewährung durch die Erfahrung aufrechterhält, steht es in Einklang, daß v. Kries die Wahrscheinlichkeit einer Abstufung für fähig erachtet. Er spricht den genannten Annahmen eine unmittelbare Evidenz letzter, nicht mehr reduzierbarer logischer Beziehungen zu, die freilich von anderer Art sei als etwa die Evidenz des deduktiven Schlusses oder des Satzes vom ausgeschlossenen Dritten. Diese unmittelbare Einsichtigkeit des Analogie- und Induktionsprinzips erstreckt sich nach v. Kries auch darauf, daß sich der Wahrscheinlichkeitswert der erschlossenen Sätze um so höher darstelle, je größer und vollständiger die Ähnlichkeit mit schon beobachteten Fällen sei[102]), und ferner darauf, daß sich die Wahrscheinlichkeit mit der Zahl der positiven Vergleichsfälle steigere[103]).

Gegenüber der numerischen Deutung der Wahrscheinlichkeit wird jedoch mit guten Gründen geltend gemacht, daß die einzelnen Merk-

---

100) v. Kries, S. 405 ff.

101) Hamilton, S. 144 sieht den Wert der Analogie gerade darin, daß sie die vernunftwidrigen Thesen ausschließt und nur vernunftgemäße, der vorgestellten Wirklichkeit nicht widersprechende, hervorbringt.

102) So im Ergebnis auch: Drobisch, § 151; Lotze, S. 359.

103) Ähnlich Höfler (b), S. 731: „Häufiges Zusammentreffen begründet unmittelbare Evidenz der Wahrscheinlichkeit für notwendiges Zusammentreffen". Vgl. auch Erdmann, S. 705.

male und Fälle durchaus verschiedenwertig sind[104]). Demgemäß wird mitunter versucht, nicht — oder jedenfalls nicht ausschließlich — auf die Zahl der Übereinstimmungen abzustellen, sondern die Einsicht in die Notwendigkeit des inneren Zusammenhanges der einzelnen Gegenstandsmerkmale von einer anderen Grundlage aus zu gewinnen. Freilich kann man, wenn man ein besonderes Gewicht auf die Kausalbeziehungen legt[105]), zur Begründung dieser Beziehungen auf die numerische Bedeutung zurückgreifen[106]), doch wird dieser Argumentation von Sigwart[107]) entgegengehalten, der eigentliche Charakter der Folgerung werde verdunkelt, wenn man ihr Wesen in der zählenden Zusammenfassung gleichartiger Fälle suche[108]). Die Zahl dieser Fälle ändere nichts an dem logischen Prozeß, nach welchem die Folgerung ablaufe.

Eine unmittelbare Evidenz für die graduelle Wahrscheinlichkeit im Sinne eines numerischen Vergleichs ist nach dieser Auffassung nicht gegeben. Sigwart betrachtet es jedoch als ein „Postulat unseres Erkenntnisstrebens"[109]), daß jede einzelne Wahrnehmung einen Fall einer allgemeinen Regel darstelle, und begründet mit diesem Postulat die Berechtigung, über den engeren Erfahrungsbereich hinaus folgernd vorzudringen.

Es zeigt sich somit, daß die Versuche, den Analogieschluß mit den Mitteln der traditionellen Logik zu begründen, auf erhebliche Schwierigkeiten stoßen und eine einheitliche Zurückführung auf die allgemeinen und elementaren Grundprinzipien dieser Logik nicht erreicht haben. Darum wird auch von manchen Logikern die Auffassung vertreten, die Folgerung aus der unvollständigen Analogie könne nicht als ein Verfahren der formalen Logik angesehen werden, sondern allenfalls als ein leitender Gedanke[110]) oder eine Vermutung von ganz unbestimmtem Wert[111]), als ein „vorläufiger Schluß", bei dem sich das

---

104) Lotze, S. 359.

105) Ueberweg, S. 427; Störring, S. 227; Wundt, S. 331. Hagemann, S. 233, spricht wie George, S. 544 ff. und Drews, S. 405 von der Konstatierung der Übereinstimmung in „allen wesentlichen Merkmalen"; Höfler (a), S. 137, (b), S. 742 von „notwendigem Zusammenhang".

106) So etwa Wundt, S. 331, nach welchem eine „wiederholte Erfahrung" die Überzeugungsbildung trägt.

107) Sigwart, Bd. II, S. 444.

108) Vgl. auch George, S. 554, der von einer „stufenweisen Unterordnung" der gemeinsamen Merkmale unter einen „gemeinsamen Grund" spricht und damit auf ein Gefüge von Einzelfolgerungen zurückgreift. — Daß die Gewinung allgemeiner Sätze auf einer Vielzahl von Einzelfolgerungen aufbaut, wird auch von Höfler (a), S. 138 betont.

109) Sigwart, Bd. II, S. 415, 441.

110) Höffding, S. 81.

111) Kromann, S. 96.

Denken statt in Begriffen unklar in Vorstellungen bewege[112]), sie gehöre daher in die Erkenntnislehre und Methodologie der einzelnen Wissenschaftsbereiche[113]) oder in die Psychologie[114]).

## II. Die Analogie als Strukturgleichheit

### § 6 Grundzüge des Logikkalküls[115])

Die Bindung der traditionellen Logik an die Umgangssprache muß sich bei dem jeder Logik immanenten Streben nach größtmöglicher formaler Exaktheit als Hindernis erweisen. Es liegt darum nahe, die formalen Elemente der Logik dadurch deutlicher werden zu lassen, daß man sie statt durch Worte und Wortverbindungen der Umgangssprache durch kürzere Zeichen auszudrücken und darzustellen versucht. Dabei können solche Zeichen Verwendung finden als „Konstanten", wenn sie etwas Bestimmtes ausdrücken sollen, oder als „Variablen", wenn sie für etwas stehen, was noch näherhin unbestimmt ist. Treten in einem Ausdruck Variablen auf, so kann man an ihre Stelle Konstanten in den Ausdruck einsetzen. Diejenigen Konstanten, die für eine Variable eingesetzt werden dürfen, bilden dann den „Wertbereich" dieser Variablen.

Es sei etwa der Satz gegeben: „Der Meineid ist ein Verbrechen". Solche Sätze, für die es sinnvoll ist, zu sagen, sie seien entweder „wahr"

---

112) Hoppe, S. 12, 45.

113) Honecker, S. 153 (1. Aufl.); Hagemann, S. 234: „Methodik des Wesentlichen".

114) Koppelmann, S. 433; Lipps, S. 176; Mach, S. 9.

115) Im Rahmen der vorliegenden Arbeit kann nur insoweit auf die Logistik eingegangen werden, als das angesichts der Tatsache, daß die Ergebnisse dieser modernen Logikwissenschaft bislang kaum Eingang in die rechtswissenschaftliche Literatur gefunden haben, für die weiteren Untersuchungen unumgänglich erscheint. Zur Einführung in die Logistik sei insbesonderenyerwiesen auf Bochenski-Menne, Carnap (a), Carnap (e) und Klug.
Die im nachfolge den verwandte Symbolik wird im Hinblick auf die noch darzustellenden Versuche der Kalkülisierung des Analogieschlusses und des juristischen Subsumtionsschlusses entwickelt; sie folgt im wesentlichen der Symbolik in Klugs „Juristischer Logik". Klug weicht zwar in vielen Punkten von den Systemen der Peano-Russellschen, der München-Münsterischen und insbesondere der Warschauer Symbolik ab, der juristisch interessierte Leser wird aber zur Vergleichung und zur Einführung in die Logistik in erster Linie auf die Arbeit Klugs zurückgreifen, so daß sich eine Abweichung von dessen System trotz gewisser bestehender Bedenken nicht empfiehlt. Da sich in der modernen Logik noch keine einheitliche Symbolik herausgebildet hat, wird, soweit es notwendig ist, auf einzelne Unterschiede dieser Systeme hingewiesen werden.

oder „falsch“, werden im folgenden als „Aussagen“ bezeichnet[116]). Man kann den angeführten Beispielsatz durch eine Konstante, etwa „A“, darstellen und vereinbaren, daß „X“ eine Variable sein soll, in deren Wertbereich A liegt.

Im folgenden sollen als Variable für Aussagen die Symbole X, Y, Z, U ... benutzt werden. In manchen Logiksystemen werden die Aussagenvariablen auch mit p, q, r ... bezeichnet, die uns im weiteren Verlauf unserer Untersuchung auch gelegentlich begegnen werden.

Stellt man sich nun die Aufgabe, die logische Verknüpfung von Aussagen zu untersuchen, ohne diese Aussagen weiter zu zerlegen, so gelangt man zu einem „Aussagenkalkül“, dem wir uns zunächst näher zuwenden wollen.

## Aussagenkalkül

Ist eine Aussage X wahr, so sagt man, sie habe den Wahrheitswert W (wahr). Das Negat von X (X oder ~X)[117]) hat dann notwendigerweise den Wahrheitswert F (falsch).

Es seien zwei Aussagen X und Y gegeben. Sie können entweder beide wahr oder beide falsch sein, oder aber es kann möglich sein, daß entweder X wahr und Y falsch oder Y wahr und X falsch ist. Vereinigt man nun beide Aussagen zu einem gemeinsamen Ausdruck, so kann man untersuchen, welche Wahrheitswerte für letzteren möglich sind, wenn man annimmt, daß diese Wahrheitswerte nur von der Wahrheit oder Falschheit der Einzelaussagen X und Y abhängen sollen. Über die mögliche Verteilung der Wahrheitswerte gibt folgende Wahrheitswerttafel[118]) Auskunft:

| | X | Y | I | II | III | IV | V | VI | VII | VIII |
|---|---|---|---|---|---|---|---|---|---|---|
| 1) | W | W | W | W | W | W | W | F | F | F |
| 2) | W | F | F | W | F | W | F | W | W | F |
| 3) | F | W | F | W | W | F | F | W | W | F |
| 4) | F | F | F | F | W | W | W | F | W | W |
| | | | X & Y | X v Y | X→Y | X⇒Y | X←→Y | X⧺Y | X/Y | X\|Y |

Die in der Spalte I erscheinende Aussageverknüpfung von X und Y ist stets dann, aber auch nur dann wahr, wenn sowohl X als auch Y als

116) „Wahr“ kann als ein innerhalb der Logik nicht weiter reduzierbarer Grundbegriff gelten. „Falsch“ wird dann definiert als „nicht-wahr“. Statt „wahr“ findet sich mitunter auch der Terminus „richtig“.

117) Sprich „non-X“.

118) Die ersten beiden Spalten der Tabelle geben die vier möglichen Kombinationen der Wahrheitswerte der Einzelaussagen X und Y an (WW, WF, FW, FF), die nächstfolgenden Spalten I bis VIII ergeben mögliche Wahrheitswerte der aus X und Y zusammengesetzten Gesamtaussagen.

Einzelaussagen wahr sind. Sie stellt die Verknüpfung der „Konjunktion" dar und wird ausgedrückt durch X & Y oder X.Y oder auch XY[119]).

Die Aussagenverknüpfung II ist stets dann und nur dann wahr, wenn wenigstens eine der beiden Einzelaussagen wahr ist; sie ergibt die „Disjunktion" XvY[120]).

Unter III erscheint eine Verknüpfung, die stets dann und nur dann falsch ist, wenn die erste Einzelaussage wahr und die zweite falsch ist. Sie stellt die „Implikation" dar: $X \rightarrow Y$ oder $X \supset Y$[121]).

Die Verknüpfung IV schließlich ist stets dann und nur dann falsch, wenn X falsch und Y wahr ist. Klug bezeichnet sie als „intensive Implikation" im Gegensatz zu der unter III behandelten „extensiven" Implikation. Sie stellt, wie schon die Tabelle zeigt, nichts anderes dar als eine Implikation in umgekehrter Richtung ($Y \rightarrow X$), also eine „Replikation" und kann infolgedessen stets durch die unter III angeführte Implikation ersetzt werden[122]): $X \Rightarrow Y$.

Die Verknüpfung VI ist stets dann und nur dann wahr, wenn entweder X und Y beide wahr oder beide falsch sind. Sie zeigt die „Äquivalenz" an: $X \longleftrightarrow Y$ oder $X \equiv Y$[123]).

Hingegen ist die Verknüpfung VI stets dann und nur dann falsch, wenn X und Y beide wahr oder beide falsch sind. Sie stellt somit eine „Alternative" dar: $X \nparallel Y$[124]).

Unter VII erscheint eine Verknüpfung, die dann und nur dann falsch ist, wenn X und Y beide wahr sind. Sie ergibt die „Unvereinbarkeit" von X und Y: X / Y[125]).

Mitunter wird die Bezeichnung „Unvereinbarkeit" auch für die Verknüpfung VIII benutzt. Sie ist stets und nur dann wahr, wenn X und Y beide falsch sind: X | Y[126]).

Eine Logik, in der nur die Wahrheitswerte W und F vorkommen und die man somit als „zweiwertige Logik" bezeichnen kann, besitzt für die Verknüpfung zweier Aussagen insgesamt $2^{2^2} = 16$ Möglichkeiten, deren Deutung allerdings teilweise auf große Schwierigkeiten

119) Sprich: „X und Y".

120) Sprich: „X oder Y". Dieses „oder" entspricht dem lateinischen „vel" (v), nicht dem ausschließenden „aut ... aut".

121) Sprich: „Stets wenn X, dann Y" oder: „X bedingt Y". Es fällt auf, daß diese Implikation auch gilt, wenn X falsch ist („Eine falsche Aussage impliziert alles"). Man muß sich aber vergegenwärtigen, daß die Verknüpfung $X \rightarrow Y$ keinesfalls im Sinne einer Kausalverbindung verstanden werden kann.

122) Sprich: „Nur wenn X, dann Y".

123) Sprich: „Stets wenn und nur wenn X, dann Y" oder: „X ist gleichwertig mit Y".

124) Sprich: „Entweder X oder Y" (i. S. von lateinisch „aut").

125) Sprich: „X ist unvereinbar mit Y".

126) Sprich: „Weder X noch Y".

stößt. Sollen m Aussagen verknüpft werden, so ergeben sich insgesamt $2^{2^m}$ Möglichkeiten.

Es sei an dieser Stelle angemerkt, daß es durchaus möglich ist, über die zweiwertige Logik hinauszugehen und eine Logik zu entwickeln, die hinsichtlich der Wahrheitswerte weitere Abstufungen vornimmt. Eine dreiwertige Logik kann etwa neben den Werten „notwendig wahr" und „notwendig falsch" noch den weiteren „möglicherweise wahr" einführen. Man kommt damit zu einem Modalkalkül, der hier jedoch nicht näher erörtert werden soll[127]). Ein solcher Kalkül würde entsprechend mehr Möglichkeiten für Aussagenverknüpfungen aufweisen.

Es läßt sich zeigen, daß man mit der Negation und einem der eingeführten Verknüpfungszeichen auskommt, um auch die übrigen Verknüpfungen darzustellen. So ergibt sich beispielsweise, daß die Implikation $X \to Y$ äquivalent ist mit der Disjunktion $\overline{X} \vee Y$:

$(X \to Y) \longleftrightarrow (\overline{X} \vee Y)$ wie umgekehrt auch gilt:

$(X \vee Y) \longleftrightarrow (\overline{X} \to Y) \longleftrightarrow \overline{\overline{X} \,\&\, \overline{Y}}$[128]), und ferner:

$(X \,\&\, Y) \longleftrightarrow \overline{X \to \overline{Y}}.$

$(X \to Y) \longleftrightarrow \overline{X \,\&\, \overline{Y}}.$

Es läßt sich zeigen, daß auch folgende Äquivalenz besteht:

$$(X \longleftrightarrow Y) \longleftrightarrow [\, (X \to Y) \,\&\, (X \Rightarrow Y) \,] \longleftrightarrow [\, (X \to Y) \,\&\, (Y \to X) \,]$$

Die Äquivalenz zweier Aussagen ist demnach nichts anderes als eine gegenseitige Implikation dieser beiden Aussagen.

Über die Verwendung der Klammern sei bemerkt, daß die vor oder hinter ihnen stehenden Verknüpfungszeichen sich über die gesamte Klammer hinweg erstrecken. Um Klammern zu vermeiden, werden insbesondere bei komplizierteren Formeln auch gern Punkte gesetz, wobei die Anzahl der Punkte darüber entscheidet, wie weit sich ihr Geltungsbereich erstreckt. $(X \to Y) \,\&\, (Y \to Z)\ ] \to (X \to Z)$ ist gleichbedeutend mit $p \to q \,.\, q \to r : \to .\, p \to r$, wobei zugleich für die Aussagenvariablen andere Symbole gewählt worden sind. Die Punktzeichen ergeben eine größere Einfachheit der Schreibweise. Es ist dabei freilich zu beachten, daß zuweilen auch das Konjunktionszeichen als Punktzeichen geschrieben wird. Eine Verwirrung ist davon jedoch, wie das angeführte Beispiel zeigt, nicht zu befürchten.

Interessant ist, daß zur Darstellung der bisher entwickelten Verknüpfungen selbst noch auf das Negationszeichen verzichtet werden

127) Eine Einführung in den Modalkalkül bringt Becker, O., (a) u. (b).

128) Für die Verwendung des Negationszeichens sei folgendes bemerkt: Die Negation durch Überstreichung bezieht sich auf alle Zeichen, über denen der Querstrich verläuft, und macht den Gebrauch von Klammern überflüssig; das mitunter anzutreffende Zeichen $\sim$ hingegen erstreckt sich entweder nur auf die nächstfolgende Variable oder, falls es vor einer Klammer steht, auf die gesamte Klammer. $\sim (p \cdot \sim q)$ („es ist falsch, daß p und non-q zugleich gelten") ist gleichbedeutend mit $\overline{X \,\&\, \overline{Y}}$.

kann, wenn man von $X \mid Y$ als Grundverknüpfung ausgeht. Es gilt nämlich:

$$\overline{X} \leftrightarrow (X \mid X)$$
$$(X \,\&\, Y) \leftrightarrow (\overline{X} \mid \overline{Y}) \leftrightarrow [\,(X \mid X) \mid (Y \mid Y)\,]$$
$$(X \vee Y) \leftrightarrow \overline{\overline{Y \mid X}} \leftrightarrow [\,(X \mid Y) \mid (X \mid Y)\,].$$

Es gibt zahlreiche Aussagenverknüpfungen, die stets wahr sind unabhängig davon, welchen Wahrheitswert ihre Glieder haben. Man nennt sie „Tautologien". Stets wahr sind beispielsweise:

$$X \vee \overline{X}$$
$$Y \rightarrow (X \vee Y)$$
$$(X \rightarrow Y) \vee (Y \rightarrow X).$$

Gelingt es, einen Satz als Tautologie zu erweisen, so ist damit zugleich seine logische Richtigkeit dargetan, während nichttautologische Sätze nicht mit Hilfe des Aussagenkalküls als wahr bewiesen werden können, sondern ebensogut wahr wie falsch, also möglicherweise falsch (alogisch) oder sogar notwendigerweise falsch (antilogisch) sein können. Antilogisch ist beispielsweise der Satz $X \,\&\, \overline{X}$.

Um einen Satz als logisch richtig, also als tautologisch zu erweisen oder um logisch richtige Sätze zu entwickeln, bieten sich drei verschiedene Möglichkeiten an:

a) Die Werttafelmethode

Man entwickelt die zu beweisende Formel anhand einer Werttafel; ergibt sich stets der Wahrheitswert W, so ist der Satz tautologisch. Als Beispiel gelte $(X \rightarrow Y) \vee (Y \rightarrow X)$:

| X | Y | $\overbrace{X \rightarrow Y}^{X'}$ | $\overbrace{Y \rightarrow X}^{Y'}$ | $\overbrace{(X \rightarrow Y) \vee (Y \rightarrow X)}^{X' \vee Y'}$ |
|---|---|---|---|---|
| W | W | W | W | W |
| W | F | F | W | W |
| F | W | W | F | W |
| F | F | W | W | W |

Man ermittelt also zunächst die Werte für $X \rightarrow Y$ und $Y \rightarrow X$ und gewinnt daraus die Werte für $(X \rightarrow Y) \vee (Y \rightarrow X)$, indem man die Aussagenverbindungen $X \rightarrow Y$ und $Y \rightarrow X$ jeweils wie eine Einzelaussage X' beziehungsweise Y' behandelt.

b) Die axiomatische Methode

Sie geht aus von bestimmten Axiomen, die als geltend vorausgesetzt werden und aus denen sich die weiteren tautologischen Sätze unter Anwendung einzelner ebenfalls als logisch richtig vorauszusetzender Operationsregeln ergeben. Das auf Hilbert-

Ackermann zurückgehende System nimmt folgende vier Axiome an:

1. $(X \vee X) \rightarrow X$
2. $X \rightarrow (X \vee Y)$
3. $(X \vee Y) \rightarrow (Y \vee X)$
4. $(Y \rightarrow Z) \rightarrow [(X \vee Y) \rightarrow (X \vee Z)]$

Dazu kommen die beiden Operationsregeln:

1. Substitutionsregel: Eine Aussagenvariable kann durch eine Aussagenverknüpfung ersetzt werden, sofern dies überall geschieht, wo die Variable vorkommt.
   Aus dem Axiom 1 erhält man beispielsweise durch Substitution von $Y \vee Z$ für X:
   $[(Y \vee Z) \vee (Y \vee Z)] \rightarrow (Y \vee Z)$.
2. Schlußregel: Sind zwei Formeln $\mathfrak{A}$ und $\mathfrak{A} \rightarrow \mathfrak{B}$ gegeben, so kann daraus die Formel $\mathfrak{B}$ abgeleitet werden.
   Gegeben seien etwa $X \vee Z$ und fernerhin $(X \vee Z) \rightarrow (X \rightarrow Y)$; man kann daraus den Schluß aufbauen: $[(X \vee Z) \& [(X \vee Z) \rightarrow (X \rightarrow Y)]] \rightarrow (X \rightarrow Y)$.

c) D i e M e t h o d e d e r k o n j u n k t i v e n u n d d i s j u n k t i v e n N o r m a l f o r m

Um eine gegebene Formel, etwa $(X \& Y) \vee (\overline{X} \& Y)$ als Tautologie zu erweisen, kann man sie durch zweckentsprechende Umformung in eine Konjunktion von Disjunktionen verwandeln. Aus

$(X \& Y) \vee (\overline{X} \& Y)$ folgt

$(X \vee \overline{X}) \& Y$ (sogenanntes distributives Gesetz),

und daraus ergibt sich

$(X \vee \overline{X}) \& (Y \vee \overline{Y})$, da nach Axiom 2 gilt:

$Y \rightarrow (Y \vee \overline{Y})$.

Eine solchermaßen aufgebaute Konjunktion von Disjunktionen, welche nur in den Elementarsätzen Negationen enthält, nennt man eine „konjunktive Normalform". Tritt innerhalb jeder Disjunktion ein und dasselbe Zeichen einmal bejaht und einmal verneint auf, so ist die gesamte Konjunktion notwendig wahr, mithin die Ausgangsformel tautologisch.
Es läßt sich aber auch eine Disjunktion von Konjunktionen bilden und in eine „disjunktive Normalform" bringen. Ergibt sich dabei, daß in jeder Konjunktion ein und dasselbe Zeichen einmal mit und ein zweites Mal ohne Negation vorkommt, wie das etwa in der Formel $(X \& \overline{X}) \vee (Y \& \overline{Y})$ der Fall ist, so ist sie notwendig falsch (antilogisch). Läßt sich ein Satz weder in die konjunktive noch in die disjunktive Normalform bringen, so ist er alogisch.

P r ä d i k a t e n k a l k ü l

Die bisherigen Überlegungen haben sich nur mit der logischen Verknüpfung von Aussagen, nicht aber mit diesen Aussagen selbst beschäftigt. Der bereits angeführte Beispielsatz für eine Aussage: „Der Meineid ist ein Verbrechen", läßt sich aber auch noch weiter aufgliedern. Für „Meineid" werde die Konstante „m" und für das Prädikat „ist ein Verbrechen" die Konstante „V" gesetzt. Man kann dann den Gesamtausdruck symbolisieren durch „V (m)", was etwa zu lesen ist: „m hat die Eigenschaft V". Setzt man nun für die Konstante m eine Variable, etwa „x", so ergibt sich die Satzfunktion[129]) „V(x)" („x ist ein Verbrechen"), in welche an Stelle von x einzelne Konstanten eingesetzt werden können, die, falls V für sie zutrifft, eine wahre Aussage ergeben, während Konstanten, für welche V nicht zutrifft, zu einer falschen Aussage führen würden. In gleicher Weise kann auch das Prädikat unbestimmt gelassen werden.

Als Variablen für Gegenstände wollen wir im folgenden x, y, z... verwenden, als Variablen für Prädikate F, G, H....

In die Funktion F (x) können also für die Gegenstandsvariable x nacheinander verschiedene Werte eingesetzt werden, und es kann je nach der Art dieser Einsetzung entweder wahr oder falsch sein, daß dem Werte das Prädikat F zukommt oder nicht. So würde etwa in der Aussagenfunktion „x ist ein Verbrechen" die Einsetzung von „Meineid" oder „Mord" für x die Aussage wahr machen, hingegen die Einsetzung von „Sachbeschädigung" oder „Unterschlagung" nach dem geltenden deutschen Strafrecht eine falsche Aussage ergeben.

Soll nun zum Ausdruck gebracht werden, daß die Aussagefunktion für alle Werte von x eine wahre Aussage ergibt, so wird der Funktion der „A l l o p e r a t o r" (oder „Generalisator") „(x)" vorangestellt:

$$(x) \qquad F(x)$$ [130])

Notwendig richtig ist beispielsweise die Allaussage

$$(x) \quad [\, F(x) \vee \overline{F}(x) \,]$$ [131])

Soll hingegen dargestellt werden, daß zwar nicht notwendig für alle, wohl aber mindestens für einen Wert von x die Aussage wahr ist, dann wird der Funktion der „E x i s t e n z o p e r a t o r" (oder „Partikularisator" „(Ex)" oder auch „(∃x)" vorangesetzt:

$$(Ex) \quad F(x)$$ [132])

[129]) Als Funktion soll ein zusammengesetzter Ausdruck bezeichnet werden, in welchem Variablen auftreten.

[130]) Sprich: „Für alle x gilt: x hat die Eigenschaft F".

[131]) Sprich: „Für alle x gilt: x hat die Eigenschaft F oder x hat die Eigenschaft non-F".

[132]) „Es gibt (wenigstens) ein x, für das gilt: x hat die Eigenschaft F".

Der Existenzoperator läßt sich durch den Alloperator definieren[133]:

$$(Ex)\ F(x) \ =df\ \overline{(\overline{x})\ \overline{F}(x)}$$

(Ex) besagt nicht, daß das jeweilige Prädikat nur für e i n e n Wert von x gilt, sondern läßt auch die Möglichkeit offen, daß es mehrere Werte gibt, die F (x) erfüllen. Ergibt F (x) nur für e i n e n Wert eine wahre Aussage, so kann diese kenntlich gemacht werden durch ($\iota$x) F ( x) [134].

Läßt man im Rahmen des Prädikatenkalküls auch mehrstellige (zwei-, drei-, n-stellige) Funktionen der Struktur F (x, y) zu[135], so erweitern sich auch die Anwendungsmöglichkeiten der Operatoren:

$$(x)\ (y)\quad F\ (x, y)$$
$$(Ex)\ (y)\quad F\ (x, y)$$ [136].

Variablen, die mit einem Operator verbunden sind, heißen im Gegensatz zu den „freien" Variablen „gebunden".

Die Axiome des Aussagenkalküls behalten auch im Prädikatenkalkül ihre Gültigkeit, und durch Substitution können sie zweckentsprechend umgestaltet werden, so daß beispielsweise das Axiom 1 in die Form gebracht werden kann: $[\ F\ (x) \vee F\ (x)\ ] \rightarrow F\ (x)$. Die Zahl der Axiome wie der Operationsregeln muß freilich erweitert werden, um einen leistungsfähigen Kalkül zu ermöglichen. Im einzelnen soll dem hier jedoch nicht nachgegangen werden. Bemerkt sei lediglich, daß für die gebundenen Variablen besondere Operationsregeln zu gelten haben.

K l a s s e n k a l k ü l

Betrachtet man die Funktion F (x), so kann man diejenigen x, denen F zukommt, als den „Umfang" dieses Prädikats ansehen. Die durch F bestimmten x bilden eine „ K l a s s e ", die demnach mit Hilfe der Funktion F (x) umschrieben werden kann. Eine solche Klasse läßt sich etwa darstellen durch den Ausdruck $\hat{x}\ [\ F\ (x)\ ]$ [137]. Soll weiter

---

[133]) Definitionen werden durch das Zeichen = df kenntlich gemacht.

[134]) „Dasjenige x, für das F (x) gilt".

[135]) „Zwischen x und y besteht die Beziehung F". Solche Funktionen stellen Beziehungen dar und führen zur Entwicklung des noch zu behandelnden Relationenkalküls.

[136]) (x) (y) F (x, y) ist zu lesen: „Für alle x und für alle y gilt: x steht zu y in der Beziehung F".
(Ex) (y) F (x, y) ist zu lesen: „Es gibt ein x, das zu allen y in der Beziehung F steht". Hingegen wäre (y) (Ex) F (x, y) zu lesen: „Für alle y gibt es ein x, das zu ihnen in der Beziehung F steht". Eine Umstellung der „Quantifikatoren" bedingt eine Veränderung des Sinnes der Funktion. Das zeigt sich auch deutlich am Beispiel der beiden zuletzt angeführten Funktionen, deren erstere besagt, daß es ein x gibt, das zu allen y in der Beziehung F steht, während die zuletzt angeführte Formel zwar ergibt, daß es zu allen y ein x in der Beziehung F gibt, aber offen läßt, ob dies für alle y dasselbe x ist.

[137]) „Die Klasse derjenigen x (oder: derjenigen Werte von x), für die F (x) gilt".

ausgedrückt werden, daß z zu der so bestimmten Klasse gehört, dann lautet die Formel: $z \varepsilon \hat{x} [F(x)]$ [138]).

Man kann auch Klassen wiederum zu Klassen höherer Stufe zusammenfassen. Setzt man für $\hat{x} [F(x)], \hat{y} [G(y)] \ldots.$, also für Klassen erster Stufe zur Verkürzung $\alpha, \beta, \gamma \ldots.$, dann wäre eine Klasse zweiter Stufe auszudrücken durch $\hat{\alpha} [H(\alpha)]$. Die Klasse $\alpha$ kann daher Element einer Klasse höherer Ordnung sein. Hingegen ist es logisch unzulässig, etwa die Formel zu bilden $\alpha \varepsilon \alpha$ und damit die Klasse zum Element ihrer selbst zu erklären. Würde man sich nämlich über diese Einschränkung hinwegsetzen, könnte die Logik nicht frei gehalten werden von Widersprüchen. Um die Widerspruchsfreiheit zu sichern, ist eine Typenlehre entwickelt worden, die es verbietet, die verschiedenen logischen „Typen" (etwa die Individuen, die Klassen, Aussagen und Relationen der verschiedenen Stufen) miteinander zu vermischen.

Gegenstände können auch mehreren Klassen zugehören: $z \varepsilon \hat{x} [F(x)]$ und $z \varepsilon \hat{y} [G(y)]$. Umfangsgleich wären diese beiden Klassen, wenn die Elemente der einen Klasse auch genau die Elemente der anderen bilden würden, oder vom Inhalt her betrachtet: Wenn beiden Klassen dieselben Prädikate zukämen: $(x) [F(x) \longleftrightarrow G(x)]$.

Sind hingegen alle Elemente der einen Klasse $(\alpha)$ zwar zugleich auch Elemente einer anderen $(\beta)$, bleibt aber ferner die Möglichkeit offen, daß letztere auch noch weitere Elemente enthält, so ist $\alpha$ eine Teilklasse von $\beta$ und es besteht die „S u b s u m t i o n" $\alpha \subset \beta$ [139]).

$$(\alpha \subset \beta) = \text{df} \ (x) \ [(x \varepsilon \alpha) \rightarrow (x \varepsilon \beta)]$$

Mit Hilfe dieser Subsumtion läßt sich auch die Umfangsgleichheit zweier Klassen definieren:

$$(\alpha = \beta) = \text{df} \ [(\alpha \subset \beta) \ \& \ (\beta \subset \alpha)]$$

Haben zwei Klassen $\alpha$ und $\beta$ einen Teil ihrer Elemente gemeinsam, so bildet dieser gemeinsame Teil den „K l a s s e n d u r c h s c h n i t t" von $\alpha$ und $\beta : \alpha \frown \beta$ [140]).

$$(\alpha \frown \beta) = \text{df} \ \hat{x} \ [(x \varepsilon \alpha) \ \& \ (x \varepsilon \beta)]$$

Will man hingegen die Elemente zweier Klassen unabhängig von einer etwaigen Überschneidung erfassen, dann erhält man die „K l a s s e n v e r e i n i g u n g" $\alpha \smile \beta$ [141]).

$$(\alpha \smile \beta) = \text{df} \ \hat{x} \ [(x \varepsilon \alpha) \vee (x \varepsilon \beta)]$$

---

138) „z ist ein Element der Klasse, für die F (x) gilt".

139) „$\alpha$ sub $\beta$", oder: „$\alpha$ ist in $\beta$ enthalten".
Für die Subsumtion in umgekehrter Richtung verwendet Klug noch das Zeichen der „Klasseninklusion": $\alpha \supset \beta$.
$\alpha \supset \beta = \text{df} \ (x) \ ((x \varepsilon \alpha) \Rightarrow (x \varepsilon \beta))$.

140) „$\alpha$ mal $\beta$", oder: „der Durchschnitt von $\alpha$ und $\beta$".

141) „$\alpha$ plus $\beta$" oder: „Die Vereinigung von $\alpha$ und $\beta$".

Alle Elemente, die nicht zur Klasse $\alpha$ gehören, bilden die Klasse $-\alpha$, so daß etwa der Durchschnitt $\beta \frown -\alpha$ diejenigen Elemente von $\beta$ umfaßt, die nicht zur Klasse $\alpha$ gehören.

Die angeführten Klassenbeziehungen können natürlich auch zwischen mehr als zwei Klassen bestehen. Die Vereinigung $\alpha \smile \beta \smile \gamma$ umfaßt beispielsweise alle Elemente, die zu $\alpha$, $\beta$ oder $\gamma$ gehören.

Werden alle Gegenstände des gleichen Typus zu einer einzigen Klasse zusammengefaßt, so entsteht die „Allklasse" „V". Ergibt sich hingegen, daß eine Klasse $\alpha$ keinen Gegenstand als ihr Element aufzuweisen hat, so daß $x \varepsilon \alpha$ für alle x falsch ist, dann bildet sie eine „Nullklasse", also eine leere Klasse „$\Lambda$", die eine Negation der Allklasse darstellt: $\Lambda = -V$. Ist $\alpha$ nicht leer, weist diese Klasse wenigstens ein Element auf, so wird dies ausgedrückt durch $E!\alpha$.

### Relationenkalkül

Der Umfang einer gegebenen Aussagenfunktion F (x, y) läßt sich darstellen durch die Formel $\hat{x}\hat{y}\,[F(x,y)]$. Die zu diesem Umfang gehörenden x und y können als in einer Relation zueinander stehend betrachtet werden, so daß für sie die Funktion F (x, y) gilt. Um solche Relationen deutlicher werden zu lassen, ist es üblich geworden, eine andere Schreibweise anzuwenden. Hierfür seien folgende Festsetzungen getroffen:

1. Im Relationenkalkül sollen als Variablen für Relationen statt der für den Prädikatenkalkül eingeführten Buchstaben die Zeichen R, S, T ... Verwendung finden.
2. Zweistellige Relationen werden durch xRy bezeichnet, mehrstellige durch x R (y, z ..., n) oder durch R (x, y, z ..., n).
3. Die Relationsvariablen R, S, T ... können auch ohne Hinzufügung der Gegenstandsvariablen x, y, z ... auftreten.

Den Aussagen- und Klassenverknüpfungen entsprechend lassen sich auch Relationenverknüpfungen feststellen:

Die „Subsumtion" R(· S[142]) besagt, daß für alle x und y, für die xRy gilt, auch xSy gilt:

$$R \,(\cdot\, S \;=_{df}\; (x)\,(y)\,[(xRy \rightarrow (xSy)]$$

Der „Durchschnitt" $R \dot{\frown} S$[143]) setzt voraus, daß xRy und xSy beide zutreffen:

$$R \dot{\frown} S \;=_{df}\; \hat{x}\hat{y}\,[(xRy)\ \&\ (xSy)]$$

142) „R sub S", oder: „R ist enthalten in S". Analog zur intensiven Implikation und zur Klasseninklusion läßt sich auch eine Relationsinklusion bilden: $R \supseteq S =_{df} (x)\,(y)\,[(xRy) \Rightarrow (xSy)]$.

143) „R mal S", oder: „Die gemeinsamen Paare von R und S".

Hingegen erfordert die „Vereinigung“ $R \dot{\cup} S$[144]) lediglich, daß xRy oder xSy gilt:

$$R \dot{\cup} S \;=\!\mathrm{df}\; \hat{x}\hat{y}\; [(xRy) \vee (xSy)]$$

Endlich läßt sich das „Negat“ $\dot{-}R$[145]) durch das Nichtzutreffen von xRy definieren:

$$\dot{-}R \;=\!\mathrm{df}\; \hat{x}\hat{y}\; \overline{xRy}.$$

Den Verhältnissen beim Klassenkalkül entsprechend gelten die angeführten Festsetzungen auch bei einer Mehrheit von Relationen, so daß beispielsweise der Durchschnitt gebildet werden kann $R \dot{\cap} S \dot{\cap} T$. Ferner können eine „Allrelation“ „$\dot{V}$“, eine „Nullrelation“ „$\dot{\Lambda}$“ sowie eine nicht leere Relation „E! R“ festgesetzt werden. Die Entsprechung der einzelnen Kalküle zeigt sich auch darin, daß auch die Relationsvariablen gebunden und frei vorkommen können, daß sich Klassen von Relationen und Relationen von Klassen bilden lassen, wie auch Relationen von Relationen bestehen können.

In der Relationslogik sind noch die „kennzeichnenden Funktionen“ von besonderer Bedeutung. Sie haben die Form „R'y“[146]) und bezeichnen einen bestimmten Gegenstand, indem sie ihn umschreiben. R'y soll dasjenige x darstellen, welches die Relation R zu y hat, sofern es nur ein einziges solches x gibt:

$$R'y \;=\!\mathrm{df}\; (\iota x)\; (xRy)$$

Steht etwa xRy für „x ist Alleinerbe von y“, so würde R'y eben diesen Alleinerben bezeichnen.

Soll hingegen nicht ein einzelner Gegenstand, sondern eine Klasse von Gegenständen gekennzeichnet werden, die zu y in der Relation R stehen, dann lautet die Kennzeichnung „$\overrightarrow{R'y}$“[147]), während sie für die Klasse der Gegenstände y, zu denen x in der Relation R steht, als „$\overleftarrow{R'x}$“[148]) dargestellt wird.

## § 7 Ähnlichkeit, Gleichheit, Verschiedenheit in der Relationslogik[149])

In der Relation xRy bildet x das Vorder-, y das Hinterglied. Zu xRy muß es nun auch eine Relation in umgekehrter Richtung geben, in

144) „R plus S“.
145) „Non-R“.
146) „Das R von y“.
147) „R Rechtspfeil von y“, oder: „Die R-Vorgänger von y“.
148) „R Linkspfeil von x“, oder: „Die R-Nachfolger von x“.
149) Die nachfolgende Darstellung, die sich an die bereits angeführten Arbeiten Carnaps anschließt, sieht davon ab, alle Möglichkeiten einer Deutung der Begriffe Ähnlichkeit, Gleichheit und Verschiedenheit innerhalb der kalkülisierten Logik zu erörtern, da dies einer eigenständigen Untersuchung vorbehalten bleiben muß. Sie beschränkt sich darauf, das zur Klärung des Begriffs der Isomorphie Notwendigste zu behandeln.

welcher y Vorderglied ist. Man nennt sie die „Konverse von R" und bezeichnet sie mit „$\breve{R}$". Beispielsweise würde die Konverse zur Relation „x ist Gläubiger von y" lauten: „y ist Schuldner von x".

Sind R und $\breve{R}$ identisch[150]), wie dies etwa in der Relation „x ist Mittäter von y" der Fall ist, oder besteht wenigstens die Subsumtion $\breve{R} \subset\cdot R$ so daß sowohl xRy als auch yRx gelten, so wird R „symmetrisch" genannt (R $\varepsilon$ sym):

$$\text{sym} \;=\text{df}\; \hat{R}\,(\breve{R} \subset\cdot R)$$

In allen anderen Fällen besteht keine Symmetrie. Schließen R und $\breve{R}$ sogar einander aus, dann ist die Relation „asymmetrisch" (as):

$$\text{as} = \;\text{df}\; \hat{R}\,(\breve{R} \subset\cdot \dot{-}R)$$

In der Relation xRy bilden alle Glieder, die als Vorderglieder vorkommen können, eine Klasse, den „Vorbereich von R" (D' R):

$$D'R \;=\text{df}\; \hat{x}\,[(Ey)\,(xRy)]$$ [151])

Entsprechendes gilt für die Hinterglieder, deren Klasse „Nachbereich von R" heißt (Ɑ'R):

$$Ɑ'R \;=\text{df}\; \hat{y}\,[(Ex)\,(xRy)]$$

Die Vereinigung beider Bereiche bildet das „Feld" der Relation (C'R):

$$C'R \;=\text{df}\; D'R \cup Ɑ'R$$

Sind xRy und ySz gegeben, so besteht auch eine Relation zwischen x und z[152]), die als „R | S" bezeichnet wird:

$$R\,|\,S \;=\text{df}\; \hat{x}\hat{y}\,[(Ey)\,[(xRy)\,\&\,(ySz)]]$$

Für xRy, yRz gilt demnach xR | Rz. Statt R | R kann auch zur Abkürzung $R^2$ gesetzt werden und entsprechend für $R^2 | R$: $R^3 \cdot R$ selbst bedeutet so viel wie $R^1$, während das Verhältnis der Identität im Felde von R als $R^0$ gedeutet werden kann.

Eine Relation heißt „transitiv" (R $\varepsilon$ trans), wenn sich aus xRy und yRz auch immer xRz ergibt[153]):

$$\text{trans} \;=\text{df}\; R\,(R^2 \subset\cdot R)$$

Hingegen ist die Relation nicht transitiv, wenn aus xRy und yRz nicht auch zugleich xRz folgt. „Intransitiv" ist sie, wenn alsdann xRz niemals gilt.

---

150) Der Begriff der Identität ist in der modernen Logik umstritten. Carnap (a), S. 15, geht von folgender Definition aus:
$x = y \;=\text{df}\; (\varphi)\cdot\varphi(x) \supset \varphi(y)$.

151) Es gibt nur einen Vorbereich von R, darum ist die Schreibweise „D'" und nicht „$\vec{D}$'" berechtigt und geboten.

152 Man spricht dann von einer „Verkettung" von R und S.

153) Z. B.: „x ist Abkömmling von y".

Sofern jedes R-Glied auch zu sich selbst in der Relation R steht, also nicht nur xRy, sondern auch xRx[154]) gilt, ist die Relation „reflexiv" (R ε refl),

$$\text{refl} \;=\text{df}\;\; \hat{R}\,(R^0 \subset\!\!\cdot\; R)$$

und zwar „totalreflexiv" (R ε reflex), wenn alle Elemente des gleichen Typus reflexiv sind. In allen übrigen Fällen ist die Relation nicht reflexiv und wird sogar „irreflexiv", wenn xRx für keinen Wert von x zutrifft.

Wenn man das Verhältnis von Symmetrie, Transitivität und Reflexivität betrachtet, so läßt sich feststellen, daß die Symmetrie unabhängig ist von Transitivität und Reflexivität und daß die Transitivität unabhängig von Symmetrie und Reflexivität bestehen kann.

Mit Hilfe der Relationen der Symmetrie, Transitivität und Reflexivität lassen sich folgende Definitionen aufstellen:

Eine Relation, die symmetrisch und reflexiv ist, bildet eine „Ähnlichkeit" (sim):

$$\text{sim} \;=\text{df}\;\; \text{sym} \frown \text{refl}$$

Eine Klasse $\alpha$ bildet einen „Ähnlichkeitskreis" in bezug auf R (sim'R), wenn R eine Ähnlichkeit darstellt und jedes Paar der Klasse $\alpha$ in der Relation R steht und kein Element außerhalb von $\alpha$ vorhanden ist, das zu allen Elementen in $\alpha$ diese Relation aufweist.

Eine Relation, die symmetrisch, reflexiv und dazu noch transitiv ist, stellt eine „Gleichheit" dar (aeq):

$$\text{aeq} \;=\text{df}\;\; \text{sym} \frown \text{refl} \frown \text{trans}$$

Jede Gleichheit ist zugleich auch eine Ähnlichkeit.

Ist eine Gleichheit gegeben, so läßt sich entsprechend dem Ähnlichkeitskreis auch ein „Gleichheitskreis" bilden (Abstraktionsklasse), in welchem R nicht nur wie im Ähnlichkeitskreis symmetrisch und reflexiv ist, sondern auch transitiv (aeq'R).

Relationen, die symmetrisch, irreflexiv und nicht transitiv sind, bilden eine „Verschiedenheit" (diff):

$$\text{diff} \;=\text{df}\;\; -\text{trans} \frown \text{sym} \frown \text{irrefl}$$

Als Beispiel einer Ähnlichkeit mag der Satz gelten: „Der Fall x hat nahezu den gleichen Sachverhalt wie der Fall y". Diese Relation ist symmetrisch, denn wenn x nahezu den gleichen Sachverhalt wie y aufweist, betrifft auch y nahezu den gleichen Sachverhalt wie x. Sie ist ferner reflexiv, da der Sachverhalt x natürlich mit sich selbst übereinstimmt.

---

[154]) Etwa in dem Satz: „x trägt die gleiche Schuld wie y".

Ein Ähnlichkeitskreis könnte aus allen Fällen x, y, z . . . , n gebildet werden, die untereinander in der Relation „Nahezu-der-gleiche-Sachverhalt-sein“ stehen, ohne daß ein einziger Fall außerhalb dieses Kreises gelassen würde, von dem gesagt werden könnte, er betreffe nahezu den gleichen Sachverhalt wie a l l e Fälle innerhalb dieses Kreises. Dagegen wäre es unschädlich, außerhalb des Kreises noch einen Fall anzutreffen, der lediglich zu einzelnen Fällen des Ähnlichkeitskreises in dieser Relation steht, da die Ähnlichkeit nicht transitiv zu sein braucht, so daß aus der Ähnlichkeit von a und b einerseits und b und c andererseits nicht notwendig auch eine Ähnlichkeit von a und c folgt. Es ist auch denkbar, daß ein und dasselbe Element verschiedenen Ähnlichkeitskreisen angehört.

Eine Gleichheit stellt beispielsweise der bereits angeführte Satz dar: „x trägt die gleiche Schuld wie y“. Diese Relation ist transitiv, da aus gleicher Schuld von x und y sowie von y und z auch die gleiche Schuld von x und z folgt, sie ist ferner symmetrisch und reflexiv, weil sowohl im Verhältnis von y zu x als auch im Verhältnis von x zu sich selbst gesagt werden kann, es liege die gleiche Schuld vor.

Zu einem Gleichheitskreis zusammengefaßt werden können dann alle Personen, die ein gleiches Maß von Schuld tragen. Von den Elementen dieses Gleichheitskreises gilt im Gegensatz zu den Elementen eines Ähnlichkeitskreises nicht, daß sie in ein und derselben Bestimmungsrichtung verschiedenen Gleichheitskreisen angehören können.

Ein Vergleich der somit gefundenen Begriffsbestimmungen der Ähnlichkeit und Gleichheit mit den in der traditionellen Logik üblichen zeigt, daß die kalkülisierte Logik eine streng formale Bestimmung dieser Begriffe, die allerdings nur kurz gestreift werden konnten, ermöglicht. Gerade die Herausarbeitung solcher formaler Unterscheidungsmerkmale ist eine notwendige Voraussetzung für eine das Gebot der Logik nach streng formaler Arbeitsweise befriedigende Definition der Analogie.

## § 8 Der Analogiebegriff nach Bochenski

Einen eingehenden Versuch, den Begriff der Analogie vom Standort der kalkülisierten Logik aus zu bestimmen, hat Bochenski[155]) unternommen. Er unterscheidet mit der thomistischen Philosophie zwischen univoken und äquivoken Worten und beschäftigt sich zunächst mit der Darstellung der ihnen zugrundeliegenden logischen Verhältnisse.

Bei jedem sprachlichen Ausdruck läßt sich eine logische Beziehung S herausarbeiten, welche besteht zwischen dem Namen (Sprachsymbol) a, der in der zugrundeliegenden Sprache l den Bedeutungsgehalt (ratio, content) f des Gegenstandes (res) x darstellt, und den damit ange-

[155]) Bochenski (c).

führten weiteren Relationsgliedern. Symbolisch: S (a, l, f, x). Es seien nun zwei verschiedene Namen a und b gegeben, welche die gleiche graphische Form aufweisen, wofür gesetzt werden soll: I (a, b). Nur in einem solchen Falle ist es überhaupt sinnvoll, von univoken und äquivoken Worten zu sprechen, da ein einzelner Name zwar eine mehr oder weniger klare, aber immer auch nur e i n e Bedeutung haben kann; in allen anderen Fällen ist es zutreffender, von verschiedenen, aber formgleichen Namen zu sprechen.

Für a und b lassen sich die Relationen S (a, l, f, x) und S (b, m, g, y) bilden, wobei m wieder eine Sprache, g einen Bedeutungsgehalt und y einen Gegenstand darstellen sollen. Zwischen beiden Relationskomplexen besteht alsdann eine weitere Relationsverknüpfung, die dargestellt werden kann durch

$$R\ (a, b, l, m, f, g, x, y).$$

Von besonderem Interesse sind dabei die Beziehungen, für welche nicht nur I (a, b) gilt, bei denen also a und b formgleich sind, sondern für welche gleichzeitig der Sonderfall zutrifft, daß die Sprachen l und m identisch sind, also $l = m$ gesetzt werden kann. Zur Vereinfachung sei daher von der achtstelligen auf eine siebenstellige Relation zurückgegangen, indem wegen der Identität von l und m diese beiden Symbole durch das eine Symbol l ersetzt werden:

$$R\ (a, b, l, f, g, x, y).$$

Sind somit die Teilbeziehungen zwischen a und b sowie zwischen l und m für die weitere Betrachtung festgelegt, so lassen sich im Hinblick auf die Möglichkeiten der Identität oder Nichtidentität von f und g sowie von x und y folgende vier Fälle denken:

| (a, b) | (l, m) | (f, g) | (x, y) | |
|---|---|---|---|---|
| I | = | = | = | (Fall 1) |
| I | = | = | ≠ | (Fall 2) |
| I | = | ≠ | = | (Fall 3) |
| I | = | ≠ | ≠ | (Fall 4) |

Fall 1 liegt vor, wenn sprachliche Gleichheit und lediglich physische Verschiedenheit zweier Namen gegeben ist. Fall 3 betrifft Namen, die bei verschiedener Bedeutung den nämlichen Gegenstand bezeichnen. Die Fälle 2 und 4 hingegen geben die logischen Beziehungen wieder, die bei univoken und äquivoken Worten gegeben sind. Symbolisiert man diese Beziehungen durch „Un" und „Ae", so gewinnt man die Definitionen:

$$Un\ (a, b, l, f, g, x, y) \cdot = df \cdot S\ (a, l, f, x) \cdot S\ (b, l, g, y) \cdot$$
$$\cdot I\ (a, b) \cdot x \neq y \cdot f = g$$

$$Ae\ (a, b, l, f, g, x, y) \cdot = df \cdot S\ (a, l, f, x) \cdot S\ (b, l, g, y) \cdot$$
$$\cdot I\ (a, b) \cdot x \neq y \cdot f \neq g$$

Für univoke und äquivoke Namen gilt der Grundsatz, daß keiner von ihnen in ein und derselben Beziehung zugleich univok und äquivok sein kann, und ferner, was im folgenden besonders bedeutsam wird, daß Beziehungen von der Art (a, b, l, f, g, x,y), die auf die Relationen S (a, l, f, x) und S (b, l, g, y) zurückgehen und für die die weiteren Voraussetzungen I (a, b) und $x \neq y$ gemacht werden, notwendigerweise Univoca oder Aequivoca darstellen und damit insoweit einem „Gesetz vom ausgeschlossenen Dritten" unterliegen[156].

Damit aber ergibt sich zugleich, daß die Analogie ein Unterfall der Relation Un oder Ae sein muß, da sich auch die Analogie darstellen läßt als eine siebenstellige Relation der betrachteten Art, bei welcher die Namen a und b eine übereinstimmende Form besitzen, die Gegenstände x und y hingegen verschieden sind. Was die Gehalte f und g betrifft, so darf schon hier festgestellt werden, daß für sie jedenfalls nicht die Beziehung $f = g$ gelten kann, so daß die Analogie näherhin der Relation Ae zugezählt werden darf. Die Beziehung der Analogie ist damit ein durch einen noch näher zu bestimmenden Faktor F modifizierter Unterfall der Relation Ae.

Für diese nähere Bestimmung bieten sich zwei Lösungsmöglichkeiten an, die bereits der traditionellen thomistischen Philosophie unter den Begriffen der Attributions- und Proportionalitätsanalogie bekannt waren, die hier jedoch einer stärkeren Formalisierung bedürfen.

Die Attributionsanalogie geht in ihrer einfachsten Form davon aus, daß zwei Gegenstände x und y gegeben sind und zwei Bedeutungsgehalte f und g, in Bezug auf welche die ferner gegebenen Namen a und b äquivok sind. Als besondere Eigentümlichkeit soll jedoch noch weiter angenommen werden, daß x die Ursache von y oder y diejenige von x ist: C (x, y) v C (y, x). Damit ergibt sich:

$$\begin{aligned} &At\,(a, b, l, f, g, x, y) \cdot =df \cdot Ae\,(a, b, l, f, g, x, y) \cdot \\ &\cdot C\,(x, y) \lor C\,(y, x) \end{aligned}$$

Um die Relation C näher zu analysieren, geht Bochenski von einem Beispiel aus: Die Nahrung (x) ist stets und nur dann die Ursache der Gesundheit eines Lebewesens (y), wenn die Nahrung einen Gehalt f (Gesundheit) dergestalt in sich birgt, daß ein anderer Gehalt g (Gesundheit) in dem Lebewesen in Erscheinung tritt, falls man zwischen x und y eine besondere Relation R herstellt, wobei R im vorliegenden Beispiel das Verzehren der Nahrung durch das Lebewesen zu bedeuten hat:

$$\begin{aligned} &At\,(a, b, l, f, g, x, y) \cdot =df \cdot Ae\,(a, b, l, f, g, x, y) \cdot \\ &\cdot (\exists R) \cdot C\,(f, x, R, g, y) \lor C\,(g, y, R, f, x) \end{aligned}$$

---

156) Der formale Beweisgang für diese Gesetzmäßigkeit ist bei Bochenski (c), S. 431, skizziert; auf seine Wiedergabe soll hier verzichtet werden.

Gleicherweise lassen sich auch Formeln für ähnlich gelagerte Fälle bilden, bei denen nicht die Relation der Kausalität, sondern entsprechende andere geeignete Beziehungen zugrunde gelegt werden. Auch kann man die gekennzeichnete Grundstruktur der Attributionsanalogie dadurch erweitern, daß man ausgeht von zwei Namen a und b, die ihrerseits wieder zu einem gemeinsamen dritten Namen c in der Beziehung attributiver Analogie stehen[157]).

Insgesamt gesehen kann die Attributionsanalogie aber auch in dieser formalisierten Gestalt wenig befriedigen. Sie macht stets einen Rückgriff auf weitere Beziehungen — etwa der Kausalität — erforderlich, ohne über den Rahmen der obigen Definition hinaus nähere Klarheit über die formalen Beschaffenheiten der jeweils herangezogenen Relation C geben zu können.

Demgegenüber vermag eine Analyse der Proportionalitätsanalogie einen Schritt weiter zu führen. In zweifacher Richtung läßt sich hier eine formale Grundlage für die Analogie suchen:

Die erste von ihnen, bei Bochenski als „Alternativtheorie" bezeichnet, geht von folgender Überlegung aus: Es seien drei Namen gegeben, von denen einer den Bedeutungsgehalt f und ein weiterer den Gehalt g verkörpert; f und g bilden die analogata particularia im Sinne der thomistischen Theorie. Der dritte Name soll nunmehr das analogatum commune darstellen, und zwar die „Alternative" — in unserer Terminologie: die Disjunktion — von f und g; symbolisch in der Schreibweise Bochenskis: $f \smile g$, wobei er definiert:

$$(f \smile g)\, x \cdot =_{df} \cdot fx \vee gx$$

Mit Hilfe dieser Verknüpfung läßt sich nunmehr die Proportionalitätsanalogie definieren:

$$\begin{aligned} &Anp\,(a, b, l, f, g, x, y) \cdot =_{df} \cdot Ae\,(a, b, l, f, g, x, y) \cdot \\ &\cdot (\exists h) \cdot f = (g \smile h) \end{aligned}$$

In die Klassenlogik übertragen bedeutet dies, daß die Klasse derjenigen Elemente, denen die Bedeutung f zukommt, umfangsgleich ist mit der Klasse derjenigen Elemente, denen die Bedeutung g oder h zukommt.

Es läßt sich zeigen, daß Syllogismen, deren Mittelbegriffe analog im obigen Sinne sind, bei denen also der Mittelbegriff des Obersatzes disjunktiv den Bedeutungsgehalt des entsprechenden Begriffs des Untersatzes und einen weiteren Bedeutungsgehalt einschließt, gültige Schlüsse ergeben[158]).

Die bisher gewonnene Begriffsbestimmung der Proportionalitätsanalogie wird jedoch nur sehr unvollkommen den Erfordernissen ge-

---

[157]) Vgl. die Definition 11.1 bei Bochenski (c), S. 435 (sogen. analogia plurium ad unum" im Gegensatz zur „analogia unius ad alterum").

[158]) Vgl. Bochenski (c), S. 437 ff.

recht, welche die theoretische und die angewandte Logik an die Begriffe, mit denen sie zu operieren haben, stellen müssen. Insbesondere zeigen sich keine Gründe, die es rechtfertigen könnten, die für eine Analogie notwendige Übereinstimmung nur in den Bedeutungsgehalten f und g selbst zu suchen und darüber die bestehenden Relationen zwischen den Bedeutungsgehalten und den ihnen zugehörigen Gegenständen zu vernachlässigen. Freilich wird man das entscheidende Kriterium der Analogie nicht in der Identität der Beziehungen (f, x) und (g, y) suchen dürfen, da wir bei der Analogie wie bei allen Verhältnissen Ae davon ausgehen müssen, daß $f \neq g$ und $x \neq y$ sind. Es gilt somit, eine Beziehung zwischen Beziehungen auszumachen, die als Unterscheidungsmerkmal der Analogie gegenüber verwandten Begriffen gelten kann.

Dies könnte dadurch gesichert erscheinen, daß man setzt:

$$\text{Anp}\,(a, b, l, f, g, x, y) \cdot {=}\text{df} \cdot \text{Ae}\,(a, b, l, f, g, x, y) \cdot$$
$$\cdot\,(\exists P, Q, R) \cdot fPx \cdot gQx \cdot P \neq Q \cdot P \,(\cdot\, R \cdot Q \,(\cdot\, R$$

Damit ist aber noch keineswegs eine rein formale Analyse der zugrundeliegenden Beziehungen erreicht. Es würde vielmehr, wie Bochenski betont, die Analyse nicht freigehalten werden von einem materiell-univoken Element, da es als zulässig gelten müßte, materielle Beschaffenheiten der einen Relation auf die andere zu übertragen. Demgegenüber muß im Rahmen der logischen Analyse daran festgehalten werden, daß das gemeinsame Merkmal beider Relationen rein formal ist.

Als eine solche Relation zwischen Relationen, die sicherstellt, daß letztere auf streng formale Übereinstimmungen zurückgeführt werden können, bietet sich die Strukturgleichheit (Isomorphie) an: Psmor Q[159]).

Wir können daher definieren:

$$\text{An}\,(a, b, l, f, g, x, y) \cdot {=}\text{df} \cdot \text{Ae}\,(a, b, l, f, g, x, y) \cdot$$
$$(\exists P, Q) \cdot fPx \cdot gQy \cdot \text{PsmorQ}$$

Zur Klärung des Analogiebegriffs bedarf es somit einer Definition der Isomorphie, die einen der bedeutsamsten Begriffe der modernen Logik darstellt.

## § 9 Die Strukturgleichheit als Relationsbegriff

In einer Relation xRy ist es denkbar, daß zu jedem Hinterglied jeweils nur ein Vorderglied in der Relation R steht. Eine solche Relation soll als „einmehrdeutig" bezeichnet werden ($1 \rightarrow \text{cls}$):

$$1 \rightarrow \text{cls} \;=\; \text{df}\;\; \hat{R}\;\left[(x, y, z) : xRz \cdot yRz \cdot \rightarrow \cdot\, x = y\right]$$

---

159) Vgl. hierzu auch Bochenski (b), S. 207, 447 f.

Steht hingegen jedes Vorderglied zu genau einem Hinterglied in der Relation R, so wird diese Relation „m e h r e i n d e u t i g“ genannt (cls → 1)

$$\mathrm{cls} \rightarrow 1 \quad =\mathrm{df} \quad \hat{R}\,[(x, y, z) : xRy \cdot xRz \cdot \rightarrow \cdot\, y = z]$$

Schließlich sollen als „e i n e i n d e u t i g“ (1 → 1) alle Relationen bezeichnet werden, die sowohl einmehr- als auch mehreindeutig sind, bei denen also jedem Vorderglied genau ein Hinterglied und jedem Hinterglied genau ein Vorderglied zugeordnet ist:

$$1 \rightarrow 1 \quad =\mathrm{df} \quad (1 \rightarrow \mathrm{cls}) \frown (\mathrm{cls} \rightarrow 1)$$

Für die weitere Betrachtung soll nachstehendes Schaubild als Ausgangspunkt dienen:

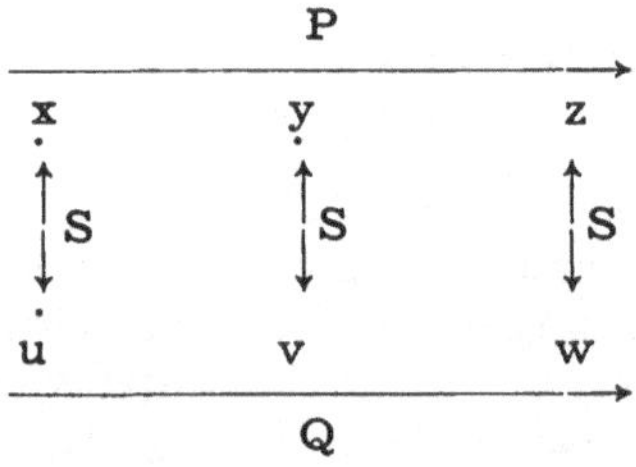


Es seien zwei Relationen P (x, y, z) und Q (u, v, w) gegeben dergestalt, daß jedem P-Gliede x, y, z ein bestimmtes Q-Glied u, v, w zugeordnet ist, so daß für alle zwischen den P-Gliedern bestehenden Relationen entsprechende Relationen bei den Q-Gliedern auftreten. Zwischen den Gliedern von P und Q soll mithin eine eineindeutige Beziehung S bestehen, die als „K o r r e l a t o r“ bezeichnet wird. Die Glieder x, y, z bilden demnach die S-Korrelate von Q, so daß für x, y, z auch gesetzt werden kann S'u, S'v, S'w. Die Relation P insgesamt betrachtet kann alsdann als ein durch den Korrelator S bestimmtes Bild der Relation Q aufgefaßt werden und läßt sich definieren als $S \mid Q \mid \breve{S}$, da xSu, uQv, $v\breve{S}y$ gleichbedeutend sein muß mit xPy.

Es ist nun sinnvoll, die Einzelkorrelatoren zwischen den Gliedern von P und Q zu einer Klasse zusammenzufassen. Man kann diese Klasse umschreiben mit „$P\ \overline{\mathrm{smor}}\ Q$“. Wir können alsdann definieren:

$$P\ \overline{\mathrm{smor}}\ Q \quad =\mathrm{df} \quad \hat{S}\,[S \,\varepsilon\, 1 \rightarrow 1 \cdot C'Q = \text{ꓷ}'S \cdot C'P = D'S]$$

Eine solche Klasse besteht also dann, wenn S eine eineindeutige Beziehung darstellt, das Feld von P der Vor- und gleichzeitig das Feld von Q der Nachbereich von S ist.

Sind diese Voraussetzungen gegeben, dann weisen die beiden Relationen P und Q die gleiche Struktur auf, sie sind isomorph:

$$P\ \mathrm{smor}\ Q \quad =\mathrm{df} \quad \hat{P}\hat{Q}\,[\exists\,!\,P\ \overline{\mathrm{smor}}\ Q]$$

Strukturgleiche Relationen stimmen überein in ihren formalen Eigenschaften; ist etwa die Relation xPy reflexiv, symmetrisch und eineindeutig, so gilt dies notwendigerweise auch von uQv. Hinsichtlich ihrer formalen Eigenschaften bilden damit die strukturgleichen Relationen einen Gleichheitskreis in dem bereits näher beschriebenen Sinne. Eigenschaften, in welchen isomorphe Relationen übereinstimmen, können daher auch „strukturelle" Eigenschaften genannt werden.

Es liegt nahe, diese Beschränkung auf strukturelle Eigenschaften als einen Mangel der Isomorphie anzusehen, der auch nicht durch die negative Formulierung aufgehoben werden kann, daß strukturgleiche Relationen in allen Eigenschaften übereinstimmen, die nicht von den („materiellen") Beschaffenheiten der tatsächlich auftretenden Relationsglieder abhängen. Demgegenüber ist vom Standort der Logik aus zu berücksichtigen, daß sie sich prinzipiell nicht nach den materiellen Beschaffenheiten ihrer Elemente ausrichten darf und daß zum anderen die scheinbar nur begrenzte Verwertbarkeit des streng formellen Strukturbegriffs *für die angewandte Logik* darauf beruht, daß die „materiellen" Wissenschaften bislang eine Herausarbeitung ihrer formellen und damit der im obigen Sinne strukturellen Elemente, die eine Kalkülisierung dieser Wisschenschaften ermöglichen, vermissen lassen.

Ein einprägsames Bild strukturgleicher Relationen erhält man, wenn man sich eine geometrische Zeichnung durch einen „Storchschnabel" auf ein anderes Zeichenblatt in verändertem Maßstab übertragen denkt. Alle Punkte und Verbindungslinien der ersten Figur erscheinen auch in der maßstabsveränderten Wiedergabe und erfüllen dort die entsprechenden Funktionen im Rahmen der Gesamtfigur. Beide Figuren weisen damit eine gleiche Struktur auf. Weitere Beispiele lassen sich leicht bilden. Man denke etwa an foto- oder kartographische Wiedergaben oder an die Analogie zwischen den abstrakten Institutionen eines Organisationsstatuts und den ihnen entsprechenden tatsächlichen Organen eines nach diesem Statut aufgebauten konkreten Gesellschaftsgebildes.

Es ist kein zwingender Grund ersichtlich, den Begriff der Analogie auf solche strukturgleiche Relationen zu beschränken, die im Bereich der Sprachanalyse zwischen den Bedeutungsgehalten f, g, . . . und den ihnen jeweils zuzuordnenden Gegenständen x, y . . . bestehen. Insbesondere die durch die Frage nach der Zulässigkeit von Analogieschlüssen aufgeworfenen Probleme liegen völlig gleich, ob nun isomorphe Relationen von der Art (f, x), (g, y) oder solche außerhalb der Sprachanalyse zum Gegenstand der Untersuchung gemacht werden. Es lassen sich unabhängig von einer Bindung an die bislang unterstellte Bedeutung der Symbole a, b, l, f, g, x, y Relationen ermitteln, deren strukturelle Verknüpfung genau derjenigen entspricht, die der angeführten Begriffsbestimmung der Analogie zugrunde liegt. Im folgenden sollen daher keine Bedenken getragen werden, auch in diesen Fällen von Analogie zu sprechen.

## III. Die formale Struktur und logische Stringenz des Analogieschlusses

### § 10 Der Analogieschluß nach Klug

Die Möglichkeiten, das logische Verhältnis der Analogie dazu zu benutzen, um im Wege der Folgerung zu neuen Erkenntnissen zu gelangen, sind naturgemäß vielgestaltig. So kann die Frage aufgeworfen werden, was sich aus der Kenntnis der strukturellen Eigenschaften einer Relation und der weiteren Kenntnis, daß zu dieser Relation eine isomorphe zweite Relation besteht, für die strukturellen Eigenschaften dieser weiteren Relation ergibt. Die bisherigen Überlegungen lassen unschwer erkennen, daß sich die Folgerung auf die einzelnen strukturellen Eigenschaften der zweiten Relation nach den gegebenen Prämissen in die traditionelle Syllogistik einordnet. Die Folgerung kann auch, worauf hier jedoch nicht näher eingegangen werden soll, eine kalkülmäßige Darstellung und damit eine Ableitung aus den Axiomen des zugrundegelegten Logikkalküls finden.

Weiterhin läßt sich etwa untersuchen, ob und unter welchen Bedingungen ein Syllogismus mit analogen Mittelbegriffen einen gültigen Folgesatz ergibt[160].

Hier interessiert jedoch in erster Linie die Frage, inwieweit mit Hilfe der Analogie der unmittelbar oder mittelbar vorgegebene Erfahrungs- oder Erkenntnisbereich überschritten und zu bisher Unbekanntem folgernd vorgedrungen werden kann. Dies war ja, wie wir gesehen haben, das besondere Anliegen des traditionellen Analogieschlusses.

Einen Versuch, unter Anlehnung an die traditionelle Analogieschlußformel

M ist P.
S ist M ähnlich.
―――――――――
S ist P.

eine Kalkülisierung zu erreichen und den Nachweis der Gültigkeit des Analogieschlusses zu erbringen, ist von Ulrich Klug unternommen worden[161].

---

160) Bochenski (c), S. 437 ff., 444 ff. Wie S. 444 ff. von ihm dargelegt wird, kann ein Syllogimus mit analogen Mittelbegriffen bei Zugrundelegung der Theorie der Isomorphie logisch exakt aufgebaut werden.

161) Klug, S. 120 ff.

Den Obersatz „M ist P" kleidet er in die Formel: (x) [M (x) → P (x)], der Schlußsatz hingegen nimmt die Gestalt an: (x) [S (x) → P (x)]. Schwierigkeiten bereitet jedoch der Untersatz. Der von Klug benutzte Prädikatenkalkül nach Hilbert-Ackermann kennt nur die Wahrheitswerte W und F; die Relation „S ist M ähnlich" ist in diesem Kalkül nicht definiert. Gleichgültig, wie die Wahrheitswerte für S und M verteilt sein mögen, stets bleibt die Möglichkeit, daß der Satz „S ist M ähnlich" den Wahrheitswert W o d e r den Wahrheitswert F annimmt.

Führt man jedoch die „Ähnlichkeit mit M" als besondere Eigenschaft in den Kalkül ein, so muß dieses neue Prädikat zugleich etwas von M Verschiedenes sein, so daß es nicht auch als M, sondern nur durch ein anderes Zeichen, etwa N, ausgedrückt werden kann. Wir erhielten dann als Untersatz: (x) [S (x) → N (x)], so daß der Syllogismus nach Klug unter Vertauschung der Reihenfolge von Ober- und Untersatz lautet:

$$\{[(x)\ [S(x) \rightarrow N(x)]] \,\&\, [(x)\ [M(x) \rightarrow P(x)]]\} \rightarrow [(x)\ [S(x) \rightarrow P(x)]]$$

Es leuchtet ohne weiteres ein, daß damit ein Sachverhalt kalkülisiert worden ist, der in der traditionellen Logik zur quaternio terminorum führte und daher keine logisch stringente Folgerung zuläßt.

Klug sucht diese Schwierigkeit durch die Einführung des Klassenkalküls zu umgehen. Der Modus Barbara läßt sich im Klassenkalkül wie folgt darstellen:

$$[(\alpha \mathrm{c} \beta) \,\&\, (\beta \mathrm{c} \delta)] \rightarrow (\alpha \mathrm{c} \delta)$$

Wenn nun $\alpha$ die Klasse derjenigen x bezeichnet, welche die Eigenschaft S haben, $\beta$ hingegen die Klasse derjenigen x, welche die Eigenschaft „mit M ähnlich sein" aufweisen, $\gamma$ weiterhin die Klasse der x, welchen die Eigenschaft M zukommt und endlich $\delta$ die Klasse der x darstellt, die P als Eigenschaft besitzen, so ergibt sich das Schema:

$$[(\alpha \mathrm{c} \beta) \,\&\, (\gamma \mathrm{c} \delta)] \rightarrow (\alpha \mathrm{c} \delta)$$

Die Gültigkeit dieser Formel hängt, wie man leicht einsieht, davon ab, daß sie um eine weitere Voraussetzung vermehr wird, nämlich $\beta$ c $\gamma$.

Klug erreicht dies dadurch, daß er in der obigen Formel $\gamma$ substituiert durch $(\beta \smile \gamma)$, so daß sich ergibt:

$$[(\alpha \mathrm{c} \beta) \,\&\, [(\beta \smile \gamma) \quad \mathrm{c} \delta]] \rightarrow (\alpha \mathrm{c} \delta)$$

Da aber, falls $\alpha$ c $\beta$ gilt, auch $\alpha$ c $(\beta \smile \gamma)$ gelten muß, kann ebenso gesetzt werden:

$$[[\alpha \mathrm{c} (\beta \smile \gamma)] \,\&\, [(\beta \smile \gamma) \mathrm{c} \delta]] \rightarrow \alpha \mathrm{c} \delta)$$

Hieraus wiederum kann man durch Substitution von $\eta$ für $(\beta \smile \gamma)$ die einfache Kalkülisierung des Modus Barbara gewinnen:

$$[(\alpha \mathrm{c} \eta) \,\&\, (\eta \mathrm{c} \delta)] \rightarrow (\alpha \mathrm{c} \delta)$$

Bei näherer Betrachtung fällt die Verwandtschaft der Klugschen Deutung des Analogieschlusses mit der von Bochenski dargestellten „Alternativtheorie“ auf. Die Nachteile dieser Theorie für die Erweiterung des Erkenntnisbereiches hat schon Bochenski aufgewiesen: Die Folgerung setzt voraus, daß die Bedeutung der beiden (analogen) Mittelbegriffe in den für die Folgerung maßgebenden Bestimmungsrichtungen vollständig bekannt ist [162]. Gerade in diesem Punkte aber will der traditionelle Analogieschluß den Erkenntnisbereich überschreiten. Um die logische Gültigkeit seines Schlusses zu sichern, ist Klug im Rahmen des von ihm benutzten Kalküls notwendigerweise gezwungen, dieses Anliegen der traditionellen Lehre aufzugeben.

An diesem Tatbestand ändert sich auch nichts dadurch, daß Klug zur näheren Charakterisierung des Analogieschlusses den bereits definierten Begriff des „Ähnlichkeitskreises“ einführt, indem er darlegt, daß die Vereinigung $\beta \cup \gamma$ einen Ähnlichkeitskreis darstellt, der in Bezug auf eine jeweils bestimmte Ähnlichkeitsrelation definiert wird. Welche Ähnlichkeitsrelation zugrundezulegen ist, muß vorab entschieden werden, falls der Schluß logisch zwingend sein soll. Die Folgerung selbst ist ein streng logisches Verfahren, die Auffindung der Prämissen hingegen nicht. Soweit eine der Prämissen die vollständige Bestimmung des zugrundezulegenden Ähnlichkeitskreises erfordert, wird die Auffindung geeigneter Ähnlichkeitskreise als solche in den außerlogischen Bereich verwiesen.

Die von Klug gebotene Analyse des Analogieschlusses verzichtet auf eine nähere Bestimmung der Analogie, die in dem Schlußschema nicht näher in Erscheinung tritt. Bei einer Berücksichtigung der Isomorphie hätte es möglich erscheinen müssen, statt von einem außerlogisch bestimmten Ähnlichkeitskreis von einem mit Hilfe der Strukturgleichheit definierten Gleichheitskreis auszugehen.

## § 11 Analogieschluß und Wahrscheinlichkeitskalkül

Die aufgezeigten Schwierigkeiten, welche sich bei den Versuchen ergeben, den Analogieschluß als ein logisches Verfahren zu sichern, bieten Anlaß zu der Frage, ob nicht wenigstens der Nachweis zu gelingen vermag, daß dem Analogieschluß eine mit formalen Mitteln exakt zu erfassende „Wahrscheinlichkeit“ oder graduell abgestufte „Gewißheit“ zukommt.

Es ist freilich bereits darauf hingewiesen worden, daß die Annahme einer mehr oder weniger großen Wahrscheinlichkeit keine hinreichende Bedingung für den juristischen Analogieschluß abgeben kann. Dar-

[162] Bochenski (c), S. 441.

überhinaus haben die Deutungsversuche der Wahrscheinlichkeitskalküle, die sich auf statistische Festellungen gründen, auch schon deshalb für die juristische Analogie auszuscheiden, weil der wissenschaftlichen wie praktischen Rechtsfindung solches Material als Ausgangspunkt eines Analogieschlusses nicht zur Verfügung steht und das Ergebnis der juristischen Folgerung stets auf die Gewißheit des E i n z e l f a l l e s hinzielt. Endlich ist zu berücksichtigen, daß der Versuch einer die Forderung nach formaler Exaktheit befriedigenden Begründung des Analogieschlusses zur Annahme bestimmter besonderer Bedingungen zwingt, die eine Einschränkung des Anwendungsbereis des Analogieschlusses nach sich ziehen müßten.

Zur Abrundung unseres Überblicks über die logische Problematik des Analogieschlusses mag es daher genügen, lediglich auf zwei interessante und instruktive Beispiele für die Entwicklung von Wahrscheinlichkeitskalkülen hinzuweisen, wobei der jeweils zugrundegelegte Wahrscheinlichkeitsbegriff hier jedoch nicht im einzelnen analysiert werden kann.

In einer vergleichenden Betrachtung der Grundlagen von Analogie und Induktion geht Lindenbaum-Hosiasson[163]) aus von der Annahme, daß bestimmte Sachverhalte $f_1$ gegeben seien, zu denen es einen weiteren Sachverhalt $f_2$ dergestalt gebe, daß beiden ein gemeinsamer Grund h zukomme. Es gilt alsdann:

$$h \cdot s \rightarrow f_1 \cdot f_2$$

wobei durch s die hier nicht näher zu analysierenden vorgegebenen Erscheinungen außerhalb von h dargestellt werden sollen, auf denen $f_1$ und $f_2$ weiterhin beruhen mögen.

Soll nun ein Induktions- oder Analogieschluß gezogen werden, so bildet $f_1$ den Ausgangspunkt; die Induktion schließt sodann auf h, die Analogie hingegen auf $f_2$.

Lindenbaum-Hosiasson stellt die Frage, ob nachgewiesen werden kann, daß durch die Feststellung von $f_1$ objektiv die Überzeugung gestärkt wird, die Folgerung auf h oder $f_2$ sei berechtigt.

Stellt man sich den Gewißheitsgrad einer aus gegebenen Voraussetzungen erschlossenen Folgerung als eine Bruchzahl vor, so können diese Brüche dergestalt gewählt werden, daß sie zwischen 0 und 1 liegen, wobei 0 den Tiefst- und 1 den Höchstwert der Gewißheit darstellen.

In einer gegebenen Implikation $a \rightarrow b$ soll die Gewißheit, daß sich b aus a ergibt, ausgedrückt werden durch $\mathfrak{c}$ (b, a). Wir setzen alsdann:

1. Für $a \rightarrow b$ ist $\mathfrak{c}$ (b, a) = 1.

---

163) Lindenbaum-Hosiasson, S. 351 ff.

Dies stellt das erste Axiom für die folgenden Untersuchungen dar. Als weitere Axiome werden von Lindenbaum-Hosiasson eingeführt:

2. Für $a \rightarrow \overline{bc}$ ist $\mathfrak{c}\,(b \vee c, a) = \mathfrak{c}\,(b, a) + \mathfrak{c}\,(c, a)$
3. $\mathfrak{c}\,(bc, a) = \mathfrak{c}\,(b, a) \cdot \mathfrak{c}\,(c, ba)$
4. Für $a \longleftrightarrow b$ ist $\mathfrak{c}\,(c, a) = \mathfrak{c}\,(c, b)$

Um dem Induktionsschluß Wahrscheinlichkeit beimessen zu können, müßte der Satz gelten:

$$\text{(I)} \quad \mathfrak{c}\,(h, f_1\, s) > \mathfrak{c}\,(h, s)$$

D. h.: Der Gewißheitsgrad für die Folgerung auf h ist, falls $f_1$ und s gegeben sind, größer als in dem Falle, in welchem nur s gegeben ist.

Entsprechend hätte für den Analogieschluß zu gelten:

$$\text{(A)} \quad \mathfrak{c}\,(f_2, f_1\, s) > \mathfrak{c}\,(f_2, s)$$

Die Richtigkeit des Satzes I läßt sich aus den gegebenen Axiomen relativ einfach nachweisen:

Für eine Äquivalenz $ab \longleftrightarrow ba$ muß gelten:

$$\mathfrak{c}\,(ab, c) = \mathfrak{c}\,(ba, c)$$

daraus ergibt sich unter Anwendung von Axiom drei:

$$\mathfrak{c}\,(a, c) \cdot \mathfrak{c}\,(b, ac) = \mathfrak{c}\,(b, c) \cdot \mathfrak{c}\,(a, bc)$$

woraus sich weiter ableiten läßt:

$$\mathfrak{c}\,(b, ac) = \frac{\mathfrak{c}\,(b, c) \cdot \mathfrak{c}\,(a, bc)}{\mathfrak{c}\,(a, e)}$$

wenn angenommen wird, daß $\mathfrak{c}\,(a, c) > 0$ ist.

Durch Einsetzung von $f_1$ für a, h für b und s für c erhält man:

$$\text{(I')} \quad \mathfrak{c}\,(h, f_1\, s) = \frac{\mathfrak{c}\,(h, s)}{\mathfrak{c}\,(f_1, s)}$$

da nach der Ausgangsformel $hs \rightarrow f_1 f_2$ auch gelten muß: $hs \rightarrow f_1$, so daß gemäß Axiom eins gilt: $\mathfrak{c}\,(f_1, hs) = 1$.

Aus I' ergibt sich, daß $\mathfrak{c}\,(h, f_1\, s) > \mathfrak{c}\,(h, s)$ dann zutrifft, wenn folgende Voraussetzungen gemacht werden:

a) $\mathfrak{c}\,(h, s) > 0$

b) $\mathfrak{c}\,(f_1, s) < 1$

Sind die Bedingungen a) und b) erfüllt, dann kann man in der Tat davon sprechen, daß die Gewißheit einer Folgerung auf h von der Voraussetzung $f_1$ s aus größer ist als von der bloßen Voraussetzung s aus.

Ein Gleiches kann jedoch aus den bislang angenommenen Gegebenheiten für die Folgerung auf $f_2$ (Analogie) nicht abgeleitet werden. Jede Verknüpfung von $f_1$ und $f_2$ hat einen für beide geltenden gemeinsamen logischen Grund; dasselbe muß aber auch von einer Verknüpfung von $f_1$ und $\overline{f_2}$ gelten. Würde daher der aufgestellte Satz A uneingeschränkt zutreffen, so erhielte man:

$$(A_1) \quad \mathfrak{c}\,(f_2, f_1\, s) > \mathfrak{c}\,(f_2, s) \quad \text{und gleichzeitig:}$$

$$(A_2) \quad \mathfrak{c}\,(\overline{f_2}, f_1\, s) > \mathfrak{c}\,(\overline{f_2}, s)$$

Da aber nach den gemachten Voraussetzungen $\mathfrak{c}\ (a, b) + \mathfrak{c}\ (\overline{a}, b) = 1$ sein muß, können nicht $A_1$ und $A_2$ zugleich gelten, denn wenn zutrifft, daß $\mathfrak{c}\ (f_2, s) + \mathfrak{c}\ (\overline{f_2}, s) = 1$ ist, dann ist $\mathfrak{c}\ (f_2, f_1\, s) + \mathfrak{c}\ (\overline{f_2}, f_1\, s)$ mehr als 1, was den gegebenen Axiomen widerspricht.

Was hier als ein ausschließlicher Mangel des Analogieschlusses erscheinen könnte, ist im Grunde jedoch bereits ein Mangel der Induktion. Die Gewißheit einer Folgerung h wird durch die Voraussetzung f nur in dem Maße gestärkt, in welchem die Beschaffenheiten von f in h wiederkehren. Was außerhalb von f liegt, bleibt auch für h weiterhin völlig ungewiß. Geht man von der Äquivalenz aus $h \longleftrightarrow f\ (h \vee \overline{f})$, so ergibt der Induktionsschluß von f auf h für $h \vee \overline{f}$ keine Vergrößerung des Gewißheitsgrades.

Für die Erforschung der weiteren Voraussetzungen, die notwendig sind, um die Formel A als zutreffend zu erweisen, ist folgendes zu überlegen:

$\mathfrak{c}\ (f_2, s)$ muß die gleiche Größe haben wie $\mathfrak{c}\ (h \vee \overline{h} f_2, s)$. Es gilt also:

$$\mathfrak{c}\ (f_2, s) = \mathfrak{c}\ (h \vee \overline{h}\, f_2, s)$$

Daraus folgt nach Axiom zwei:

$$\mathfrak{c}\ (f_2, s) = \mathfrak{c}\ (h, s) + \mathfrak{c}\ (\overline{h} f_2, s)$$

und ferner nach Axiom drei:

$$\mathfrak{c}\ (f_2, s) = \mathfrak{c}\ (h, s) + \mathfrak{c}\ (\overline{h}, s) \cdot \mathfrak{c}\ (f_2, \overline{h} s)$$

Entsprechend gilt:

$$\mathfrak{c}\ (f_2, f_1\, s) = \mathfrak{c}\ (h, f_1\, s) + \mathfrak{c}(\overline{h},\ f_1\, s) \cdot \mathfrak{c}\ (f_2, \overline{h} f_1\, s)$$

Zur Vereinfachung seien folgende Abkürzungen gesetzt:

$$\mathfrak{c}\ (h, s) = b_1 \qquad \mathfrak{c}\ (f_2, \overline{h} s) = c_1$$

$$\mathfrak{c}\ (h, f_1\, s) = b_2 \qquad \mathfrak{c}\ (f_2, h f_1\, s) = c_2$$

Um A als richtig zu erweisen, muß gelten:

$$(A') \qquad \frac{b_2 - b_1}{1 - b_1} > \frac{c_1 - c_2}{1 - c_2}$$

wobei darauf hinzuweisen ist, daß wegen der bereits für I gemachten Voraussetzungen $b_2 > b_1$ und $b_1 < 1$ ist, so daß der linke Quotient von $A' > 0$ ist. Es soll nunmehr auch noch zusätzlich zu den Voraussetzungen a) und b) als c) die weitere Voraussetzung gegeben sein, daß $\mathfrak{c}\ (f_2, \overline{h} f_1\, s) < 1$ ist. A' würde alsdann zutreffen, wenn sichergestellt wird, daß $c_2$ wenigstens ebenso groß ist wie $c_1$, da dann der rechte Quotient von A' nicht über 0 steigen könnte:

$$\mathfrak{c}(f_2, \overline{h} f_1\, s \geq \mathfrak{c}\ ({}_2f, \overline{h} s)$$

Hinreichend wäre, daß beide Größen gleich sind:

$$\mathfrak{c}\ (f_2, \overline{h} f_1\, s) = \mathfrak{c}\ (f_2, \overline{h} s)$$

Der Analogieschluß führt also nur dann zu einer objektiven Steigerung der Gewißheit für den Folgesatz, wenn er unter Bedingungen vollzogen wird, die sicherstellen, daß $f_1$ dann nicht zu einer Steigerung der Gewißheit von $f_2$ beiträgt, wenn der „gemeinsame Grund" h falsch ist. Es müssen also Kriterien gefunden werden, die eine Unterscheidung von „echter", weil auf einem hier nicht näher zu analysierenden gemeinsamen logischen Grunde h beruhender und „unechter", weil nicht auf h gegründeter Analogie ermöglichen.

Lindenbaum-Hosiasson zeigt solche Bedingungen auf, die uns hier jedoch nicht weiter beschäftigen sollen[164]). Es ist jedenfalls von Interesse, daß der Analogieschluß auf Grund der von Lindenbaum-Hosiasson vorausgesetzten Axiome nicht als allgemein gültiger Wahrscheinlichkeitsschluß erwiesen werden kann.

Carnap[165]) sucht einen anderen Ansatzpunkt für seine Wahrscheinlichkeitstheorie des Analogieschlusses. Als Analogieschluß sieht er die Folgerung an, die aus dem Umstand, daß zwei Individuen b und c in einigen Beschaffenheiten übereinstimmen und daß b eine weitere Beschaffenheit zukommt, zu dem Ergebnis gelangt, daß letztere Beschaffenheit auch c zuzusprechen sei.

Er sucht nun einen Weg, um die Übereinstimmungen nicht nur rein numerisch zu erfassen, sondern sie gewissermaßen abzuwägen. Dabei geht er auf folgende Grundüberlegungen zurück:

Man denke sich eine Sprache, in welcher Gegenstandskonstanten $a_1, a_2 \ldots, a_n$ und Prädikate $P_1, P_2 \ldots, P_p$ auftreten. Sätze, die in dieser Sprache ausgedrückt werden, sind entweder stets wahr (z. B.: $Pa \vee \sim Pa$) oder stets falsch (z. B.: $Pa \cdot \sim Pa$) oder möglicherweise wahr (z. B.: $P_1a_3 \vee P_2a_5$). Man kann nun eine Beschreibung aller in dieser Sprache vollziehbaren Aussagen dadurch geben, daß man die Einzelaussagen zu Konjunktionen zusammenfaßt. Unter Außerachtlassung der etwa möglichen Anzahl einzelner Gegenstandskonstanten würden sich beispielsweise für den Modellfall einer Sprache mit nur drei verschiedenen Prädikaten insgesamt $k = 2^3$ konjunktive Verknüpfungsmöglichkeiten ergeben:

| | | | |
|---|---|---|---|
| $P_1 \cdot P_2 \cdot P_3$ | $(Q_1)$ | $\sim P_1 \cdot P_2 \cdot P_3$ | $(Q_5)$ |
| $P_1 \cdot P_2 \cdot \sim P_3$ | $(Q_2)$ | $\sim P_1 \cdot P_2 \cdot \sim P_3$ | $(Q_6)$ |
| $P_1 \cdot \sim P_2 \cdot P_3$ | $(Q_3)$ | $\sim P_1 \cdot \sim P_2 \cdot P_3$ | $(Q_7)$ |
| $P_1 \cdot \sim P_2 \cdot \sim P_3$ | $(Q_4)$ | $\sim P_1 \cdot \sim P_2 \cdot \sim P_3$ | $(Q_8)$ |

Die einzelnen Konjunktionsmöglichkeiten sollen im folgenden abgekürzt als $Q_1, Q_2 \ldots$ angeführt werden.

---

164) Eine solche Bedingung ist etwa dann gegeben, wenn in I die Größe h durch $f_2$ ersetzt wird, da alsdann gilt: $f_2 s \rightarrow f_1$. Interessant ist bei diesem Sonderfall die Parallele zur Attributionsanalogie.

165) Carnap (b), S. 72—97, insbes. S. 87 f.; Carnap (c), S. 569 ff. et passim. Teilweise greift die folgende Darstellung auch zurück auf Carnap (d), S. 9 ff.

Eine beliebige Aussage M kann in verschiedenen dieser einzelnen Konjunktionen $Q_1$, $Q_2$ . . . enthalten sein. Die Aussage $P_1 \cdot P_2$ beispielsweise ist in $Q_1$ und $Q_2$ enthalten. Für sie gilt also: $Q_1 \vee Q_2$. Man kann nun die einzelnen Aussagen nach der Anzahl derjenigen Q-Konjunktionen ordnen, in denen sie wiederkehren. Je größer die Zahl der Q-Konjunktionen ist, welche die jeweilige Aussage enthalten, um so größer ist die logische Weite (w) dieser Aussage.

Für unseren Ausgangsfall einer Sprache mit drei Prädikaten ergibt sich damit folgende Tabelle:

| Aussage | | enthalten in | Weite w | rel. Weite w/k |
|---|---|---|---|---|
| $P_1 . \sim P_1$ | stets falsch | — | 0 | 0 |
| $P_1 . P_2 . P_3$ | möglicherweise wahr | $Q_1$ | 1 | 1/8 |
| $P_1 . P_2$ | | $Q_1 v Q_2$ | 2 | 2/8 |
| $P_1 .(P_2 v P_3)$ | | $Q_1 v Q_2 v Q_3$ | 3 | 3/8 |
| $P_1$ | | $Q_1 v Q_2 v Q_3 v Q_4$ | 4 | 4/8 |
| $P_1 v (P_2 . P_3)$ | | $Q_1 v Q_2 v Q_3 v Q_4 v Q_5$ | 5 | 5/8 |
| $P_1 v P_2$ | | $Q_1 v Q_2 v Q_3 v Q_4 v Q_5 v Q_6$ | 6 | 6/8 |
| $P_1 v P_2 v P_3$ | | $Q_1 v Q_2 v Q_3 v Q_4 v Q_5 v Q_6 v Q_7$ | 7 | 7/8 |
| $P_1 v \sim P_1$ | stets wahr | $Q_1 v Q_2 v Q_3 v Q_4 v Q_5 v Q_6 v Q_7 v Q_8$ | 8 | 1 |

Für den Analogieschluß sollen nunmehr die nachstehenden Festsetzungen getroffen werden:

$M_1$ sei die Konjunktion aller Beschaffenheiten, welche b und c gemeinsam haben. Je größer $M_1$ ist, desto kleiner muß notwendigerweise ihre logische Weite $w_1$ sein. $M_2$ sei die Konjunktion aller bekannten Beschaffenheiten, welche b zukommen. Auch hier gilt wieder, daß mit zunehmender Größe von $M_2$ die logische Weite $w_2$ abnimmt.

Gemäß diesen Festsetzungen muß für den Analogieschluß angenommen werden, daß $M_1$ von $M_2$ impliziert wird, ohne mit $M_2$ äquivalent zu sein. Infolgedessen muß gelten: $w_1 > w_2$.

Wir erhalten damit als Voraussetzungen des Analogieschlusses:

(e) b ist $M_2$ und fernerhin:
(j) c ist $M_1$,

wobei $w_1$ größer sein muß als $w_2$. Der Folgesatz nimmt dann die Form an:

(h) c ist $M_2$ .

Für den Wahrscheinlichkeitsgrad der Folge h aus e · j gilt alsdann nach Carnap:

$$c^* (h, e \cdot j) = \frac{w_2 + 1}{w_1 + 1}$$ [166]

Carnap betont jedoch, daß unter gewöhnlichen Bedingungen die Steigerung des Gewißheitsgrades ziemlich gering sei. Eine nähere Betrachtung zeigt in der Tat, daß die Verhältnisse um so ungünstiger werden, je größer die Anzahl der Prädikate der zugrundegelegten logischen Sprache ist. Hinzu kommt, daß nach obiger Formel nicht einfach die relative Häufigkeit der in Betracht gezogenen Beschaffenheiten, sondern nur deren logische Weite für den Gewißheitsgrad des Analogieschlusses maßgebend ist und damit auf eine Größe abgestellt wird, die bislang weder in der traditionellen noch in der modernen Logik eine hinreichende Klärung gefunden hat, so daß eine Fülle ungeklärter Fragen und Probleme auftaucht, deren theoretische und praktische Bewältigung noch offensteht.

## § 12 Der Analogieschluß als metalogisches Problem

Die bisherige Betrachtung hat bereits deutlich werden lassen, daß weder die traditionelle noch die kalkülisierte Logik die Problematik des Analogieschlusses abschließend zu klären und zu lösen vermag. Für einen Großteil der modernen Logiker liegt der Analogieschluß gewissermaßen schon prima facie außerhalb des Bereichs der nach streng formalen Grundsätzen ableitbaren Folgerungen[167]), so daß er von ihnen nur ganz am Rande oder überhaupt nicht erwähnt wird. Darüber hinaus bestehen in der kalkülisierten Logik keine einheitlichen Vorstellungen über die angemessenste und zweckmäßigste Form der kalkülmäßigen Darstellung dieses Schlusses.

Gegenüber abweichenden Betrachtungsweisen muß daran festgehalten werden, daß von einem Analogieschluß im engeren Sinne nur dort gesprochen werden kann, wo in dem zugrundeliegenden Erkenntnismaterial eine Analogie als Ausgangsposition des Schlusses aufgezeigt werden kann und die Folgerung sich somit auf diese Analogie stützt. Entscheidend kommt es demnach auf die Strukturgleichheit der „analogen" Verhältnisse an. Als Analogieschluß im engeren Sinne muß daher die Folgerung verstanden werden, die von einer festgestellten

---

166) Auf die nähere Bedeutung von c* (h, e · j) kann hier nicht eingegangen werden. Es sei lediglich darauf hingewiesen, daß Carnap den Gewißheitsgrad c* definiert unter Rückgriff auf die Isomorphie; vgl. Carnap (b), S. 79 f.

167) Vgl. etwa die bewußte Ausschaltung der Forderung nach Gewißheit induktiver Schlußfolgerungen bei Kyburg, S. 396; Stegmüller, S. 260.

teilweisen Übereinstimmung in der Struktur zweier oder mehrerer logischer Verhältnisse auf eine weitergehende Übereinstimmung in solchen Bestimmungsrichtungen schließt, die nur bei einigen, nicht aber bei allen diesen Verhältnissen bekannt sind[168]).

Bezeichnet man etwa als R die Klasse derjenigen Relationen, die in den Bestimmungsrichtungen a und b strukturgleich sind, als P hingegen die Klasse derjenigen Relationen, die in der Bestimmungsrichtung a Strukturgleichheit aufweisen, und schließlich als Q die Klasse der Relationen, bei denen aus der Übereinstimmung in der Bestimmungsrichtung a notwendigerweise (oder — im Wahrscheinlichkeitskalkül — wahrscheinlich) eine solche in der Bestimmungsrichtung b folgt, so gilt:

$$P \subset Q \cdot Q \subset R : \rightarrow \cdot P \subset R .$$

Dies stellt aber entgegen der Auffassung von Klug nicht den Analogieschluß selbst dar, sondern ist lediglich ein durch einen bereits vollzogenen Analogieschluß erst ermöglichter Syllogismus gewöhnlicher Art. Als Analogieschluß kann in diesem Zusammenhang vielmehr nur diejenige Folgerung verstanden werden, die uns berechtigt, die Subsumtion $P \subset Q$ zu setzen.

Freilich kommt bei dieser Schreibweise der Aufbau des Analogieschlusses nur sehr unvollkommen zum Ausdruck. Deutlicher wird der Gang der Denkbewegung, wenn man sich folgende Ausgangsposition klar macht:

Es seien zwei Sachkomplexe „A“ und „B“ gegeben. Bei „A“ trete die Relation R auf, bei „B“ die R strukturgleiche Relation R'. Für „A“ sei ferner noch die Relation S bekannt, für die gelte: R (· S. Der Analogieschluß folgert alsdann, daß es für „B“ eine Relation S' geben muß, die mit der in „A“ auftretenden Relation S strukturgleich ist.

Alle anderen Formen des „Analogieschlusses“, die nicht in dieser Weise auf das eigentliche Analogieverhältnis im Sinne der Strukturgleichheit zurückgreifen, verdienen streng genommen nicht die Bezeichnung „A n a l o g i e - schluß“, mögen sie auch hinsichtlich des weiteren formalen Aufbaus mit den hier zugrundegelegten Verhältnissen übereinstimmen. Sie können daher wegen der letztgenannten Übereinstimmungen, soweit diese jeweils als hinreichend erscheinen, lediglich als Analogieschlüsse im weiteren Sinne aufgefaßt werden.

Es liegt bei der unterstellten Ausgangsposition nach dem bisher Gesagten auf der Hand, daß sich die Erwartung einer Relation S' logisch nicht zwingend rechtfertigen läßt, wobei zu betonen ist, daß es nicht darauf ankommen kann, daß es überhaupt eine (denkbare) Relation S' gibt, die mit S strukturgleich ist, sondern daß S' gerade bei „B“ auftritt.

---

168) Vgl. hierzu Harrod, S. 127 f., 255 f.

Burkamp[169]) hat das Wort geprägt von dem Wagnis, eine Implikationsbeziehung zu setzen für empirische Zustände, und damit treffend den Tatbestand beleuchtet, vor den sich die formale Logik gestellt sieht, wenn sie Auskunft darüber geben soll, ob ein bestimmter vollzogener Analogieschluß zu richtigen oder zu falschen Ergebnissen führt. Vom Standort dieser Logik aus muß der einzelne Analogieschluß stets als ein Wagnis erscheinen, welches nur außerhalb logischer Gewißheit vollzogen werden kann. In dem Maße, in welchem der Analogieschluß über den Erfahrungsbereich hinausgreift, bleiben seine Ergebnisse notwendigerweise logisch ungesichert und können daher ebenso wie die der Induktion[170]) nur einen hypothetischen Charakter haben. Dies gilt nicht nur für die zweiwertige Logik, sondern auch für jeden Modalkalkul, der noch einzelne modi der Möglichkeit in sich aufnimmt. Es ist unmöglich, durch Hinzufügung zusätzlicher logischer Prämissen ohne Veränderung der empirischen Voraussetzungen von einem induktiven Verfahren aus eine Brücke zur Deduktion in dem Sinne zu gewinnen, daß die induktiv gewonnenen Ergebnisse mit Hilfe der formalen Logik als wahrscheinlich nachgewiesen werden können[171]). Auch die verschiedenen Wahrscheinlichkeitstheorien können nichts daran ändern, daß der Analogieschluß nicht ausschließlich von der Logik her zu verstehen und zu deuten ist. Im Bereich der streng formalen modernen Logik hat sich die Überzeugung behauptet, daß man die den Analogieschluß tragenden Sachverhalte irgendwie innerlich wägen muß, ohne daß es gelungen wäre, für diese Abwägung ein allgemein befriedigendes ausschließlich logisches Prinzip zu entwickeln.

Wenn Carnap[172]) für die Wahrscheinlichkeitslehre festgestellt hat, daß weder die klassischen Theorien noch die modernen in der Lage gewesen seien, eine befriedigende Begründung für den Analogieschluß zu geben, so muß dies erst recht für die deduktive Logik gelten, deren Folgerungen mit dem Anspruch unbedingter Geltung auf der Grundlage der vorausgesetzten Axiome auftreten.

Dieser logische „Mangel", den der Analogieschluß mit dem eigentlichen Induktionsschluß teilt, hat Anlaß gegeben zu den mannigfaltigsten Theorien, wie man die gewonnene Folgerung durch streng wissenschaftliche Verfahren „verifizieren" könne. Solche Versuche sollen uns hier jedoch nicht weiter beschäftigen. Wesentlich für den vorliegenden Zusammenhang erscheint vielmehr, daß die Folgerung nach Analogie über den Bereich der Logik hinausweist. Es mag zwar theoretisch möglich sein, die einzelnen Bedingungen herauszustellen, unter denen sich der Folgesatz als notwendig wahr erweist; diese Bedingungen liegen

169) Burkamp, § 252 (S. 158).
170) v. Wright, S. 85 ff.
171) Bochenski (a), S. 121.
172) Carnap (b), S. 87; (c), S. 570.

jedoch außerhalb der als Ausgangspunkt der Folgerung gegebenen logischen Voraussetzungen und lassen sich auch nicht ausschließlich durch Vermehrung der logischen Prämissen gewinnen.

Sofern der Analogieschluß selbst mit dem Anspruch auf Geltung auftritt, muß er seinen Geltungsgrund im Bereich außerhalb der eigentlichen Logik finden. Er greift damit in die Methodologie und darüber hinaus in den materiellen Gehalt der Einzelwissenschaften hinein, so daß streng genommen nicht mehr von einem eigentlichen Analogie- s c h l u ß gesprochen werden kann, da der „Folgesatz" keine conclusio im Sinne der Logik darstellt. Durch dieses Übergreifen in den metalogischen Bereich eröffnet sich die Möglichkeit, für die einzelnen Wissenschaftsdiszipline die gerade ihnen eigentümlichen Geltungsgründe herauszuarbeiten und somit die Modifikationen zu erforschen, denen der Analogieschluß zwar nicht in seiner formalen Struktur, wohl aber in seiner Verbindlichkeit und inhaltlichen Tragfähigkeit für die jeweiligen Wissenschaftsbereiche unterworfen ist.

B.

# ANALOGIE UND RECHTSANWENDUNG

## I. Logische Analyse des Rechtssatzes und das Problem der analogen Rechtsanwendung.

### 1. Logische Struktur des Rechtssatzes und die juristische Subsumtion

#### § 13 Logikkalkül und Rechtssatz[173])

Bis zu der verdienstvollen Arbeit Ulrich Klugs über die juristische Logik ist die Logik von Seiten der Rechtswissenschaft nahezu ausschließlich in ihrer traditionellen Gestalt betrachtet und für die wissenschaftliche Behandlung des Rechts herangezogen worden. Die Versuche einer Kalkülisierung des Rechtssystems stehen erst am Anfang, und die Frage nach der unmittelbaren Verwertbarkeit eines solchen Kalküls für die praktische Rechtsanwendung mag nach wie vor umstritten sein. Die Bedeutung dieser Versuche für die Rechtstheorie und insbesondere für die rechtswissenschaftliche Grundlagenforschung kann jedenfalls ernsthaft nicht bestritten werden.

Eine besondere Schwierigkeit der Kalkülisierung von Rechtsnormen taucht auf, wenn man sich vergegenwärtigt, daß man es mit Sollensbeziehungen zu tun hat, die zwischen den gesetzlichen Tatbeständen und den ihnen zugeordneten Rechtsfolgen bestehen. Es sei etwa ein gesetzlicher Tatbestand einfachster Art gegeben, der stets, wenn er vorliegt, eine bestimmte Rechtsfolge auslöst, wobei hier zunächst der rechtstheoretische Idealfall unterstellt werden soll, daß auch rein tatsächlich die Rechtsfolge stets durchgesetzt wird, wenn der zugehörige Tatbestand durch einen Lebenssachverhalt erfüllt wird. Man wird daran denken, eine Implikation zu setzen[174]) :

$$\mathrm{Tb} \rightarrow \mathrm{Rf}$$

Dabei steht man aber vor der Frage, ob es nicht erforderlich ist, in besonderer Weise zum Ausdruck zu bringen, daß die Rechtsfolge nicht nur überhaupt eine Folge des Tatbestandes ist, sondern zugleich auch

---

173) Die im nachfolgenden verwandten logischen Symbole weichen teilweise etwas von den bisher eingeführten ab, damit der jeweilige Bezug auf die rechtstheoretischen Begriffe deutlicher wird. Die logische Bedeutung der Symbole wird dabei jeweils deutlich gemacht.

174) In der traditionellen Logik pflegt man den Rechtssatz als einen hypothetischen (Sollens)satz zu deuten, Engisch (d), S. 21.

eine g e s o l l t e. Tammelo[175]) hat aus dieser Überlegung heraus vorgeschlagen, die Sollensbeziehung durch ein besonderes Symbol zu kennzeichnen: ——s——›, welches zu lesen wäre: „wenn ...., so .... soll (sein)". Demgegenüber hat Klug[176]) darauf aufmerksam gemacht, daß es eines solchen besonderen Symboles nicht bedarf, da es schon dadurch entbehrlich gemacht werden kann, daß man den Rechtssatz im Prädikatenkalkül zum Ausdruck bringt und dabei den Sollensbegriff im Implikat als besondere Eigenschaft berücksichtigt, indem gesetz wird:

$$(x)\ [\mathrm{Ve}\ (x) \rightarrow \mathrm{So}\ (x)\ ]$$ [177])

Nimmt man den Rechtssatz als bloßen Imperativ, so mag es allerdings zweifelhaft erscheinen, ob er im gleichen Sinne logisch wahr oder falsch sein kann wie die Behauptungssätze (logischen Aussagen)[178]). Die Fragestellung verändert sich aber, wenn man die logische Beziehung des Einzelrechtssatzes zur jeweiligen Gesamtrechtsordnung betrachtet. Hier ist es durchaus sinnvoll zu sagen, daß der Rechtssatz A für die Rechtsordnung X „wahr", für Rechtsordnung Y hingegen „falsch" ist. Der Rechtssatz: „Der Mörder wird mit dem Tode bestraft" ist beispielsweise für das geltende deutsche Recht „falsch", war hingegen für das frühere deutsche Recht bis zur Abschaffung der Todesstrafe „wahr".

In gleicher Weise läßt sich auch die Beziehung zwischen Tatbestand und Rechtsfolge unabhängig von dem imperativischen Charakter des Rechtssatzes auf ihren Wahrheitsgehalt hin untersuchen. Es muß wiederum als sinnvoll gelten, festzustellen, daß es für die Rechtsordnung X „wahr" (oder „falsch") ist, daß die Rechtsfolge aa eintritt, wenn der Tatbestand bb erfüllt ist.

Mit dieser Überlegung deutet sich bereits an, daß es im Rahmen der Rechtsanwendung keineswegs möglich ist, auf eine logische Analyse des Rechtssatzes zu verzichten und sich mit dem Hinweis zu begnügen, der Rechtssatz erscheine dem einzelnen Normadressaten als Imperativ und sei nicht als logische Aussage deutbar. Für die Rechtsanwendung erweist sich die Beziehung von Tatbestand und Rechtsfolge nicht nur als eine imperativische Verknüpfung. Die Kopula hat vielmehr durchaus logische Eigentümlichkeiten, zumal der Rechtssatz ja nicht die Form eines reinen Imperativs besitzt, wie er etwa in dem Gebot

---

175) Tammelo (b), S. 32 ff.

176) Klug, S. 149 f.

177) „Für alle x gilt: wenn x die Eigenschaft hat, ein bestimmtes Verhalten A zu sein, dann hat x die Eigenschaft, ein gesolltes Verhalten zu sein".

178) Verneinend: Dubislav, S. 330 ff.; Moritz, S. 80 f. (mit weiteren Literaturhinweisen). Zur Kontroverse, ob die Rechtsnorm als Imperativ oder als hypothetisches Urteil aufzufassen ist, vgl. ferner Tammelo (a), S. 62 ff. Tammelo selbst deutet die Rechtsnorm als Sinnrelation (S. 65 ff.).

„Du sollst nicht töten“ zum Ausdruck kommt. Der in der Statuierung der Rechtsfolge liegende Imperativ ist in der Weise an eine Reihe tatsächlicher Voraussetzungen geknüpft, daß diese Verknüpfung auf ihre logische Bedeutung hin untersucht werden kann. Wie sich dabei zeigt, reichen für die Darstellung der logischen Struktur des Rechtssatzes die Mittel aus, welche für die Behauptungssätze benötigt werden[179]), so daß es nicht notwendig ist, durch Einführung einer besonderen Symbolik und zusätzlicher Operationsregeln kenntlich zu machen, daß die Rechtssätze auch imperativische Bedeutung haben. Der einzelne Rechtssatz läßt sich so zerlegen, daß der Imperativ ausschließlich im Rahmen der Rechtsfolge erscheint, und es kann alsdann vereinbart werden, den Imperativcharakter als eine Eigenschaft der Rechtsfolge oder als Inhalt einer Aussage über die Rechtsfolge stillschweigend mitzudenken, ohne daß es einer besonderen Erwähnung im Einzelfall bedarf. Im Rahmen eines Logikkalküls können alsdann ohne Sinnentstellung auch Sätze auftreten, die durch sachentsprechende Kalkülisierung von Sollenssätzen gewonnen worden sind.

Daran ändert sich auch nichts durch den Umstand, daß die Rechtssätze häufig nicht realisiert werden, weil die in ihnen niedergelegten Gebote nicht beachtet und die etwa normierten Sanktionen durch die Rechtspflegeorgane nicht durchgesetzt werden können. Wie die logischen Gesetze in ihrer Gültigkeit nicht dadurch beeinträchtigt werden, daß fortlaufend gegen sie verstoßen wird, sind auch die Rechtssätze in ihrem logischen Gehalt von der tatsächlichen Beachtung durch die Adressaten, an die sie sich wenden, unabhängig.

Die Übertragung von Rechtssätzen in einen Logikkalkül scheint nach dem Gesagten eine relativ einfache Operation darzustellen: Man wählt für den Tatbestand und die Rechtsfolge geeignete Symbole aus und stellt eine Implikationsbeziehung zwischen ihnen her. Eine nähere Betrachtung zeigt jedoch, daß die Verhältnisse keineswegs so einfacher Natur sind. Zunächst einmal ist zu berücksichtigen, daß das Implikationszeichen im Logikkalkül Aussagen und ihnen gleichstehende logische Größen miteinander verknüpft, so daß wir, um logische Widersprüche zu vermeiden, die zunächst gewählten Symbole Tb und Rf nicht als gesetzlichen Tatbestand bzw. Rechtsfolge selbst auffassen dürfen, sondern als Aussagen im Sinne der Logik über den Tatbestand und die ihm zugeordnete Rechtsfolge[180]). Eine weitere

---

179) Dubislav, S. 330 ff., vgl. insbes. das Beispiel auf Seite 340; Klug, insbes. S. 44 ff. und 149 ff.; Engisch (d), S. 48.

180) Mit Hilfe der von Becker, O., (b), S. 40 ff. entwickelten normativ-juristischen Deutung des Modalkalküls wäre es allerdings möglich, den Umweg über die logische Aussage zu vermeiden. Gleichzeitig könnte die Modallogik die Möglichkeit bieten, einzelne normative Modi zu unterscheiden und in logisch exakter Weise zu erfassen. Freilich wäre dazu eine wesentliche Erweiterung des in den früheren Kapiteln entwickelten Logiksystems notwendig, welches alsdann von den beiden Wahrheitswerten W und F zu

Möglichkeit besteht alsdann darin, Tatbestand und Rechtsfolge in Prädikate zu zerlegen und diese durch eine Implikation zu verknüpfen, wie das bereits in der angeführten Formel Klugs zum Ausdruck gebracht worden ist.

Es ist nunmehr zu fragen, wie die Implikationsbeziehung im einzelnen zur Darstellung gebracht werden kann.

Man denke etwa an die Bestimmung des § 105 Abs. I BGB: „Die Willenserklärung eines Geschäftsunfähigen ist nichtig". Der gesetzliche Tatbestand geht in diesem Falle davon aus, daß eine Willenserklärung vorliegt, die von einem Geschäftsunfähigen abgegeben worden ist. Die Rechtsfolge bestimmt, daß unter diesen Voraussetzungen das Rechtsgeschäft nichtig ist. Faßt man beides nunmehr als eine Aussage auf, so kann gesetzt werden: $Tb \rightarrow Rf$, da man keine Bedenken tragen wird, anzunehmen, daß stets, wenn eine Willenserklärung eines Geschäftsunfähigen vorliegt, diese nach der angeführten Bestimmung als nichtig angesehen werden muß. Der Umstand, daß die Willenserklärung von einem Geschäftsunfähigen stammt, ist m. a. W. eine hinreichende Bedingung dafür, daß die Nichtigkeit eintritt.

Betrachtet man hingegen eine Bestimmung wie § 1602 Abs. I BGB — „unterhaltsberechtigt ist nur, wer außerstande ist, sich selbst zu unterhalten" —, so zeigt schon der Wortlaut, daß eine Implikation $Tb \rightarrow Rf$ nicht zutreffen kann. Der gesetzliche Tatbestand wird dargestellt durch die Wendung „... wer außerstande ist, sich selbst zu unterhalten", die Rechtsfolge durch „unterhaltungsberechtigt ist...". Es liegt nahe, hier zu setzen: $Tb \Rightarrow Rf$, da nach dieser Norm die Rechtsfolge zwar nur dann ausgelöst wird, wenn der angeführte Tatbestand vorliegt, aber gleichwohl die Möglichkeit offen bleibt, daß jemand außerstande ist, sich selbst zu unterhalten, ohne daß ein von dieser Bestimmung ins Auge gefaßtes Unterhaltsrecht ausgelöst wird, wobei es hier offen bleiben kann, ob etwa sonstige Rechtsnormen anderweitige Ansprüche auf Unterstützung begründen. Der Tatbestand kann demnach auch nicht mehr als eine hinreichende Bedingung für die Rechtsfolge angesehen werden. Vielmehr stellt er in diesem Falle eine notwendige Bedingung dar, da nur dann — nicht aber auch stets dann —, wenn eine Bedürftigkeit im Sinne des Gesetzes eingetreten ist, die Unterhaltsberechtigung gegeben ist.

Für die Logik des Rechtssatzes bleibt zu beachten, daß anstelle von $Tb \Rightarrow Rf$ ebenfalls gesetzt werden kann: $Rf \rightarrow Tb$[181]).

Modalbegriffen wie Möglichkeit und Notwendigkeit überzugehen hätte. Für die vorliegende Untersuchung kann allerdings auf die Entwicklung der Modallogik verzichtet werden, da für die Darstellung der im Rahmen dieser Arbeit interessierenden Grundstrukturen der Logik der Rechtsanwendung das bislang eingeführte Logiksystem hinreichende Hilfsmittel zur Verfügung stellt.

[181]) Vgl. oben Seite 26.

Wiederum eine andere logische Natur weist § 1 BGB auf: „Die Rechtsfähigkeit des Menschen beginnt mit der Vollendung der Geburt". Als gesetzlichen Tatbestand haben wir hier die Vollendung der Geburt, als Rechtsfolge den Eintritt der Rechtsfähigkeit. Im Hinblick darauf, daß jeder Mensch mit der Vollendung seiner Geburt nach unserem geltenden Recht rechtsfähig wird, kann gesetzt werden: $Tb \rightarrow Rf$. Andererseits ist man aber auch berechtigt, zu setzen: $Tb \Rightarrow Rf$, da ein nasciturus noch nicht im Vollsinne rechtsfähig ist. Da mithin in beiden Richtungen eine Implikationsbeziehung besteht, haben wir hier eine Äquivalenz vor uns: $Tb \longleftrightarrow Rf$.

Als mögliche logische Grundbeziehungen zwischen Tatbestand und Rechtsfolge ergeben sich damit:

1. $Tb \rightarrow Rf$
2. $Tb \Rightarrow Rf$ für $Rf \rightarrow Tb$
3. $Tb \longleftrightarrow Rf$ für $[\ (Tb \rightarrow Rf)\ \&\ (Tb \Rightarrow Rf)\ ]$

Die bisherige Analyse reicht freilich in keiner Weise aus, um die Logik der Rechtsanwendung angemessen darzustellen. Der Rechtswissenschaft sind die sogenannten „kumulativen" und „alternativen Mischtatbestände" ein geläufiger Begriff[182]). Beispielsweise bestimmt § 267 StGB: „Wer . . . eine unechte Urkunde herstellt, eine echte Urkunde verfälscht oder eine unechte oder verfälschte Urkunde gebraucht, wird . . . bestraft". Der Gesamttatbestand läßt sich unschwer zerlegen in drei verschiedene Einzeltatbestände, die allerdings keine „Alternative" im Sinne der Logik darstellen, sondern die Rechtsfolge gleicherweise auslösen, ob nun einer von ihnen oder aber mehrere gleichzeitig gegeben sind. Es gilt also:

$$(Tb_1 \vee Tb_2 \vee Tb_3) \overset{\rightarrow}{\Rightarrow} Rf$$

wobei hier noch offen bleiben soll, ob die Rechtsfolge stets oder nur dann eintritt, wenn die aufgezeigten Voraussetzungen vorliegen.

Ein weiterer Schritt kann vollzogen werden durch die Zerlegung von Tatbestand und Rechtsfolge in ihre logischen Einzelelemente auch in den Fällen, in welchen keine Disjunktion im oben aufgezeigten Sinne vorliegt. In § 306 BGB läßt sich etwa der Tatbestand in zwei konjunktiv zu verknüpfende Aussagen $V_1$ und $V_2$ aufgliedern. $V_1$ mag dabei die Aussage darstellen: „das gegebene Rechtsgeschäft ist ein Vertrag", $V_2$ hingegen die Aussage: „das Rechtsgeschäft ist auf eine unmögliche Leistung gerichtet". Alsdann ergibt sich, wenn zur Vereinfachung von den teilweise geltenden Sonderregelungen abgesehen wird:

$$(V_1 \ \&\ V_2) \rightarrow Rf$$

Deutlicher wird die Sachlage noch, wenn sie im Prädikatenkalkül ausgedrückt wird. $P_1$ bedeute die Eigenschaft: „Vertrag sein", $P_2$ die

---

182) Mezger, S. 62.

Eigenschaft: „auf eine unmögliche Leistung gerichtet sein", und schließlich R: „nichtig sein". Wir können nunmehr setzen:

$$(x) \, [ \, [P_1 (x) \,\&\, P_2 (x)] \rightarrow R (x)]$$

Die bisherige Betrachtung hat sich soweit wie möglich am einzelnen positiv niedergelegten Rechtssatz orientiert und damit einen willkürlichen Ausschnitt aus dem Gesamtrechtssystem herausgehoben. Zur Klarstellung einzelner logischer Grundbeziehungen kann diese Isoliermethode berechtigt sein, sie vermag jedoch nur einen kleinen Teilausschnitt der komplexen logischen Beziehungen des Rechtssystems zu erklären. Schon die tägliche juristische Arbeit zeigt, daß nahezu kein Lebenssachverhalt durch die Anwendung einer einzelnen Gesetzesvorschrift geordnet und erfaßt werden kann. Theoretisch mag es denkbar sein, alle tatsächlichen Voraussetzungen, die zur Auslösung einer bestimmten Rechtsfolge erforderlich sind, in einem einzigen gesetzlichen Tatbestand zusammenzufassen. Dies wäre jedoch höchst impraktikabel und würde jedenfalls den Aufbau eines Rechts - s y s t e m s unmöglich machen, da weitestgehend auf Abstraktion verzichtet werden müßte. Die Privatrechtsdogmatik unterscheidet zwischen Anspruchs- (besser: Grund-), Ergänzungs- und Definitionsnormen und hat darüberhinaus auch noch den Begriff der Gegennormen entwickelt. Die Anspruchsnormen statuieren die jeweiligen rechtlichen Ansprüche, welche die Rechtsordnung zuläßt, die Ergänzungsnormen enthalten gewisse Teilregelungen, welche im Rahmen der Anspruchsnormen Bedeutung erlangen, wie etwa die Bestimmung des § 249 BGB für den Anspruch aus § 823 BGB. Die Definitionsnormen dienen der Entlastung der sonstigen gesetzlichen Bestimmungen, indem sie deren Begriffe klären und damit umständliche Wiederholungen überflüssig machen. Die Gegennormen schließlich legen fest, in welchen Fällen die in sonstigen Normen enthaltenen generellen Rechtsfolgen ausnahmsweise nicht eintreten sollen. Für den Bereich des öffentlichen Rechts läßt sich unter Beachtung der vorhandenen Unterschiede eine entsprechende Einteilung finden.

Im einzelnen sind es naturgemäß keine logischen, sondern vielmehr überwiegend Zweckmäßigkeitsgesichtspunkte, die den Gesetzgeber veranlassen, etwa eine besondere Gegennorm zu setzen und nicht bereits den Haupttatbestand so zu fassen, daß die „Ausnahme" in ihn aufgenommen wird. Für die Logik sind die getroffenen Unterscheidungen einzelner Normarten im Grundsatz eliminierbar. Wie in der Logik auf alle Definitionen verzichtet werden kann, indem an Stelle des definendums das definiens gesetzt wird, so kann man auch bei der Kalkülisierung der Rechtsnormen die gesetzlichen Definitionen in die entsprechenden Tatbestände übernehmen[183]). Weiterhin lassen sich

[183]) Reine Definitionsnormen nehmen zwar insoweit gegenüber den sonstigen Rechtsnormen von der Logik her gesehen eine Sonderstellung ein, als

auch durch sinnentsprechende Ausgestaltung von Tatbestand und Rechtsfolge die Ergänzungsnormen in die jeweiligen Grundnormen einfügen. Bezeichnet man dabei die einzelnen tatbestandlichen Voraussetzungen als $V_1$, $V_2$. . . . und die sich ergebenden einzelnen Rechtsfolgen als $R_1$, $R_2$ . . . . , so erhält man:

$$(V_1 \,\&\, V_2 \,\&\, V_3 \ldots \,\&\, V_n) \overset{\rightarrow}{\underset{\leftrightarrow}{\Rightarrow}} (R_1 \,\&\, R_2 \ldots \,\&\, R_n)$$

Ausnahmetatbestände können hierbei auch durch eine Negation ausgedrückt werden: $(V_1 \,\&\, V_2 \,\&\, \overline{V}_3) \rightarrow Rf$, es ist dies lediglich eine Frage der zweckmäßigsten Formulierung.

Ferner ist aber auch zu berücksichtigen, daß verschiedene, in ihrer systematischen Stellung im Gesetz völlig voneinander unabhängige Tatbestände die gleiche Rechtsfolge auszulösen vermögen. So bestimmen etwa die §§242 Abs. 1 und 267 Abs.1 StGB übereinstimmend als Rechtsfolge: „. . . wird . . . mit Gefängnis bestraft". Hat man mehrere Tatbestände dieser Art und bezichnet man mit $Tb_1$, $Tb_2$ . . . die jeweiligen logischen Aussagen über diese Tatbestände, so kann weder gesetzt werden $Tb_1 \Rightarrow Rf$ noch $Tb_1 \rightarrow Rf$, da das erstere nicht zutreffen kann weil auch $Tb_2 \ldots Tb_n$ die gleiche Rechtsfolge nach sich ziehen, und das letztere nicht berücksichtigt, daß, wie namentlich die besonderen Tatbestände des Strafrechts sehr deutlich zeigen, die Implikation $\rightarrow$ überall dort nicht zutreffen kann, wo allgemeine Rechtsnormen oder besondere Ausnahmetatbestände die entsprechende Rechtsfolge trotz des Vorliegens von $Tb_1$ entfallen lassen. Gesetzt werden kann in diesen Fällen jedoch

$$(Tb_1 \vee Tb_2 \vee \ldots \vee Tb_n) \Rightarrow Rf$$

oder, wenn statt $Tb_1$, $Tb_2$ . . . die jeweiligen für die Auslösung der Rechtsfolge hinreichenden oder notwendigen gesetzlichen Voraussetzungen konjunktiv zusammengefaßt werden:

$$[(V_1 \,\&\, V_1' \,\&\, V_1'' \ldots) \vee (V_2 \,\&\, V_2' \,\&\, V_2'' \ldots) \vee \ldots$$
$$\vee (V_n \,\&\, V_n' \,\&\, V_n'' \ldots)] \overset{\rightarrow}{\underset{\leftrightarrow}{\Rightarrow}} Rf$$

Für alle denkbaren Rechtsfolgen können in dieser Weise die tatbestandlichen Voraussetzungen durch eine Disjunktion von Konjunktionen oder, falls die Rechtsfolge nur für einen bestimmten Tatbestandskomplex eintreten kann, durch eine bloße Konjunktion, deren Glieder wiederum Disjunktionen sein können, ausgedrückt und in eine Implikationsverknüpfung mit der Rechtsfolge gebracht werden.

---

sie nicht im gleichen Sinne wie jene auf Implikationsbeziehungen zurückzuführen sind. Die einzelnen für die Logik relevanten Abweichungen der ausschließlich Definitionszwecken dienenden Gesetzesbestimmungen von den Normen, die Rechtsfolgen setzen, können hier jedoch außer Betracht bleiben, da nicht nur im Grundsatz auf jegliche besonderen Definitionsnormen im Rahmen von Rechtssatzungen verzichtet, sondern die Definitionsnormen auch nur in Verbindung mit anderen Normen für die Rechtsanwendung Bedeutung erlangen und damit ein Rechtsanwendungsakt nie auf sie allein gestützt werden kann.

Ob und wann eine bestimmte der angeführten Implikationsbeziehungen gesetzt werden kann, ist keine Frage der reinen Logik, sondern in erster Linie eine Frage der Beurteilung des Gesamtrechtssystems, da eine abschließende Aufzählung der notwendigen und hinreichenden Bedingungen für die Auslösung einer Rechtsfolge nur möglich ist unter Beachtung a l l e r Rechtssätze, die für die zu entwickelnde „Gesamtnorm" Bedeutung erlangen können.

Damit soll die logische Analyse des Rechtssatzes zunächst abgeschlossen werden. Sie läßt sich zwar noch sowohl hinsichltich des Tatbestandsbereichs als auch insbesondere des Bereichs der Rechtsfolge, der im vorstehenden noch keiner eingehenderen Zerlegung in seine logischen Elemente unterzogen worden ist, wesentlich weiterführen und vermag dann zu einer erheblich umfassenderen Aufhellung der recht komplizierten logischen Strukturen der Rechtsnormen zu führen, doch handelt es sich hier um einen Fragenkreis, der einer eigenständigen Untersuchung bedarf.

Es bleibt jedoch noch die Frage offen, ob die bisherigen Ergebnisse über den Bereich der geschriebenen Rechtssatzungen hinaus Geltung haben oder ob nicht für das nicht in Gesetzesurkunden niedergelegte Gewohnheitsrecht sowie für die auf Präjudizien aufgebauten Rechtssysteme Abweichungen eintreten.

Ein rein „konkretes" Recht, das sich nur in ad hoc getroffenen Einzelentscheidungen manifestiert, ist nicht denkbar. Auch das Präjudizienrecht gründet sich auf abstrakte Normen, da es andernfalls in eine unübersehbare Masse zusammenhangloser Fallregelungen auseinanderbrechen würde[184]). In jedem Rechtsdenken liegt notwendigerweise eine mehr oder weniger stark ausgeprägte Abstraktion und Generalisierung. Das beruht nicht etwa lediglich auf dem psychologischen Umstand, daß selbst der nur an einem bestimmten konkreten Einzelfall Beteiligte oder Interessierte bei seiner Rechtsvorstellung das Bewußtsein einer über den Einzelfall hinausgreifenden Allgemeingültigkeit der der Fallentscheidung zugrundeliegenden Rechtsvorstellungen hat, sondern es stellt auch ein unverzichtbares Begriffsmerkmal der Rechtsordnung dar, daß im Falle der Wiederholung gleicher Sachverhalte „gleiche" Rechtsfolgen eintreten müssen. Da aber jede Einzelsituation unwiederbringlich ist, muß bei jedem zu entscheidenden Einzelfall notwendigerweise eine Generalisierung vorgenommen werden, indem von bestimmten Einzelheiten der konkreten Sachgestaltung abgesehen wird. Darüberhinaus ist es dem Recht eigentümlich, daß es mit dem Anspruch auf „Geltung" auftritt. Diese Geltung kann nur eine allgemeine sein, da sie sich erst in der Möglichkeit von Wiederholungen voll auszuwirken vermag.

---

184) Isay, S. 170 f.

Zur größeren Klarheit gelangt diese dem Recht immanente Tendenz zur Generalisierung, wo die wissenschaftlich-dogmatische Erfassung des Rechtsstoffes einsetzt, deren methodologische Notwendigkeiten dieser Tendenz entgegenkommen.

Auch das ungeschriebene und das Fallrecht haben darum eine gewisse Abstraktionshöhe, welche es ermöglicht, die in ihnen enthaltenen Normen mit Hilfe der eingeführten Symbole zu kakülisieren. Die wesentlichen Unterschiede zum Gesetzesrecht sind in erster Linie im Bereich der Normerkenntnis zu suchen, die keine rein oder überwiegend logische Frage ist. Sind einmal aus den Präjudizien oder aus herrschenden Rechtsüberzeugungen und -übungen bestimmte Normen abgeleitet, so sind diese auch in der gezeigten Form kalkülmäßig darstellbar.

## § 14 Zur Logik der juristischen Subsumtion

Eine der Hauptaufgaben des Juristen besteht darin, bestimmte Lebenssachverhalte unter gesetzliche Tatbestände zu „subsumieren“ und sie dadurch den mit diesen Tatbeständen verbundenen Rechtsfolgen zu unterwerfen. Die herrschende Terminologie unterscheidet dabei scharf zwischen den Begriffen „Sachverhalt“, der die zur rechtlichen Prüfung gestellten tatsächlichen Geschehensabläufe und Zustände bezeichnet, und „Tatbestand“, der nur die in einer Rechtsnorm enthaltenen Beschreibungen derjenigen abstrakt gefaßten tatsächlichen Voraussetzungen betrifft, an die eine bestimmte Rechtsfolge geknüpft wird[185]).

Diese Subsumtion läßt sich auf einen Syllogismus zurückführen, dessen Obersatz die Rechtsnorm und dessen Untersatz den zu beurteilenden Sachverhalt wiedergibt[186]). Daß sich die Rechtsanwendung der logischen Schlußfiguren bedient, ist jedoch keineswegs unbestritten geblieben. Namentlich der Rechtspraxis ist jene juristische Denkform bekannt, die an den Anfang jeder Fallentscheidung die Frage stellt, welcher Ausgang am meisten befriedigt, um dann erst zu überlegen, welche Rechtsvorschriften anzuwenden sind[187]). In Isays berühmtem Werk über „Rechtsnorm und Entscheidung“ ist demgemäß die Konsequenz gezogen worden, die Entstehung einer konkreten Rechtsentscheidung vollziehe sich auf irrationalem Weg. Aber auch für Isay bleibt es jedenfalls Aufgabe des syllogistischen Folgerns, eine rationale „Kontrolle und Begründung“ der Entscheidung zu ermöglichen[188]).

---

185) Engisch (d), S. 34.
186) Engisch (d), S. 49; Meier-Hayoz, S. 1; Otto, S. 17 ff.; Stammler (b), S. 293 ff.
187) Ernst, S. 3.
188) Isay, S. 335.

Demgegenüber erhebt Moritz[189]) grundsätzliche logische Bedenken gegen die Verwendung des Syllogismus für die richterliche Rechtsfindung. Er geht davon aus, daß die Rechtssätze Imperative darstellen, und deutet dann die juristische Subsumtion als einen Unterfall des „praktischen Syllogismus", der als ein Syllogismus zu verstehen ist, in welchem wenigstens eine der Prämissen nicht durch ein Urteil, sondern durch einen imperativischen Satz gebildet wird. Moritz ist der Ansicht, es sei unmöglich, aus Imperativen mit Hilfe des logischen Schließens weitere Imperative abzuleiten, so daß der praktische Syllogismus keine Geltung im Sinne der Logik beanspruchen könne[190]). Demgemäß betont er, das richterliche Urteil stelle keine Deduktion aus dem Gesetz dar[191]).

Um aber überhaupt noch eine Brücke von der gesetzlichen Norm zum richterlichen Urteil zu finden, meint er, wenn man auch nicht sagen könne, ein *genereller* Imperativ *gebiete* auch einer *individuellen* Person die Ausführung der generell gebotenen Handlung, so könne man doch feststellen, ob das generelle Gebot im *Handeln* der Einzelperson befolgt worden sei. Diese Festellung lasse sich unabhängig von jeglicher Deduktion dann treffen, wenn die Person eine Handlung ausgeführt habe, die im generellen Gebot angegeben sei[192]).

Ob die von Moritz aus seinem Ansatzpunkt entwickelten Folgerungen und Lösungsversuche einer kritischen Prüfung standhalten, mag hier dahingestellt bleiben, da bereits der Ansatzpunkt selbst jedenfalls für die Rechtsanwendung nicht als abschließende und zutreffende Interpretation der Struktur des Rechtssatzes angenommen werden kann. Wie sich bei der logischen Analyse des Rechtssatzes im einzelnen gezeigt hat, tritt dieser bei der Rechtsanwendung nicht als reiner Imperativ auf und läßt die Möglichkeit einer Erfassung der Relation zwischen Tatbestand und Rechtsfolge mit Mitteln der Logik offen, so daß die juristische Syllogistik nicht genötigt ist, auf den „praktischen Syllogismus", wie ihn Moritz versteht, zurückzugreifen.

Nach dem Modus Barbara mit singulärem Untersatz kann beispielsweise gesetzt werden:

Der Mörder wird mit lebenslangem Zuchthaus bestraft (§ 211 StGB).
M ist Mörder.

---

M wird mit lebenslangem Zuchthaus bestraft[193]).

Man wird keine Bedenken tragen, diesen Schluß als richtig anzusehen. Bei einer Analyse des Untersatzes ergibt sich jedoch, daß es sich

189) Moritz, S. 78 ff.
190) Moritz, S. 80 ff.
191) Moritz, S. 109.
192) Moritz, S. 106 ff.
193) So Engisch (b), S. 8; ähnlich Petraschek, S. 328.

keineswegs um einen in die Form eines logischen Urteils gefaßten „Sachverhalt" im oben beschriebenen Sinne handelt, sondern bereits um eine rechtliche Qualifizierung, da „Mörder" ein Rechtsbegriff ist, für den § 211 Abs. 2 StGB eine bestimmte Definition enthält.

Die eigentliche Problematik zeigt sich aber erst bei der Gegenüberstellung eines gesetzlichen Tatbestandes und eines rechtlichen noch völlig ungeklärten Lebenssachverhalts.

Es sei etwa folgender Vorgang zu beurteilen: Der 30jährige X ist in dem Großhandelsgeschäft Y als Buchhalter tätig. Er beteiligt sich als Laie an einer selbst für geübte Bergsteiger nicht ungefährlichen Bergtour. Durch einen Sturz zieht er sich dabei eine komplizierte Unterschenkelfraktur zu und muß 10 Wochen lang dem Dienst fern bleiben.

Dieser „Sachverhalt" läßt sich noch durch beliebige Einzelheiten ergänzt denken, und es soll hier angenommen werden, daß wir einstweilen nichts anderes vorgegeben haben als den konkreten Lebensablauf als solchen. Schon bei der ersten gedanklichen, schriftlichen oder mündlichen Fixierung nimmt dieser Lebensvorgang eine „abstrakte" Gestalt an, indem von Einzelheiten als für die Sachbeurteilung unwesentlich abgesehen wird. Dieser erste Schritt in die Abstaktion kann aber bereits in die Irre gehen, wenn von solchen Sachverhaltselementen abgesehen wird, die für die spätere Fallentscheidung doch nicht gleichgültig sind.

In der Rechtswissenschaft besteht Einigkeit darüber, daß diese Abstraktion sinnvoll nur im Hinblick auf die etwa anzuwendenden Rechtsnormen vorgenommen werden kann, wie auch die Auswahl der näher zu prüfenden Normen nur im Hinblick auf den sich herausschälenden „Sachverhalt" möglich ist. Insoweit ist Sax[194]) zuzustimmen, der betont, daß die Rechtsanwendung vom konkreten zur Entscheidung stehenden Fall ausgehe. Wie sich diese durchaus dialektische Annäherung von Tatbestand und Sachverhalt im einzelnen vollzieht, kann die Logik mit ihren Mitteln nicht abschließend bestimmen. Die psychologische und erkenntnistheoretische Seite diese Vorgangs soll im Rahmen der vorliegenden Untersuchung jedoch außer Betracht bleiben[195]). Die weitere Darstellung muß sich insoweit darauf beschränken, darzulegen, in welcher normativen Gestalt der Rechtssatz dem Rechtsanwendenden entgegentritt und damit auch für die Herausarbeitung des syllogistischen Untersatzes Bedeutung erlangt. Gerade diese Problemstellung aber wird zu einer axiologischen Betrachtung der Rechtsnorm nötigen.

---

194) Sax, S. 48.

195) Vgl. hierzu Scheuerle, bei dem jedoch die Grenzen, die der Logik gesetzt sind, durch eine unangemessene Ausweitung der Logik verdeckt werden.

Einstweilen muß festgehalten werden, daß sich ein logischer Schluß erst dann ziehen läßt, wenn die zum Obersatz entwickelte Norm und der zum Untersatz umgebildete Sachverhalt einander so weit angenähert worden sind, daß sich gemeinsame Mitelbegriffe ergeben.

Setzt man etwa den § 63 HGB als Obersatz:

„Wird der Handlungsgehilfe durch unverschuldetes Unglück an der Leistung der Dienste verhindert, so behält er seinen Anspruch auf Gehalt und Unterhalt, jedoch nicht über die Dauer von 6 Wochen hinaus. . . .",

so läßt sich mit einem Untersatz:

„Der Buchhalter X muß wegen eines Unfalls, den er bei einer Bergtour erlitten hat, dem Dienst fernbleiben. . . ."

für eine logische Folgerung noch nichts beginnen, weil trotz weitgehender Abstrahierung von Einzelheiten des Sachablaufs noch keine gemeinsamen Mittelbegriffe erreicht worden sind.

Der Kern der eigentlichen juristischen Subsumtion liegt also keineswegs in der Vollziehung eines Syllogismus, sondern in der Zuordnung konkreter Sachverhalte zu bestimmten Rechtsbegriffen. Für diese Zuordnung ist zwar eine Reihe logischer Gesetze zu beachten, sie ist aber in erster Linie eine Frage rechtlicher Bewertung und daher nicht mit den Mitteln der reinen Logik zu erschöpfen. Es sei bemerkt, daß die juristische Subsumtion keineswegs in eine Reihe einzelner stufenweise aufgebauter Syllogismen mit der Wirkung aufgelöst werden kann, daß sie sich auf diese Weise in eine rein logische Operation umgestalten läßt. Die stufenweise Subordination einzelner Fallgruppen unter den gesetzlichen Tatbestand, die zu einer stärkeren Konkretisierung der Rechtssätze führt, kann selbst nicht auf eine voraufgehende Subsumtion unter die Rechtsbegriffe des Tatbestandes verzichten.

An dem Beispiel:

Wer bettelt, wird mit Haft bestraft (§ 361 Ziff. 4 StGB).
Wer unter Behauptung seiner Bedürftigkeit Gaben fordert, bettelt.

---

Wer unter Behauptung seiner Bedürftigkeit Gaben fordert, wird mit Haft bestraft.

wird deutlich, daß das Subsumtionsproblem im Untersatz wiederum auftritt und lediglich in eine Stufenfolge einzelner Subsumtiosakte aufgelöst wird, wobei vom Standort der Logik aus zu bemerken ist, daß die vom Sachverhalt aus zu den Tatbestandsbegriffen hin erfolgende Subsumtionsstufe der Einordnung der Individualbegriffe in Allgemeinbegriffe von der nächsten Stufe der Unterordnung der Allgemeinbegriffe unter solche größeren Umfangs unterschieden werden muß.

Für den Syllogismus muß vorausgesetzt werden, daß die begriffliche Annäherung von Tatbestand und Sachverhalt bereits so weit gediehen ist, daß die Prämissen in einem terminus medius übereinkommen. Nach Sauer[196]) lassen sich die für die juristische Urteilsbildung bedeutsamen Stufen in folgende Ordnung bringen:

1. Tatsachen (Lebensvorgang, Rechtsfall)
2. Rechtserhebliche Tatsachen
3. Rechtsnorm (gesetzl. Tatbestand)
4. Grundgedanke
5. Geist der Rechtsordnung
6. Gerechtigkeit, Rechtsidee

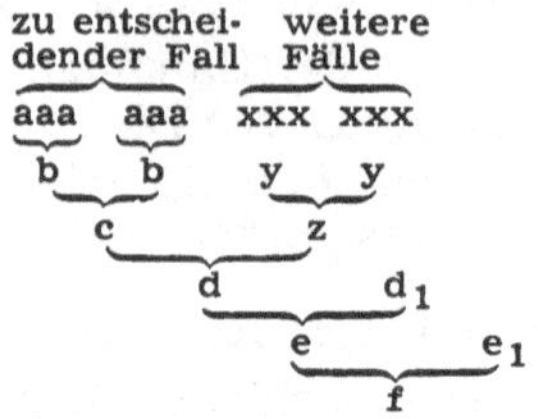


Um einen Subsumtionsschluß zu vollziehen, wäre es demnach erforderlich, zunächst in der begrifflichen Fassung des Sachverhalts von aaa nach b und alsdann nach c vorzuschreiten. Andererseits aber erscheint es auch möglich, durch Subordination zu einem konkreteren Sollensurteil zu gelangen, indem man von den Tatbestandsbegriffen (c) zu den Sachverhaltsbegriffen (b) herabsteigt und alsdann nochmals einen logischen Schluß vollzieht, der für den zugrundeliegenden Lebensvorgang (aaa) eine bestimmte Rechtsfolge setzt, wobei sich der Weg von c nach b wie der von aaa nach b in beliebige Einzelstufen aufteilen läßt.

Für die logische Folgerung selbst lassen sich mehrere der traditionellen Schlußformen heranziehen. Neben dem Modus Barbara mit singulärem oder generellem Untersatz

Alle Mörder werden ... bestraft.
A ist Mörder.

---

A wird ... bestraft.

Alle Mörder werden ... bestraft.
Alle Angeklagten in der Sache X sind Mörder.

---

Alle Angeklagten in der Sache X werden ... bestraft.

bietet sich insbesondere der Modus ponens in seinen verschiedensten Variationen als zweckmäßig an[197]):

Wenn jemand mordet, so wird er ... bestraft.
A hat gemordet.

---

A wird ... bestraft [198]).

---

[196]) Sauer (c), S. 289.

[197]) Daß der Obersatz in die Form eines hypothetischen Urteils eingekleidet werden müsse, ist insbesondere von Stammler (a), S. 655 ff.; (b), S. 294 betont worden. Vgl. ferner Walder, S. 11. Demgegenüber stellt Engisch (d), S. 50 zutreffend fest, daß es für den juristischen Syllogismus gleichgültig ist, ob der Obersatz kategorisch oder hypothetisch gefaßt wird.

[198]) Bei einem reinen Modus ponens müßte der Obersatz eigentlich lauten „Wenn A mordet ..." In obiger Formel wird das unbestimmte Subjekt des Obersatzes durch das bestimmte Subjekt des Untersatzes ersetzt. — Es

Eine Kalkülisierung des juristischen Schlusses läßt sich am einfachsten im Klassenkalkül darstellen:

Ist $\alpha$ die Klasse der Mörder, $\beta$ die Klasse der nach § 211 StGB zu Bestrafenden und x ein Mörder, der also in die Klasse $\alpha$ gehört, so gilt:

$$[\,(\alpha \subset \beta)\ \&\ (x \in \alpha)\,] \rightarrow (x \in \beta)$$

Setzt man hingegen entsprechend dem Modus Barbara mit generellem Untersatz $\gamma$ als die Klasse derjenigen, die in der Sache X angeklagt sind, dann erhält man:

$$[\,(\gamma \subset \alpha)\ \&\ (\alpha \subset \beta)\,] \rightarrow (\gamma \subset \beta)$$

Analog gilt für den Relationenkalkül:

$$[\,(R \,(\cdot\, S)\ \&\ (xRy)\,] \rightarrow (xSy)$$

$$[\,(T \,(\cdot\, R)\ \&\ (R \,(\cdot\, S)\,] \rightarrow (T \,(\cdot\, S)$$

wobei R die Relation „Mörder sein von . . . ", S die Relation „wegen Mordes an . . . bestraft werden mit . . ." und T „in der Sache X wegen Mordes an . . . angeklagt" bedeuten soll.

Im Prädikatenkalkül ergibt sich folgende Darstellung:

(I) $[\,[(x)(S(x) \rightarrow V(x))]\ \&\ [(x)(V(x) \rightarrow R(x))]\,] \rightarrow [(x)(S(x) \rightarrow R(x))]$ [199]

S sei dabei eine Eigenschaft, die durch einen bestimmten Sachverhalt gegeben ist, V die Eigenschaft, einen bestimmten gesetzlichen Tatbestand darzustellen, und schließlich R die Eigenschaft, eine bestimmte Rechtsfolge auszulösen.

Weiterhin gilt:

(II) $[\,[(x)(V(x) \rightarrow R(x))]\ \&\ V(y)\,] \rightarrow R(y)$ [200]

Entsprechend zu der Formel I läßt sich auch für die Replikation und die Äquivalenz setzen:

$$[\,[(x)(S(x) \overset{\leftrightarrow}{\rightrightarrows} V(x))]\ \&\ [(x)(V(x) \overset{\leftrightarrow}{\rightrightarrows} R(x))]\,] \rightarrow [(x)(S(x) \overset{\leftrightarrow}{\rightrightarrows} R(x))]$$

Dagegen kann die Formel II zwar auch bei der Äquivalenz gebildet werden, da diese ja eine Implikation enthält:

$$[[\,(x)\,(V(x) \longleftrightarrow R(x))\,]\ \&\ V(y)] \rightarrow R(y)$$

---

zeigt sich deutlich, daß die Rechtsfolge, die im Schlußsatz wiederkehrt, die abstrakte Rechtsfolge des gesetzlichen Tatbestandes ist. „Konkret" ist sie nur in dem Sinne, daß sie auf Grund der vollzogenen Subsumtion mit einem bestimmten Sachverhalt verbunden worden ist. Eine weitergehende inhaltliche Konkretisierung der Rechtsfolge vermag der Subsumtionsschluß nicht zu liefern.

199) Zu lesen etwa: „Wenn für alle x gilt, daß stets, wenn x die Eigenschaft S zukommt, es auch die Eigenschaft V hat, und für alle x weiterhin gilt, daß stets, wenn x die Eigenschaft V hat, ihm auch die Eigenschaft R zukommt, dann gilt für alle x auch, das stets, wenn x die Eigenschaft S hat, ihm auch die Eigenschaft R zukommt."

200) „Wenn für alle x gilt, daß stets, wenn x die Eigenschaft V hat, ihm auch die Eigenschaft R zukommt, und wenn es ein y gibt, welches die Eigenschaft V hat, dann muß es auch ein y geben, dem die Eigenschaft R zukommt."

sie findet aber im Prädikatenkalkül für die Replikation ebensowenig eine Parallele wie im Klassen- und Relationenkalkül für die Inklusion. Es ist daher Aufgabe der Rechtsanwendung, die gesetzlichen Voraussetzungen unabhängig von den einzelnen Gesetzesparagraphen so zusammenzustellen, daß eine Implikations- (Subsumtions-) oder Äquivalenzbeziehung zwischen Tatbestand und Rechtsfolge hergestellt wird, da nur in diesen Fällen die Formel II zur Ableitung einer bestimmten Rechtsfolge für den zur Entscheidung stehenden Sachverhalt führen kann.

Bei weiterer Zerlegung der in den bisher angeführten Formeln verwandten S, V und R in die ihnen zugrundeliegenden Einzeleigenschaften ergibt sich:

$$\{ (x)[ ( S_1 (x) \& S_2 (x) \ldots ) \overset{\rightarrow}{\underset{\Rightarrow}{\leftrightarrow}} ( V_1 (x) \& V_2 (x) \ldots ) ] \&$$

$$\& \; (x)[ ( V_1 (x) \& V_2 (x) \ldots ) \overset{\rightarrow}{\underset{\Rightarrow}{\leftrightarrow}} ( R_1 (x) \& R_2 (x) \ldots )] \} \rightarrow$$

$$\rightarrow \; (x)[ ( S_1 (x) \& S_2 (x) \ldots ) \overset{\rightarrow}{\underset{\Rightarrow}{\leftrightarrow}} ( R_1 (x) \& R_2 (x) \ldots ) ]$$

Alle angeführten Formeln sind aus den Axiomen des zugrundegelegten Logikkalküls beweisbar und ermöglichen eine klare Grenzziehung zwischen dem Teilbereich der juristischen Subsumtion, der sich der strengen Logik unterwerfen läßt, und dem weiteren Bereich, in welchem die Frage der rechtlichen Wertung im Vordergrund steht.

## 2. Die analoge Rechtsanwendung

### § 15 Die „entsprechende Anwendung" von Rechtsnormen

Es gehört zur Technik moderner Gesetzgebungsarbeit, soweit wie möglich Wiederholungen zu vermeiden. Dieses Ziel wird einmal dadurch erreicht, daß die für mehrere Rechtsinstitute geltenden Rechtsvorschriften aus den Einzelregelungen herausgenommen und zusammenfassend diesen Einzelinstituten voran- oder nachgestellt werden, so daß sich ihre generelle Bedeutung bereits aus ihrer besonderen Stellung im Gesetz ergibt. Zum anderen aber bietet sich die Möglichkeit, die Regelung an einer einzelnen Gesetzesstelle zu treffen und bei der Niederlegung gleichgeordneter Institute auf diese Gesetzesstelle Bezug zu nehmen. Beide Möglichkeiten werden vom Gesetzgeber genutzt. Die erstere führt zur Bildung der „allgemeinen Teile" der Gesetze, die zweite zur Entwicklung einer umfangreichen Verweisungstechnik.

Die juristische Logik hat sich bislang auffallend wenig mit den in den Gesetzen enthaltenen Verweisungen befaßt, und diese Verweisungen scheinen schon wegen ihrer äußeren Klarheit nur wenig Stoff für eine logische Analyse zu bieten.

Für das gesamte Bürgerliche Recht sind die allgemeinen Vorschriften über Fristen und Termine in den §§ 186 ff. BGB zusammengefaßt. Wir haben hier ein Beispiel für die Übernahme von Vorschriften in einen „allgemeinen Teil" vor uns und zugleich auch ein Beispiel für die Verweisungstechnik des Gesetzes, denn da auch in anderen Rechtsbereichen ein Bedürfnis nach einer Regelung von Fristen und Terminen besteht und die Vorschriften der §§ 186 ff. BGB in ihrer allgemeinen Fassung auch für diese Bereiche eine angemessene Regelung darstellen, hat der Gesetzgeber sie in bestimmten anderen Einzelgesetzen ausdrücklich für anwendbar erklärt. Wird jedoch etwa gemäß § 222 Abs. 1 ZPO eine zivilprozessuale Frist unter Rückgriff auf die entsprechenden bürgerlich-rechtlichen Vorschriften berechnet, so wird im Grunde nicht unmittelbar eine dieser Vorschriften als solche angewandt. Als Beispiel mag § 188 Abs. 1 BGB gelten: „Eine nach Tagen bestimmte Frist endigt mit dem Ablaufe des letzten Tages der Frist". Setzt man für diese Bestimmung „$Tb_1 \rightarrow Rf_1$", so muß man sich davon überzeugen, daß wegen des gesetzlichen Zusammenhanges, in welchem die Vorschrift steht, der Tatbestand zunächst nur von solchen Fällen ausgefüllt werden kann, die in den Bereich des Bürgerlichen Rechts fallen. Zerlegt man daher $Tb_1$ in zwei Aussagen $V_1$ und $V_2$, von denen $V_2$ die Beschränkung auf den Bereich des Bürgerlichen Rechts zum Ausdruck bringen soll, so ergibt sich:

$$(V_1 \,\&\, V_2) \rightarrow Rf$$

Durch § 222 Abs. 1 ZPO wird nun die Beschränkung auf das Bürgerliche Recht aufgehoben und von einer anderen Voraussetzung, der Ausdehnung auf das Zivilprozeßrecht, ersetzt. Faßt man die hierdurch eingetretene Veränderung in eine Aussage $V_3$ zusammen, dann erhält man:

$$(V_1 \,\&\, V_3) \rightarrow Rf$$

Vom Standort der Logik aus werden also bei der Bestimmung von Fristen im Bereich des Zivilprozeßrechts andere Vorschriften angewandt als im Bereich des Bürgerlichen Rechts, wobei freilich die Möglichkeit einer Zusammenfassung bestehen bleibt:

$$[V_1 \,\&\, (V_2 \vee V_3)\,] \rightarrow Rf$$

Diese an einem Beispielsfall entwickelten Grundsätze haben für alle Gesetzesverweisungen Gültigkeit. Subsumiert wird streng genommen nicht unter die Norm, auf welche verwiesen wird, sondern unter eine nicht ausdrücklich im Gesetz niedergelegte, aber durch die Verweisungsvorschrift auffindbare Parallelnorm, mag diese auch im materiellen Gehalt ihrer tatbestandlichen Voraussetzungen und rechtlichen Folgen mit der ersteren völlig übereinstimmen und nur ihren rechtstechnischen Geltungsbereich verändert haben.

Ausgangs- und Parallelnorm stehen daher unabhängig von ihrer materiellen Übereinstimmung in einem Analogieverhältnis, das namentlich darauf beruht, daß die Ausgangsnorm in dem ihr zugeordneten Rechtsbereich die gleichen Funktionen ausübt wie die gefundene Parallelnorm in ihrem Bereich. Hier bewährt sich die Strukturtheorie, die es ermöglicht, von den Unterschieden im rechtstechnischen Geltungsbereich der Normen abzusehen und die Analogie darauf zu gründen, daß die Beziehungszusammenhänge des einen Geltungsbereichs hinsichtlich der Anwendbarkeit der jeweils in Frage stehenden Norm denen des anderen Geltungsbereichs formal voll und ganz entsprechen.

Möglich ist es freilich ebenfalls, aus der Verweisungsnorm und der materiellen Norm, auf welche verwiesen wird, eine gemeinsame Obernorm zu entwickeln und unter diese zu subsumieren.

Eine Sonderstellung nehmen diejenigen Fälle ein, in denen sich die Verweisung nicht darauf beschränkt, lediglich den gesetzestechnischen Geltungsbereich einer Norm zu verändern, sondern auch noch weitergehende inhaltliche Veränderungen der Norm ins Auge faßt, was regelmäßig durch die Wendung geschieht, daß eine bestimmte Norm „sinngemäß“ oder „entsprechend“ angewandt werden soll. Wenn etwa in § 515 BGB bestimmt wird, daß auf den Tausch die Vorschriften über den Kauf entsprechende Anwendung finden sollen, dann ist dabei kineswegs an eine vollinhaltliche Überahme der Kaufrechtsnormen in das Tauschrecht gedacht.

Daß sich bei einer entsprechenden Anwendung einer Gesetzesvorschrift die tatbestandlichen Voraussetzungen zumindest stets insoweit ändern, als das bei den bislang betrachteten einfachen Verweisungen der Fall ist, leuchtet ohne weiteres ein. Hinzu tritt aber die Frage, ob und inwieweit eine darüberhinausreichende Veränderung des Tatbestandes oder eine Umgestaltung und Ergänzung der Rechtsfolge oder beides vorgenommen werden muß.

Die Verhältnisse liegen noch relativ einfach, wo die Veränderungen durch den bloßen Austausch gesetzlicher Termini vollzogen werden können. So ergibt sich beispielsweise aus der kaufrechtlichen Vorschrift des § 446 BGB, nach welcher mit der Übergabe der v e r k a u f t e n Sache die Gefahr des zufälligen Untergangs übergeht, in Verbindung mit § 515 BGB, daß es im Tauschrecht eine Bestimmung geben muß, nach der mit der Übergabe der g e t a u s c h t e n Sache die Gefahr des zufälligen Untergangs übergeht. Im Prädikatenkalkül, der hier der größeren Deutlichkeit wegen gewählt wird, erhalten wir für § 446 BGB

$$(x)[\,(\text{Üg}\,(x)\;\&\;\text{Ks}\,(x)\,) \rightarrow \text{Gü}\,(x)]$$

Diese Übertragung in den Prädikatenkalkül kann etwa gelesen werden: „Für alle x gilt: Wenn x eine Sache ist, die übergeben wird, – Üg (x) –

und zugleich eine Sache, die eine Kaufsache darstellt – Ks (x) –, dann ist x auch stets eine Sache, hinsichtlich welcher die Gefahr übergeht – Gü (x) –". Für das Tauschrecht ergibt sich die Parallelnorm:

$$(x)[(\text{Üg}(x) \,\&\, \text{Ts}(x)) \rightarrow \text{Gü}(x)]$$

Solche Veränderungen können naturgemäß auch die Rechtsfolge treffen, etwa wenn nach § 434 BGB der Verkäufer verpflichtet ist, die Kaufsache dem Käufer frei von Rechten Dritter zu verschaffen und gemäß § 515 BGB die Parallelnorm entwickelt wird, daß der eine Tauschpartner verpflichtet ist, dem anderen Tauschpartner die Tauschsache frei von Rechten Dritter zu verschaffen.

Wir haben es hier mit einer gewöhnlichen Substitution zu tun, die auf Grund der Verweisungsnorm zulässig ist, obwohl es sich bei den benutzten Zeichen für die Prädikate in den oben angeführten Beispielen nicht um Variablen handelt, sondern um Konstanten.

Wesentlich komplizierter werden die Dinge, wenn die Verweisungsnorm eine weitergehende Umgestaltung des Tatbestandes der Ausgangsnorm notwendig macht. Dies gilt namentlich dort, wo das Gesetz keine hinreichenden ausdrücklichen Anhaltspunkte dafür bietet, wie der Paralleltatbestand im einzelnen aufgebaut werden muß, denn nicht immer geht das Gesetz so weit wie etwa in § 675 BGB, wo es ausdrücklich bestimmt, daß der Paralleltatbestand die Fälle einer entgeltlichen Geschäftsbesorgung umfaßt.

Ein Gleiches gilt für den Fall, daß die Rechtsfolge der Parallelnorm nicht einfach aus der Ausgangsnorm übernommen oder durch bloße Substitution umgestaltet werden kann. Wie muß beispielsweise für das Grundschulrecht die Parallelnorm zu § 1154 BGB lauten, nach welcher zur Abtretung der Forderung die Erteilung der Abtretungserklärung in schriftlicher Form und Übergabe des Hypothekenbriefes erforderlich ist? Die Notwendigkeit einer besonderen Umgestaltung ergibt sich hier deshalb, weil die rechtliche Abhängigkeit der Hypothek von der zugrundeliegenden Forderung im Grundschuldrecht keine Parallele findet. Durch bloße Substitution ist nicht mehr zu helfen und es kann im einzelnen durchaus zweifelhaft erscheinen, welche tatbestandlichen Fälle die Verweisungsnorm meint und welchen Rechtsfolgen sie diese Fälle unterwerfen will.

Für die Logik handelt es sich bei diesen Verweisungen um Analogien, so daß durch die Verweisungsnormen für die Gesetzesanwendung die Aufgabe gestellt wird, zu den jeweiligen Ausgangsnormen analoge Parallelnormen zu entwickeln, die den Erfordernissen des Geltungsbereichs, für den sie eintreten sollen, Rechnung tragen.

Die Analogie zweier Rechtsnormen setzt voraus, daß diese in den für ihre rechtliche Qualifizierung maßgebenden Bestimmungsrichtungen strukturgleich sind. Als eine solche Bestimmungsrichtung kann zunächst einmal die innere Struktur der Norm selbst angesehen werden. Nehmen wir als einen einfachen Fall zwei Normen: „Der Verkäufer muß dem Käufer die Kaufsache übergeben" und: „Der Tauschpartner 1 muß dem Tauschpartner 2 die Tauschsache übergeben". Beide Normen stimmen in ihrer inneren Struktur überein. Bezeichnet man etwa den Verkäufer als $k_1$, den Käufer als $k_2$, die Kaufsache als $x_k$, den Tauschpartner 1 als $t_1$, den Tauschpartner 2 als $t_2$ und die Tauschsache als $x_t$, so erhält man die strukturgleichen Relationen

$$Ü_k (k_1, k_2, x_k) \quad \text{und} \quad Ü_t (t_1, t_2, x_t)$$

wobei $Ü_k$ und $Ü_t$ die Beziehung der Übergabe im Kauf- und im Tauschrecht ausdrücken sollen.

Eine weitere bedeutsame Bestimmungsrichtung für die Strukturgleichheit berührt den gesetzlichen Zusammenhang, in welchen die analogen Normen eingefügt sind. Jede Norm steht zu den ihr zugeordneten Normen in bestimmten Relationen. Solche Beziehungen sind etwa zu finden zwischen Grund-, Ergänzungs- und Definitionsnormen, zwischen den Normen ein und desselben Rechtsinstituts, zwischen den Normen bestimmter Gesetze, um nur einige wichtige Relationszusammenhänge zu nennen. Analog sind darum alle Normen, die in einander entsprechenden Relationszusammenhängen die gleiche Stelle oder Funktion einnehmen, so daß beispielsweise die Gewährleistungsvorschriften des Kaufrechts auch unabhängig von ihrer inneren materiellen Ausgestaltung denen des Tauschrechts analog sind, aber auch in einem abgeschwächten Sinne denen des Schenkungsrechts, da es nicht darauf ankommen kann, daß sich die strukturelle Übereinstimmung bis in die kleinsten Verästelungen hinein fortsetzt, die im Kauf- und Schenkungsrecht unterschiedlich sein können, sondern allein darauf, daß die das gesetzliche System tragenden und zum Gegenstand der Betrachtung gemachten Gesichtspunkte zwischen den Rechtsinstituten von Kauf und Schenkung eine nicht zu verkennende Parallelität aufweisen.

Schließlich kann die Strukturgleichheit auch auf den Relationen beruhen, die zwischen den positiven Normen und ihrem jeweiligen, an dieser Stelle nicht näher zu analysierenden gesetzgeberischen Grund, sowie zwischen den Normen und den Interessenstrebungen, auf die sie sich beziehen, bestehen.

Zu fragen ist damit, ob aus einer inhaltlich bekannten vorgegebenen Norm und ihrem gesetzlichen Zusammenhang einerseits und dem durch eine Verweisungsnorm bekannten Umstand andererseits, daß die Parallelnorm der Ausgangsnorm strukturgleich sein muß, mit Hilfe einer logischen Schlußfolgerung etwas über die inhaltliche Ausgestaltung der Parallelnorm ausgemacht werden kann, soweit es sich nicht um die bloße Übertragung des durch die Ausgangsnorm bekannten Inhalts handelt. Diese Frage muß eindeutig verneint werden. Zwar läßt sich feststellen, daß durch die beiden Normen zugrundeliegende gleiche Struktur auch eine Übereinstimmung in den formalen Eigenschaften bestehen muß, aber von einer solchen Übereinstimmung aus ist der reinen Logik ein schlußfolgernder Übergang zu den inhaltlich-materiellen Eigenschaften der Normen prinzipiell versperrt. Die Aufstellung von Parallelnormen kann daher nicht als ein primär logischer Vorgang gedeutet werden, sondern muß einer besonderen juristischen Betrachtungsweise überlassen bleiben, die den Bereich der reinen Logik sprengt. Die der Rechtsanwendung durch die Verweisungstechnik des Gesetzgebers gestellten Aufgaben münden daher ein in die allgemeine axiologisch-teleologische Betrachtung, die uns noch beschäftigen wird.

## § 16 Der Begriff des juristischen Analogieschlusses in der Rechtswissenschaft[201])

Schon die Pandektenwissenschaft hat das Bedürfnis empfunden, die analoge Rechtsanwendung durch eindeutige Begriffsbestimmungen von verwandten Erscheinungen abzugrenzen. Nach einer bekannten Definition des Pandektenlehrbuchs von Windscheid-Kipp[202]) bedeutet Analogie „die Ausdehnung (ausdehnende Anwendung) der aus dem Gesetz zu entnehmenden Prinzipien auf Fälle, die von den im Gesetz entschiedenen nur unwesentlich abweichen“[203]).

Dieser Deutung hat sich die heutige Rechtswissenschaft überwiegend angeschlossen[204]), der ihr zugrundeliegende Analogiebegriff hat Aufnahme in die modernen Gesetzeskommentare und Lehrbücher gefunden. Die angeführte Definition kehrt in dem bekannten Lehrbuch von Enneccerus-Nipperdey[205]) wörtlich wieder; der Kommentar zum Bürgerlichen Gesetzbuch von Palandt[206]) bestimmt die Analogie als die „ausdehnende Anwendung einer oder mehrerer für bestimmte Tatbestände gegebener Regeln auf rechtsähnliche Tatbestände“, während der von früheren Mitgliedern des Reichsgerichts herausgegebene Großkommentar zum Bürgerlichen Gesetzbuch dann von Analogie spricht, „wenn ein bestimmter Tatbestand im Gesetz nicht geregelt ist, aber einem anderen doch so ähnlich ist, daß die Anwendung dieser Gesetzesbestimmung naheliegt und angebracht erscheint“[207]).

---

[201]) Zur Geschichte der rechtswissenschaftlichen Analogie vergleiche Falk; Steinwenter; v. Weber.

[202]) Windscheid-Kipp, S. 107.

[203]) Als „Gesetz“ in diesem Sinne darf jede Rechtsnorm gelten. Reichel (b), S. 341 betont ausdrücklich, daß die Analogie auch für den Bereich des Gewohnheitsrechts Bedeutung habe.

[204]) Schack, S. 278.

[205]) Enneccerus-Nipperdey, § 58 (S. 209).

[206]) Palandt, Einl. V, 3, a.

[207]) RGR-Kom. Einl. C (S. 8). Demgegenüber hat Jerusalem, S. 26 den Versuch unternommen, die Analogie auf eine soziologische Grundlage zu stellen. Er sieht in der Analogie den Ausdruck eines allgemeinen soziologi-

Es ist für die gesamte Auffassung über die Analogie von bestimmender Bedeutung geworden, daß man in ihr die Anwendung einer dem Wortlaut nach nicht passenden Rechtsnorm auf einen im Gesetz nicht geregelten Fall sah und sie damit als einen Unterfall der Ausfüllung von Gesetzeslücken deutete[208]). Engisch[209]) spricht demgemäß auch ausdrücklich von der „rechtsergänzenden Funktion" der Analogie.

Das Gesetz soll, wie Schönfeld[210]) betont, nicht nur unmittelbar, sondern auch noch dort mittelbar zur Anwendung kommen, wo nicht mehr sein Buchstabe, wohl aber sein „Geist"[211]) den Fall beherrscht. Andere sprechen davon, daß es gelte, den „Sinn" des Gesetzes durch die Analogie zur Geltung zu bringen[212]). Demgegenüber betont allerdings Bartholomeyczik, die Analogie gehe über den „Sinn des Gesetzes" hinaus[213]), sie liege jenseits der rechtspolitischen Zwecksetzung des Gesetzgebers[214]). Hier werden unterschiedliche Auffassungen über die Bedeutung des „Willens des Gesetzgebers" für die Rechtsanwendung offenbar, in welchem viele ein entscheidendes Kriterium für die Abgrenzung von Analogie und Auslegung erblicken[215]). Nach dieser Auffassung soll sich die Auslegung noch stets im Rahmen des Gesetzeswortlauts halten, während sich die Analogie auf Fälle erstrecke, auf welche der eigentliche Gesetzeswortlaut nicht mehr zutreffe. Es wäre alsdann Aufgabe der Analogie, die in den einzelnen Gesetzesnormen zutage tretenden Rechtsprinzipien unabhängig von dem möglichen Wortlaut des Gesetzes oder dem subjektiven Willen des Gesetzgebers über ihre besondere Ausprägung hinaus zur Wirksamkeit zu bringen[216]), wobei es nicht nur darum gehen könnte, lediglich Dunkel-

---

schen Gesetzes, daß neue Formen und Normen des sozialen Lebens in Anlehnung an bereits bestehende mehr oder weniger ähnliche gebildet werden.

208) In der Literatur sind nur wenige Stimmen laut geworden, die eindeutig für eine Ausweitung der Analogie über den Bereich der Lückenfüllung hinaus eintreten. Auf diese Möglichkeit weist etwa Sax, S. 101 hin, wenn er betont, auch ein bereits gegebener Rechtssatz könne per analogiam durch einen anderen, ihm rechtsähnlichen klargestellt werden.

209) Engisch (b), S. 137.

210) Schönfeld, S. 322.

211) So auch wörtlich Binder (a), S. 985.

212) Palandt, Einl. V, 3; Sax, S. 139.

213) Bartholomeyczik, S. 119.

214) Bartholomeyczik, S. 80; vgl. auch Gmür, S. 68; Schack, S. 278. Noch weiter geht Reichel (a), S. 103, wenn er betont, für die Analogie sei nicht maßgebend die „Ähnlichkeit" mit einem Rechteinstitut, sondern ausschließlich die „Ersprießlichkeit des Ergebnisses". Ähnlichen Gedanken geht Sauer (a), S. 240 nach, indem er die Analogie als ein „fiktives Arbeitsmittel" bezeichnet.

215) Dahm, S. 66; Riezler (a), S. 178; vgl. ferner unten § 26.

216) Engisch (a), S. 70.

heiten im Gesetz aufzuhellen[217]), sondern darum, das Gesetz in der von ihm eingeschlagenen Richtung fortzubilden[218]).

Hierbei ist jedoch im einzelnen streitig, ob die auf den zu entscheidenden Sachverhalt anzuwendende analoge Norm, die nicht zu den ohne weiteres „gegebenen" Normen gezählt werden kann[219]), lediglich „gefunden" oder weitergehend geradezu „erfunden" wird[220]).

Eine tiefer greifende Kontroverse beruht auf der Frage nach der Möglichkeit und Notwendigkeit einer Abgrenzung der Analogie von der Induktion, deren rechtswissenschaftliche Bedeutung namentlich dann zum Ausdruck kommt, wenn man es als die „eigentlich rechtswissenschaftliche Aufgabe" ansieht, durch „induzierende Durchforschung der einzelnen Rechtssätze" zu den juristischen Grundtatsachen vorzudringen[221]). Während einerseits die Analogie geradezu mit der Induktion identifiziert wird, indem ihr zur Aufgabe gemacht wird, aus gegebenen Rechtssätzen einen allgemeinen Obersatz auf „induktivem Wege" zu erschließen[222]), wird von anderer Seite an der Charakterisierung der auf eine „parallellaufende Norm"[223]) hinzielenden Analogie als eines Niveauschlusses festgehalten[224]), für den es nicht wesentlich sei, erst einen auch den im Gesetz enthaltenen Tatbestand umfassenden allgemeinen Obersatz zu gewinnen[225]), dieser vielmehr in seinen Einzelzügen unbestimmt bleiben könne.

Eine vermittelte Auffassung nimmt an, daß man erst zu einem allgemeinen Obersatz auf- und dann wieder zu einem anderen „Detailfall"[226]) absteigen müsse, um zu einem „rechtstechnisch geformten Rechtssatz"[227]) zu gelangen[228]).

Bei dieser Kontroverse bleibt es auch streitig, ob der allgemeine Obersatz Normcharakter besitzt[229]) oder lediglich „methodisches

---

217) Weigelin, S. 27 f.
218) Enneccerus-Nipperdey, § 58 (S. 210).
219) Sohm, S. 28.
220) Weigelin, S. 27 ff. mit ausführlichen Literaturhinweisen. In abweichender Terminologie bezeichnet Jahrreiß, S. 11 die analoge Norm als einen „erschlossenen Berechenbarkeitsmaßstab".
221) v. Hippel, F., (a), S. 28.
222) Sohm, S. 28; vgl. auch Schack, S. 278.
223) Sauer (c), S. 306.
224) Sax, S. 97, 148; Sauer (b), S. 242; Stammler (a), S. 633; doch wird von Stammler (b), S. 276 betont, daß auch bei der Analogie der Weg über einen gemeinsamen Obersatz gehe.
225) Weigelin S. 12.
226) Rümelin, G., S. 39.
227) Oertmann, S. 29.
228) Vgl. auch Rümelin, G., S. 39; Gmür, S. 67; Bartholomeyczik, S. 83; Engisch (d), S. 143.
229) So RG (Z) 137, 13.

Hilfsmittel der Rechtsfindung" bleibt[230]), der keine unmittelbare Sachverhaltssubsumtion zuläßt[231]).

Die übliche Unterscheidung zwischen Gesetzes- und Rechtsanalogie hilft zur Klärung dieser Streitfragen nicht viel weiter, da sie nicht vollständig ist. Denn wenn von Gesetzesanalogie dann gesprochen wird, wenn die „Regeln e i n e s Rechtssatzes auf einen ähnlichen Fall angewandt werden"[232]), und von Rechtsanalogie dann, wenn „aus m e h r e r e n Rechtssätzen ein gemeinsames übergeordnetes Prinzip abgeleitet wird"[233]); dann bleibt die Möglichkeit unberücksichtigt, daß einmal versucht werden könnte, aus m e h r e r e n gattungsgleichen Rechtsregeln wie bei der Gesetzesanalogie lediglich einen einzelnen P a r a l l e l f a l l zu entscheiden, und zum anderen, daß von einer e i n z e l n e n gesetzlichen Norm aus der Aufstieg zu einer generelleren, weitere Tatbestände umfassenden Norm denkbar ist[234]).

Die für jede Analogie vorauszusetzende „Rechtsähnlichkeit" bereitet einer näheren begrifflichen Erfassung große Schwierigkeiten. Es darf als allgemeine Auffassung gelten, daß sie im Sinne einer partiellen Gleichheit gedeutet werden kann[235]). Die Übereinstimmung muß sich dabei nach der angeführten Definition Windscheids auf die „wesentlichen" Tatbestandsmerkmale beziehen. Eine solche allgemein gehaltene Bestimmung, mag sie auch auf den „Geist"[236]), den „Sinn"[237]) oder das „Wesen"[238]) der analog anzuwendenden Rechtsnorm abstellen, bringt jedoch keine zusätzliche Klarheit, solange nicht die Kriterien klar herausgearbeitet sind, durch welche bestimmt werden kann, was denn als „wesentlich" angesehen werden muß. Ein Gleiches gilt, wenn man etwa zurückgreift auf den „Grundgedanken" des Ge-

230) Bartholomeyczik, S. 84.

231) Mit der hier aufgeworfenen Frage, ob der zu entscheidende Fall unter eine Obernorm zu subsumieren ist oder nicht, und der durch sie hervorgerufenen Kontroverse hängt es auch zusammen, daß im allgemeinen wenig Klarheit darüber besteht, ob der Analogieschluß ein Vorverfahren darstellt, welches den später zu vollziehenden eigentlichen juristischen Subsumtionsschluß lediglich vorbereitet, ihn ersetzt oder sich völlig mit ihm vermischt.

232) Palandt, Einl. V, 3, a; anders dagegen die Definition bei Enneccerus-Nipperdey, § 58 (S. 210), die freilich gerade den von Palandt ins Auge gefaßten Fall unberücksichtigt läßt.

233) Palandt, aaO., die Sperrungen sind in beiden Fällen von mir eingefügt worden.

234) Im letzteren Falle wird auch gern in Anlehnung an eine gebräuchliche Terminologie der Logik von „Reduktion" gesprochen, vgl. z. B. Huber, S. 443.

235) Vgl. z. B. Elze, S. 83; Stammler (a), S. 635; (b), S. 276; Sohm, S. 29; Scheuerle, S. 165.

236) Vgl. oben Fußnote 211.

237) Vgl. oben Fußnoten 212 und 213.

238) So. z. B. Bovensiepen, S. 133; Riezler, (a), S. 174; Sax, S. 139; Stammler, (a), S. 636. — Weigelin S. 12 meint, es müsse der Unterschied gegenüber dem Gemeinsamen zurücktreten.

setzes[239]). Nur eine scheinbare Lösung stellt es dar, wenn Scheuerle[240]) die Rechtsähnlichkeit für eine „Grundkategorie der Rechtsanwendung" erklärt; ohne eine nähere inhaltliche Bestimmung ist schlechterdings nicht auszukommen, und es ist mehr als eine Zufälligkeit, daß für die rechtswissenschaftlichen Lösungsversuche die in der modernen Rechtswissenschaft so überaus fruchtbar gewordenen Begriffe des „Zwecks" und der „Interessenwertung" eine besondere Bedeutung erlangt haben[241]).

Es ist versucht worden, die Schwierigkeiten durch einen Rekurs auf den „Willen des Gesetzgebers" zu lösen, indem etwa die Frage gestellt wird, ob der Gesetzgeber den von ihm nicht vorausgesehenen Rechtsfall in gleicher Weise wie einen gesetzlich normierten Fall geregelt haben würde, wenn er ihn ins Auge gefaßt hätte[242]). Geht man dabei nicht von dem tatsächlichen Gesetzgeber, sondern von einem vorgestellten, nicht notwendig existierenden „konsequenten Gesetzgeber"[243]) aus, so nähert man sich der objektiven Theorie, welche die Rechtsähnlichkeit nach einer vom subjektiven Willen des Gesetzgebers unabhängigen Interpretation der bestehenden Rechtsordnung beurteilen will, wobei die moderne Rechtstheorie in zunehmendem Maße auf die im Gesetz enthaltenen Zweckstrebungen zurückgreift[244]). Wieder eine andere Auffassung orientiert sich an den zugrundeliegenden Interessenkonflikten[245]), um von ihnen aus über die Unterschiedlichkeit äußerer Tatumstände hinweg bestehende Übereinstimmungen aufzudecken. Boehmer schließlich betont, man müsse zurückgehen auf das „soziale Werturteil", das in dem vorgegebenen Recht seinen Ausdruck gefunden habe[246]).

Wie immer aber auch die geforderte Übereinstimmung im einzelnen gedeutet werden mag, sie dient jedenfalls in allen Fällen als Ausgangsposition für die eigentliche Schlußfolgerung, in welcher aus der Gleichheit (Ähnlichkeit) der tatbestandlichen Voraussetzungen die Gleichheit der Rechtsfolge erschlossen wird[247]), wobei jedoch daran festzu-

239) Forsthoff, (b), S. 142; Dahm, S. 65; Sauer, (c), S. 313. Demgegenüber betont Sax, S. 138 f., die „ratio legis" sei deshalb als Vergleichsmaßstab unbrauchbar, weil sie nur die allgemeinen gesetzlichen Grundgedanken enthalte und nicht zugleich die einzelnen inhaltlichen Begrenzungen und Modifikationen für Sonderfälle, die aber bei der Analogie Beachtung finden müßten.

240) Scheuerle, S. 165, 76.

241) Schon bei Rümelin, M. (c) wird auf beide Begriffe zurückgegriffen (vgl. insbes. S. 283).

242) Bovensiepen, S. 134; Nebinger, S. 32; Nawiasky, S. 147.

243) Falk, S. 49.

244) Vgl. insbes. Binder (a), S. 985; aus der neueren Literatur Sax, S. 140.

245) Elze, S. 76; Riezler (a), S. 175; ferner die gesamte Literatur zur Interessenjurisprudenz.

246) Boehmer, 2. Buch, 1. Abt., S. 168; so auch bereits Heck (a), S. 194,

247) Dahm, S. 65.

halten ist, daß alle diejenigen Fälle auszuscheiden haben, in denen eine unmittelbare Subsumtion unter eine Gesetzesnorm möglich ist, bei welchen also völlige Gleichheit herrscht. Die Ansicht von Elze[248]), daß jede Subsumtion unter einen gesetzlichen Tatbestand auf einem Analogieschluß beruhe, hat keine Anerkennung gefunden[249]).

Da die allgemein angegebenen Maßstäbe zur Bestimmung der geforderten Rechtsähnlichkeit relativ unbestimmt gehalten sind, hat man es als ein Bedürfnis empfunden, wenigstens für einzelne Fälle formale Richtlinien für die Zulässigkeit der Analogie zu entwickeln. So ist der Grundsatz aufgestellt worden, daß dort, wo Rechtssätze erkennbar Ausnahmecharakter haben, ein Analogieschluß nicht gezogen werden dürfe[250]). Von anderer Seite wird jedoch demgegenüber darauf verwiesen, auch bei Ausnahmevorschriften könne die Analogie nicht ausgeschlossen werden [251]).

Um hier zu näheren Abgrenzungen zu gelangen, wurde versucht, einen Unterschied zu machen zwischen der Einteilung des Rechts in „regelmäßiges" und „regelwidriges" (singuläres) einerseits und „allgemeines" und „Sonderrecht" andererseits[252]). Für die Frage der Analogie soll nach einer verbreiteten Ansicht nur die erstgenannte Unterscheidung maßgebend sein, während der Charakter einer Rechtsnorm als allgemeines oder Sonderrecht insoweit keine Bedeutung haben soll[253]).

Auf eine andere Abhängigkeit der Analogie beruft sich Dahm[254]). Seiner Auffassung nach ist für die Analogie um so weniger Platz, je mehr das Gesetz zu verallgemeinernden Generalklauseln neigt.

Einen interessanten Versuch, Fälle herauszuarbeiten, in denen die Analogie schon aus rein logischen Gründen auszuscheiden hat, hat Sax[255]) unternommen. Er hält eine Analogie nur dort für möglich, wo Begriffe einander auf derselben Stufe der begrifflichen Allgemeinheit konträr gegenüberstehen[256]), bei Größen, die verschiedenen Dimensionen angehören — etwa bei Seins- und Wertbegriffen — sei eine Ana-

---

[248]) Elze, S. 82; Scheuerle, S. 230 schränkt diese Auffassung auf die Annahme einer engen l o g i s c h e n Verwandtschaft von direkter und analoger Rechtsanwendung ein.

[249]) Engisch (d), S. 180 betont jedoch, daß eine strukturelle Verwandtschaft bestehe zwischen Analogie und der angelsächsischen Methode der Übertragung der Rechtsansichten früherer Entscheidungen auf die anstehenden Fälle, da auch dort ein Schluß vom Besonderen vorliege, der es nötig mache, auf die Grundgedanken der älteren Entscheidungen zurückzugehen.

[250]) Palandt, Einl. V, 3, b.

[251]) RGR-Kom., Einl. C (S. 8); Bartholomeyczik, S. 112.

[252]) Klug, S. 101.

[253]) Enneccerus-Nipperdey, S. 131 f.

[254]) Dahm, S. 65 f.

[255]) Sax, insbes. S. 107 ff.

[256]) Sax, Seite 108.

logie schon aus logischen Gründen ausgeschlossen[257]), ebenso in den Fällen, in denen ein gesetzlich niedergelegter Begriff sämtliche Möglichkeiten seiner Variierung auf der gleichen Allgemeinheitsstufe so umfasse, daß logisch gesehen sein kontradiktorisches Gegenteil die einzige Abänderungsmöglichkeit darstelle[258]).

Gemeinsam ist allen diesen Abgrenzungsversuchen, daß sie nur negative Kriterien für die Anwendung des Analogieschlusses zu bieten vermögen. Gustav Rümelin[259]) konnte noch für seine Zeit feststellen, nach herrschender Auffassung werde die Gesetzesauslegung und -ergänzung als eine rein logische Tätigkeit angesehen. Für diese insbesondere von Laband vertretene Auffassung bestand die Rechtswissenschaft darin, die einzelnen Rechtssätze mit den Mitteln der Logik auf allgemeinere Begriffe zurückzuführen und aus diesen Begriffen die sich ergebenden Folgerungen abzuleiten[260]). Heute kann diese Ansicht als erschüttert gelten. Rümelin selbst hat die Bedeutung von Werturteilen für die Rechtsanwendung klar herausgestellt und damit weitestgehend Anerkennung gefunden[261]).

Zur Erreichung positiver Maßstäbe für die Anwendung des juristischen Analogieschlusses sieht sich die Rechtswissenschaft in den metalogischen Bereich verwiesen.

Im Vordergrund der rechtswissenschaftlichen Betrachtung des Analogieproblems steht die von uns bislang ausschließlich berührte Folgerung von der Rechtsgleichheit oder -ähnlichkeit der tatbestandlichen Voraussetzungen auf die Gleichheit der Rechtsfolge. Es wird in der Rechtswissenschaft jedoch auch die Frage aufgeworfen, ob nicht von der Feststellung gewisser Unterschiede in den tatbestandlichen Elementen Folgerungen auf die Unterschiedlichkeit der jeweiligen Rechtsfolgen gezogen werden können. Nach Sauer[262]) kann eine Gleichheit der Rechtsfolge für zwei Tatbestände a und b nur dann angenommen werden, wenn a und b rechtlich gleichwertig sind; falls sich a aber rechtlich als b+1 darstelle, müsse sich notwendigerweise auch eine entsprechende Veränderung der Rechtsfolge m, nämlich m+1 ergeben. Offenbar wird hier versucht, eine Parallele zur mathematischen Proportion zu schaffen. Es ist jedoch bislang nicht gelungen, über diese Andeutungen hinauszukommen und brauchbare Regeln dafür anzugeben, wie sich diese entsprechende Veränderung der Rechtsfolge im einzelnen bestimmen lasse. Es gilt hier in noch stärkerem Maße als bei dem Schluß auf die Gleichheit der Rechtsfolgen, daß die Analogie not-

257) Sax, S. 123, 131.
258) Sax, S. 107.
259) Rümelin, G., S. 29.
529) Rümelin, G., S. 29.
260) Heller, S. 344 ff.
261) Vgl. die eingehenden Literaturhinweise bei Elze, S. 99.
262) Sauer (c), S. 308.

wendigerweise in den metalogischen Bereich hinüberzugreifen gezwungen ist.

## § 17 Der Analogieschluß ohne Verweisungsnorm

Die Behandlung der Analogie in der Rechtswissenschaft ist insbesondere dadurch belastet, daß sie im Schatten der Kontroverse über die Lehre von den „Lücken im Gesetz" steht. Die Auffassungen über den Begriff der Gesetzeslücke sind keineswegs einheitlich. Während die sogenannten „echten Lücken" einerseits auf einen logischen Fehler des Gesetzes zurückgeführt werden[263]), wird von anderer Seite geltend gemacht, daß die Feststellung von Gesetzeslücken ein Werturteil über die positiven Rechtsnormen voraussetze[264]).

Im einzelnen ist die Kontroverse über den Lückenbegriff im vorliegenden Zusammenhang wenig fruchtbar. Sie kann jedenfalls nicht den Ausgangspunkt einer Analyse einzelner Methoden der Rechtsanwendung bilden. Denn was unter einer Lücke zu verstehen ist, bleibt abhängig davon, welche Möglichkeiten der Rechtsanwendung zur Verfügung stehen, um in Anlehnung an das Gesetz zu sachgerechten Entscheidungen zu kommen. Für die Logik läßt sich kein prinzipieller Unterschied machen zwischen den „echten Lücken" und dem sogenannten „rechtsleeren Raum", der jenseits der Grenze liegt, „die sich die Rechtsordnung selbst zieht"[265]). Denn ob nach einem Einzelgesetz oder der Gesamtrechtsordnung für die jeweiligen Fälle eine bestimmte Regelung erwartet werden muß, ist eine Frage des materiellen Verständnisses dieser Ordnung und läßt sich nicht mit den Mitteln der reinen Logik entscheiden. Ob aber, um nunmehr die metalogische Seite des Problems zu berühren, die zunächst einmal höchst subjektive Erwartung einer bestimmten rechtlichen Regelung begründet ist, kann erst aus der Interpretation der in Frage stehenden rechtlichen Ordnung festgestellt werden und nicht bereits den Ansatzpunkt einer solchen Interpretation bilden.

Es würde auch eine sachfremde Einschränkung des Analogieschlusses in der Rechtswissenschaft darstellen, wollte man ihn lediglich als eine Methode der Ausfüllung von Gesetzeslücken verstehen, da nur die sachliche Tragweite des Schlusses darüber entscheiden kann, inwieweit er für die Rechtswissenschaft verwertbar ist, während eine zu lösende Einzelaufgabe keinesfalls die Grenze zu bestimmen vermag, inwieweit eine bestimmte Methode der Rechtsfindung anzuwenden ist.

Die herrschende Auffassung, daß bei dem juristischen Analogieschluß aus der „Gleichheit" oder „Rechtsähnlichkeit" der tatbestandlichen Voraussetzungen auf die Gleichheit der Rechtsfolge geschlossen wird, bedarf einer näheren Prüfung.

---

263) Burckhard, S. 103.
264) Sauer (c), S. 280.
265) Zitelmann, S. 9.

Wenn der Analogieschluß der Logik davon ausgeht, daß aus einer partiellen Übereinstimmung zweier Erscheinungen — wie immer man auch im einzelnen diese Übereinstimmung definieren mag — auf eine weitergehende oder totale Übereinstimmung geschlossen wird, so überzeugt man sich leicht davon, daß die Rechtswissenschaft diese Deutung nicht einfach in dem Sinne übernehmen kann, daß aus der Übereinstimmung in den tatbestandlichen Voraussetzungen die Übereinstimmung in der Rechtsfolge gefolgert werden kann. Denn daß gleichgelagerte Fälle stets die gleiche Rechtsfolge auslösen, beruht bereits auf dem Wesen der Rechtsnorm und hat seinen Niederschlag in dem rechtlichen Grundprinzip gefunden, daß Gleiches gleich zu behandeln ist; nicht etwa braucht diese Einsicht erst im Wege der Analogie erschlossen zu werden. Ist daher eine gesetzliche Norm $(V_1 \& V_2 \& V_3) \rightarrow Rf$ gegeben und steht weiterhin fest, daß ein bestimmter Sachverhalt die Voraussetzungen $(V_1 \& V_2 \& V_3)$ erfüllt, so ist für einen Analogieschluß kein Platz mehr, sondern lediglich der bereits näher dargestellte juristische Subsumtionsschluß zu ziehen.

Voraussetzung für einen juristischen Analogieschluß ist daher, daß zu einer gegebenen Ausgangsimplikation etwa von der bereits angeführten Art $(V_1 \& V_2 \& V_3) \rightarrow Rf$ ein weiterer Fall hinzutritt, der in seiner tatbestandlichen Ausprägung nur partiell mit dem Tatbestandskomplex der Ausgangsimplikation übereinstimmt, indem er beispielsweise die Konjunktion $(V_1 \& V_2 \& V_4)$ ergibt. Der juristische Analogieschluß kann damit niemals von einer partiellen auf eine totale Übereinstimmung gerichtet sein, sondern lediglich von einer bloß partiellen Übereinstimmung in den Tatbestandselementen aus eine partielle oder völlige Übereinstimmung in den Rechtsfolgen erschließen. Schon die Ausgangsposition der juristischen Analogie zeigt Unterschiede zwischen den zugrundegelegten Tatbeständen auf und enthält mithin notwendigerweise eine „negative Instanz".

Es ist damit die Frage aufgeworfen, was sich aus den Vorgegebenheiten $(V_1 \& V_2 \& V_3) \rightarrow Rf$ und $(V_1 \& V_2 \& V_4)$ für eine Implikation $(V_1 \& V_2 \& V_4) \rightarrow Rf$ ergibt. Der durch das Auftreten einer negativen Instanz möglicherweise naheliegende Rekurs auf einen Wahrscheinlichkeitskalkül ist im Rahmen rechtlicher Sollenssätze nicht sinnvoll. Andererseits zeigt die negative Instanz aber auch, daß dem juristischen Analogieschluß noch weniger als dem allgemeinen Analogieschluß der Logik eine zwingende logische Verbindlichkeit zukommen kann.

Für die rechtliche Erwartung einer Übereinstimmung in den Rechtsfolgen kommt es vielmehr entscheidend darauf an, welche Bedeutung den einzelnen Tatbestandselementen für die Auslösung der Rechtsfolge beigemessen werden muß. Hat man eine Implikation $(V_1 \& V_2) \rightarrow Rf$, so lassen sich beliebig viele Implikationen $(V_1 \& V_2 \& V_3 \ldots \& V_n) \rightarrow Rf$ bilden, die alle richtig sind. Um den Wesenskern einer Rechtsnorm herauszuschälen, ist es daher notwendig, alle Konjunktionsglieder, die für die Auslösung der Rechtsfolge nicht wesentlich sind, wegzulassen. Ergibt beispielsweise eine Rechtsnorm die Implikation $(V_1 \& V_2 \& V_3) \rightarrow Rf$ und zeigt eine nähere Betrachtung, daß $V_3$ für die Rechtsfolge ohne Bedeutung ist, so kann die Norm von den in ihr enthaltenen überflüssigen Zufälligkeiten befreit werden, so daß die Implikation bleibt: $(V_1 \& V_2) \rightarrow Rf$. Liegen die Verhältnisse so, dann bleibt auch $(V_1 \& V_2 \& V_4) \rightarrow Rf$ eine stets richtige Implikation, nur handelt es sich dann insoweit nicht mehr um einen Analogieschluß im eigentlichen Sinne, sondern um eine Induktion mit anschließendem Syllogismus, wobei die Gültigkeit der Induktion freilich nicht auf ihrer logischen Schlüssigkeit, sondern einzig und allein auf einem Werturteil über die zugrundeliegenden rechtlichen Zusammenhänge beruht.

Eine andere Situation liegt vor, wenn die Rechtsordnung Implikationen der Art $[V_1 \& V_2 \& (V_3 \vee V_4)] \rightarrow Rf$ zuläßt, wenn also mehrere verschiedene Tatbestände, die jedoch in einzelnen Beziehungen übereinstimmen, die gleiche Rechtsfolge auszulösen vermögen. Hier kann gesetzt werden

$$\text{(I)} \qquad (V_1 \& V_2 \& V_3) \rightarrow Rf$$
$$\text{(II)} \qquad (V_1 \& V_2 \& V_4) \rightarrow Rf$$

$V_1$ und $V_2$ können hier keine hinreichenden Bedingungen für den Eintritt der Rechtsfolge darstellen, da sich aus der Ausgangsimplikation eine entsprechende Beziehung nur dann ergibt, wenn $V_3$ oder $V_4$ zu $V_1$ und $V_2$ hinzutritt. Enthält nun das Gesetz eine Norm, die auf $(V_1 \& V_2 \& V_3) \rightarrow Rf$ zurückzuführen ist, so wäre es denkbar, falls ein Tatbestand $(V_1 \& V_2 \& V_4)$, dessen Rechtsfolge nicht eindeutig klar zutage liegt, zu beurteilen ist, diese festgestellten Gegebenheiten zum Ausgangspunkt einer Folgerung nach Analogie zu machen, indem darauf geschlossen wird, daß auch bei $(V_1 \& V_2 \& V_4)$ die gleiche Rechtsfolge wie im Falle $(V_1 \& V_2 \& V_3)$ eintreten muß. Aber auch hier kann schon mit Rücksicht auf die eindeutig vorliegende negative Instanz nicht von einer logischen Notwendigkeit gesprochen werden.

Schließlich bleiben noch die Fälle zu betrachten, in denen nicht eine einzelne, sondern mehrere Implikationen vorgegeben sind. Aus $(V_1 \& V_2 \& V_3) \rightarrow Rf$, $(V_1 \& V_2 \& V_4) \rightarrow Rf$, $(V_1 \& V_2 \& V_5) \rightarrow Rf$, . . . $(V_1 \& V_2 \& V_n) \rightarrow Rf$ könnte einmal gefolgert werden, daß ganz generell die Implikation $(V_1 \& V_2) \rightarrow Rf$ gilt, zum anderen könnte sich aber auch ergeben, daß zwar nicht $(V_1 \& V_2) \rightarrow Rf$ zutrifft, wohl aber die Erwartung, daß auch bei $(V_1 \& V_2 \& V_{n+1})$ die gleiche Rechtsfolge eintritt, berechtigt ist.

Die relative Häufigkeit derartiger Implikationsbeziehungen ist jedoch für die innere Berechtigung einer entsprechenden induktiven Folgerung ohne wesentliche Bedeutung. Ob $(V_1 \& V_2) \rightarrow Rf$ oder lediglich $(V_1 \& V_2 \& V_{n+1}) \rightarrow Rf$ oder keines von beiden angenommen werden darf, ist wiederum eine Frage rechtlicher Werturteile, die mit den Mitteln der Logik nicht zu beantworten ist.

Vor einer wesentlich veränderten Situation steht man, wenn die Folgerung nicht mehr auf eine völlige Übereinstimmung in den Rechtsfolgen gehen soll, sondern für letztere gewisse Modifikationen herauszuarbeiten sind. Die Implikation $(V_1 \& V_2) \rightarrow (R_1 \& R_2)$ könnte für $(V_1 \& V_3)$ die Entwicklung einer Implikation $(V_1 \& V_3) \rightarrow (R_1 \& R_3)$ nahelegen. Bei einer solchen Umgestaltung der Rechtsfolge läßt uns die Logik jedoch vollends im Stich. Der Umformung von Rechtsfolgen aus den Veränderungen der Tatbestände kann auch nicht durch den Hinweis auf den „Parallelfall" der mathematischen Proportion das Gepräge einer logischen Operation gegeben werden, die allenfalls dort anzunehmen ist, wo es sich um Substitutionen einfacher Art handelt. Ein Mißverständnis der herkömmlichen Deutung der Analogie in der Rechtswissenschaft beruht darauf, daß gemeinhin angenommen wird, ein gesetzlich *nicht geregelter* Tatbestand werde mit einem gesetzlich *geregelten* Tatbestand verglichen, so daß stets der gesetzliche Tatbestand in toto als Vergleichspunkt genommen werden müßte. Dabei wird übersehen, daß sowohl Analogieschlüsse denkbar sind, die innerhalb eines gesetzlichen Tatbestandes bleiben, als auch solche Analogieschlüsse, die nicht auf einen Vergleich eines gesetzlichen Tatbestandes und eines gesetzlich nicht geregelten Tatbestandes, sondern auf den Vergleich zweier gesetzlicher Tatbestände gegründet sind. Man kann geradezu unterscheiden zwischen *normschaffenden*, *normvergleichenden* und *innertatbestandlichen* Analogieschlüssen. Durch die einseitige Bindung des Analogieschlusses an den Problemkreis der „Lücken im Gesetz" sind die beiden letztgenannten Unterarten in der Rechtswissenschaft nur recht stiefmütterlich behandelt worden.

Die Bedeutung des *normschaffenden* Analogieschlusses, der im Mittelpunkt der rechtswissenschaftlichen Betrachtung steht, läßt sich am einprägsamsten in der Vergleichung zweier Rechtsinstitute zeigen: Im Rahmen des Rechts der unerlaubten Handlung regeln die §§ 844, 845 BGB die Ersatzansprüche Dritter. Nach herrschender Auffassung finden diese Vorschriften auch im Rahmen der Geschäftsführung ohne Auftrag analog Anwendung. Für die Geschäftsführung ohne Auftrag fehlen unmittelbare Vorschriften über die Ersatzansprüche Dritter. Deliktsrecht und Recht der Geschäftsführung ohne Auftrag weisen aber in verschiedenen Bestimmungsrichtungen Gemeinsamkeiten auf, die es berechtigt erscheinen lassen, für die Ersatzansprüche Dritter in beiden Bereichen gleiche Rechtsfolgen anzunehmen.

Schon an dem angeführten Beispiel wird deutlich, daß es darum geht, geradezu eine neue Norm zu schaffen, weil das Gesetz eine ausdrückliche Normierung für das jeweilige Rechtsinstitut nicht enthält. Man erkennt aber auch weiterhin, daß nicht die analog herangezogene Einzelnorm, sondern der rechtliche Gesamtzusammenhang dafür mitbestimmend sein muß, ob ein Analogieschluß berechtigt ist oder nicht. Dies gilt nicht nur für die metalogische Seite des Problems, sondern auch für die Logik, da, wie bereits im einzelnen dargelegt worden ist, jeder gesetzliche Zusammenhang als ein System logischer Beziehungen gedeutet werden kann, das es verbietet, die Einzelnorm losgelöst von diesen Relationen aus sich heraus daraufhin zu prüfen, ob sie die Basis für einen Analogieschluß abzugeben vermag. Sieht man im Rahmen der zur Vergleichung stehenden Rechtsinstitute weiterhin die gleichen strukturellen Zusammenhänge, so wird man diese auch entgegen einer fehlerhaften Gesetzesfassung selbst dort erwarten, wo das Gesetz schweigt. Man wird geneigt sein, hier eher ein redaktionelles oder sonstiges Versehen des Gesetzgebers anzunehmen, als zu folgern, aus dem Schweigen des Gesetzes ergebe sich die Notwendigkeit zu einer von dem Parallelinstitut abweichenden Regelung.

Kommt hier der Strukturgedanke ziemlich klar zum Ausdruck, so muß man jedoch gleichzeitig die Grenze der auf ihn gestützten Folgerung erkennen. Einmal vermag die Folgerung auf weitergehende Strukturgleichheit nichts über die jeweilige materielle Ausgestaltung der Norm auszusagen, zum anderen kann die Rechtsaxiologie zu sachlich gebotenen materiellen und zugleich auch strukturellen Abweichungen im Rahmen der im übrigen durchaus verwandten Rechtsinstitute zwingen und damit jeder weiteren logischen Argumentation den Boden entziehen.

Der normvergleichende Analogieschluß ist insbesondere dann denkbar, wenn im Rahmen eines bestimmten Rechtsinstituts eine Norm in ihrer näheren Ausgestaltung unklar ist und zu Zweifeln Anlaß gibt. Zeigt die analoge Norm eines verwandten Rechtsinstituts eine klarere Ausprägung, so kann diese Klarheit auch für die entsprechende Parallelnorm ausgewertet werden, wobei es jedoch einer eingehenden Prüfung bedarf, in welchem Umfang die Besonderheiten des jeweiligen Rechtsinstituts eine Ausgestaltung der Norm gemäß dem gerade ihr eigentümlichen gesetzlichen Zusammenhang notwendig machen.

Auch hier erweist sich wiederum, wie eng die Grenzen sind, die der Logik im Rahmen des juristischen Analogieschlusses gesetzt werden. Die Folgerungen, auf welche der juristische Analogieschluß hinzielt, sind ja nicht solche rein formaler, sondern vielmehr solche materiell-inhaltlicher Art, da bei der Gesetzesanwendung weniger interessiert, welche logische Struktur einer Rechtsnorm zukommt, als vielmehr, welcher Sinn ihr beizumessen ist und welche Sachverhalte ihr danach unterworfen sind. Je stärker aber solche Fragen der inneren Ausgestaltung in den Vordergrund treten, um so mehr muß die Argumentation mit den Mitteln der Logik der axiologisch-teleologischen Betrachtungsweise weichen.

Der innertatbestandliche Analogieschluß schließlich beruht darauf, daß die Subsumtion der ein und derselben Gesetzesnorm unterfallenden Sachverhalte unter diese Norm von unterschiedlicher Schwierigkeit ist. Einerseits gibt es Sachverhalte, die praktisch keinen Zweifel darüber aufkommen lassen, daß sie in den Rahmen des gesetzlichen Tatbestandes fallen, andererseits können Grenzfälle auftreten, bei denen es außerordentlich zweifelhaft ist, ob sie noch von der Norm umfaßt werden oder nicht. Hat man eine Norm $Tb \rightarrow Rf$ und einen zweifelsfrei dem Tatbestand unterfallenden Sachverhalt $(V_1 \& V_2 \& V_3)$, wobei die etwa noch denkbaren weiteren Beschaffenheiten von Tb noch unklar sind, so läßt sich die Implikation bilden $(V_1 \& V_2 \& V_3) \rightarrow Rf$. Erweist sich nun ein weiterer Sachverhalt in seiner Kalkülisierung als $(V_1 \& V_2 \& V_4)$, dann kann es durchaus sinnvoll sein, in Anlehnung an die Implikation $(V_1 \& V_2 \& V_3) \rightarrow Rf$ per analogiam zu folgern, daß auch die Implikation $(V_1 \& V_2 \& V_4) \rightarrow Rf$ gültig sein muß, womit gleichzeitig $(V_1 \& V_2 \& V_4)$ zu einem Unterfall von Tb erklärt wird.

Die Notwendigkeit, die Ausgangsimplikation einer analogen Folgerung stets im Rahmen ihres rechtlichen Zusammenhangs zu sehen, gilt auch für die normvergleichende und innertatbestandliche Analogie. Überhaupt darf man die hier vorgenommene Unterscheidung von normschaffender, normvergleichender und innertatbestandlicher Analogie nicht überbetonen, da es mitunter lediglich von Zufälligkeiten bei der Gesetzgebung und von Zweckmäßigkeitserwägungen im Rahmen der Gesetzgebungstechnik abhängt, ob ein gesetzlicher Tatbestand alle ihn materiell ausfüllenden Einzelfälle schon nach dem etwa im Sinne der Umgangssprache verstandenen Wortlaut umfaßt oder ob dieser Wortlaut per analogiam erweitert oder aber durch eine analoge Parallelnorm ergänzt werden muß. Jedenfalls kann der Analogieschluß nicht auf die Folgerung aus den Gegebenheiten und Zusammenhängen einer bestehenden Rechtsnorm auf die Notwendigkeit einer anderen Rechtsnorm für ein unvollständig geregeltes Parallelinstitut beschränkt werden, er kann sich vielmehr auch innerhalb ein und desselben Rechtsinstituts und einer einzelnen Rechtsnorm auswirken.

Die bisherige Betrachtung hat sich lediglich auf diejenigen Fälle beschränkt, in denen zwischen Tatbestand und Rechtsfolge die Beziehung der extensiven Implikation ($\rightarrow$) besteht. Geht man jedoch von der Replikation aus, so daß $Tb \Rightarrow Rf$ gilt, dann liegen die Verhältnisse völlig anders. Mit der Gewißheit darüber, daß aus einer Rechtsnorm die Formel abzuleiten ist

$$(V_1 \& V_2 \& V_3) \Rightarrow Rf$$

ist gleichzeitig gewiß, daß in allen Fällen, in denen auch nur eines der berücksichtigten Tatbestandselemente fehlt, die Rechtsfolge nicht einzutreten vermag. Es hat hier auch keinen Sinn, etwa aus der „Rechtsähnlichkeit“ von ($V_1$ & $V_2$ & $V_3$) einerseits und ($V_1$ & $V_2$ & $V_4$) andererseits zu folgern, auch für die letztere Konjunktion könne sich die gleiche Rechtsfolge wie im erstgenannten Falle ergeben. Denn würde man hier diese Rechtsfolge zulassen, so wäre damit bestätigt, daß die Replikation ($V_1$ & $V_2$ & $V_3$) $\Rightarrow$ Rf nicht richtig gebildet worden ist und keine zutreffende Wiedergabe der bestehenden logischen Verhältnisse darstellt. Wo also eine Replikationsbeziehung zwischen Tatbestand und Rechtsfolge besteht, ist ein Analogieschluß aus logischen Gründen ausgeschlossen[266]). Gleiches gilt für die Äquivalenz, da in ihr stets eine Replikation enthalten ist.

Bei einer Vergleichung der Implikations- und Replikationsbeziehungen zwischen Tatbestand und Rechtsfolge zeigt sich auch, daß die von Sax entwickelte These, die Analogie habe aus logischen Gründen dort auszuscheiden, wo ein gesetzlich niedergelegter Begriff sämtliche Möglichkeiten seiner Variierung auf der gleichen Allgemeinheitsstufe so umfasse, daß logisch gesehen sein kontradiktorisches Gegenteil die einzige Abänderungsmöglichkeit darstelle[267]), in dieser Allgemeinheit nicht haltbar ist. Für die extensive Implikation läßt sich über den logischen Ausschluß der Rechtsfolge im Falle der Negation eines Tatbestandsbegriffs nichts ausmachen, bei der Replikation bedarf es wiederum nicht erst eines kontradiktorischen Gegenteils zu einem Tatbestandsbegriff, sondern nur einer beliebig anderen Abweichung, um die Rechtsfolge zwingend entfallen zu lassen.

Auch der von Sax betonte Ausschluß der Analogie bei Begriffen verschiedener Dimensionen[268]) ist zumindest insoweit kein Ausschluß aus l o g i s c h e n Gründen, als die Unterscheidung zwischen diesen Begriffsdimensionen nicht von der reinen Logik her getroffen werden kann.

Auf der logischen Grundbeziehung der Replikation beruht auch der richtige Kern der im übrigen unzutreffenden Auffassung, daß „singuläre“ Rechtsvorschriften einer analogen Anwendung nicht fähig seien[269]), wobei als singulär diejenige Norm verstanden wird, die eine allgemeine Vorschrift durchbricht. Erweist sich bei näherer Analyse, daß eine Ausnahmeregelung wirklich nur dann eingreifen kann, wenn der eigentliche Tatbestand der Ausnahmennorm vorliegt, so besteht im Rahmen dieser Norm zwischen Tatbestand und Rechtsfolge eine Replikationsbeziehung. Ob dies aber der Fall ist, läßt sich nicht danach entscheiden, daß überhaupt eine allgemeine Norm durchbrochen wird. Wenn man grundsätzlich die Möglichkeit bejaht, den Sinn eines Gesetzes notfalls auch entgegen einem als mangelhaft empfundenen Ge-

---

266) Vgl. hierzu im einzelnen unten § 25.
267) Vgl. oben Seite 81.
268) Vgl. oben Seite 80.
269) Vgl. oben Seite 80.

setzeswortlaut, der zunächst etwa im Sinne der Umgangssprache gedeutet worden ist, durchzusetzen, so muß dies auch für „singuläre" Rechtsnormen gelten[270]. Darüber hinaus hat Klug überzeugend nachgewiesen, daß die Unterscheidung von regelwidrigem (singulärem) und regelmäßigem Recht einerseits und von allgemeinem und Sonderrecht andererseits nicht aufrechterhalten werden kann, da es sich in beiden Fällen logisch gesehen um das Verhältnis von Klasse und Teilklasse handelt[271], so daß ein brauchbarer Maßstab, nach welchem entschieden werden könnte, daß eine von einer generellen Regelung abweichende Norm eine „regelwidrige" oder eine „Sondervorschrift" darstellt, nicht vorhanden ist.

Replikationsnormen der Art $Tb \Rightarrow Rf$ können jedoch Ausgangspunkt für die Entwicklung von Parallelnormen sein, bei denen aus bestimmten Abweichungen im Tatbestand auf entsprechende Veränderungen der Rechtsfolge „geschlossen" wird, indem etwa aus $Tb \Rightarrow Rf$ und $Tb'$ gefolgert wird, daß es eine Replikation $Tb' \Rightarrow Rf'$ geben muß. Hier gilt aber auch in vollem Umfange das, was über die Grenze der Logik in dem entsprechenden Fall der extensiven Implikationsbeziehung gesagt worden ist: Die Argumentation gehört nicht mehr der Logik an.

## II. Die juristische Analogie als axiologische Rechtsfindung

### 1. Axiologie und Rechtsanwendung

#### § 18 Zur Axiologie der Rechtsnorm.

Einer Analyse der Rechtsnorm von der reinen Logik her muß das spezifisch Rechtliche der Norm verschlossen bleiben, da dieses nicht von der formalen Struktur, sondern nur von dem sozialen Sinn der Normierung von Lebensvorgängen her verstanden werden kann. Einen Lebensvorgang normieren, bedeutet, ihn in einer bestimmten Weise zu bewerten[272] und ihn bestimmten Rechtsfolgen zu unterwerfen[273]. Jede Normierung ist damit axiologisch bestimmt. Gegenstand einer Norm kann nur sein, was wert und würdig ist, in die Rechtsordnung aufgenommen zu werden.

Die Wertungen, die einer Rechtsnorm zugrundeliegen und in ihr einen Ausdruck finden, sind außerordentlich komplex. So wird etwa in § 12 BGB bestimmt:

> „Wird das Recht zum Gebrauch eines Namens dem Berechtigten von einem anderen bestritten oder wird das Interesse des Berech-

---

[270] So auch gegen die teilweise abweichende Rechtsprechung des Bundesgerichtshofs Reinicke (c), S. 1153.

[271] Klug, S. 102.

[272] Coing (a), S. 132; (b), S. 255; Schreier, S. 25; Brütt, S. 56 ff.; Riezler (a), S. 44, 83 ff.

[273] Heck (b), S. 87 bestimmt daher das Gesetz als ein „Gefüge von Geboten, kausalen Werturteilen und Wertideen".

tigten dadurch verletzt, daß ein anderer unbefugt den gleichen Namen gebraucht, so kann der Berechtigte von dem anderen Beseitigung der Beeinträchtigung verlangen."

Es mag naheliegen, den somit umschriebenen Tatbestand rein natürlich zu betrachten und das der Norm zugrundeliegende Werturteil darin zu erblicken, daß es als „gerecht", „richtig" oder „sozial sinnvoll" gilt, daß jemand, dessen Name in der durch die Norm bezeichneten Weise mißbraucht wird, die Befugnis erhält, die Beseitigung der Beeinträchtigung zu verlangen.

Die rechtlichen Werturteile wären demnach Bewertungen des gesetzlichen Tatbestandes nach dem Maßstab der „Gerechtigkeit" und hätten die Beziehung zwischen gesetzlichem Tatbestand und der Rechtsfolge zum Ausgangspunkt. So zutreffend es ist, daß alle rechtlichen Werturteile letzlich auf den höchsten Rechtswert der Gerechtigkeit ausgerichtet sind — ohne jedoch allesamt unmittelbar Urteile nach der Idee der Gerechtigkeit zu sein —, so unzutreffend wäre es jedoch, die Bewertung lediglich oder primär in der Relation von abstraktem Tatbestand und abstrakter Rechtsfolge zu suchen. Nicht das ist entscheidend, daß eine Rechtsfolge für den zugrundegelegten abstrakten Tatbestand billigenswert ist, sondern daß ihre Verknüpfung mit konkreten Lebenssachverhalten als gerecht gelten kann. So gesehen ist der gesetzliche Tatbestand nicht der Ausgangspunkt, sondern bereits das Ergebnis rechtlicher Wertungen, und es zeigt sich schon hier, daß es schlechterdings unmöglich ist, eine reine Begriffsjurisprudenz zu betreiben.

Dadurch, daß ein Tatbestand in den Bereich der Normierung aufgenommen wird, wird zunächst einmal schon insoweit ein Werturteil vollzogen, als die Entscheidung getroffen wird, daß gerade die Elemente dieses Tatbestandes für würdig befunden werden, aus der Fülle der gegebenen Wirklichkeit herausgenommen und zu dem Bereich der für die Rechtsordnung bedeutsamen Lebenselemente gezählt zu werden[274]). Man muß sogar noch einen Schritt weiter gehen und den Ansatzpunkt erster rechtlicher Werturteile bereits dort suchen, wo zunächst noch ohne jede nähere Gestaltung nach Einzeltatbeständen und -rechtsfolgen bestimmte Lebenselemente als rechtlich beachtenswert erkannt werden. Damit wird bereits von ihrem Ansatzpunkt her die juristische Begriffsbildung axiologisch[275]).

Es ist sinnlos, die Begriffe eines Rechtssystems aus bestimmten Grundbegriffen deduzieren zu wollen. Die Rechtsbegriffe sind vielmehr,

---

274) Becker, W., (b), S. 396 spricht daher zutreffend vom Tatbestand als einer „normativen Formierung eines pränormativen Sachverhalts".

275) Schwinge (b), S. 5ff. u. 21 (dort auch weitere Literaturhinweise); Rümelin, G., S. 32; Binder (a), S. 899; Heck, (b), insbes. S. 65; Huber, S. 381, 384; Dahm, S. 75; Riezler (a), S. 168.

wie insbesondere die teleologische Methode[276]) nachgewiesen hat, Zweckschöpfungen, welche den Aufbau abstrakter Tatbestände und Rechtsfolgen ermöglichen sollen. Sie sind aber zugleich auch mehr als reine Zweckschöpfungen, weil sie den Ausdruck rechtlicher Werturteile darstellen, die sich nicht in eine reine Zweck-Mittel-Beziehung auflösen lassen. Was sich hier bereits im Ansatzpunkt zeigt, wird uns durch die gesamte weitere Betrachtung verfolgen. Die Rechtsteleologie stellt zwar einen wichtigen Bestandteil der Rechtswissenschaft dar, vermag aber nicht den Gesamtbereich der Metalogik des Rechts auszufüllen, sondern findet ihre Bestimmung in dem übergeordneten Rahmen der Rechtsaxiologie, die sich nicht in ein System rein zweckrationaler Erwägungen einspannen läßt.

Der entscheidende Schritt von den rechtserheblichen Tatsachen zur Rechtsnorm vollzieht sich in einem weiteren Werturteil, durch das die einzelnen Elemente zu gesetzlichen Tatbeständen zusammengefaßt und nach Rechtsfolgen geordnet werden. Die Ausdrucksweise ist jedoch noch ungenau. Es handelt sich nämlich nicht um e i n Werturteil, sondern um ein Gefüge zusammenhängender Werturteile, die erst in ihrer Gesamtheit[277]) die Herausbildung eines wohlgeordneten Rechtssystems ermöglichen[278]). Nur diese axiologische Natur der rechtlichen Normierung gestattet es, das Recht als Einheit und Ordnung zu verstehen nach den Gesetzen der moralischen Wertbeziehungen, da mit den Mitteln der formalen Logik allein eine solche Einheit nicht zu erreichen ist[279]).

Auch von der Einzelnorm her zeigt sich eine Mehrheit von Wertungen: Es ist nicht nur vom Tatbestand aus zu entscheiden, welche Elemente zusammentreffen müssen, um eine einheitliche Rechtsfolge auszulösen, sondern diese Rechtsfolge selbst bedarf auch noch der näheren Ausgestaltung, die sich wiederum erst in einer Summe einzelner Werturteile vollziehen läßt. So ist etwa nicht nur zu entscheiden, welches Gesamtziel mit der Rechtsfolge erstrebt werden soll, sondern auch, auf welchem Wege und mit welchen Mitteln dies zu erreichen ist. Auch letzeteres ist wiederum keine Frage der reinen Teleologie, da nicht nur

---

276) Ausführliche Literaturhinweise hierzu bei Forsthoff (b), S. 134 ff.

277) Demgegenüber sieht Ehrlichs Kritik an der Werturteilslehre (Ehrlich, S. 163) zu Unrecht nur das zusammenhanglose Einzelwerturteil.

278) Heck (b), S. 138; Beling, S. 4 f. Es handelt sich hierbei nicht nur, wie Larenz, S. 32 zutreffend betont, um einen formalen Begründungszusammenhang i. S. der Kelsenschen Lehre der Ursprungsnorm, sondern um den inhaltlich-funktionalen Sinn-Zusammenhang, der gleichzeitig von wesentlicher Bedeutung für das Problem der Rechtsgeltung ist (Larenz, S. 33 ff.). Doch läßt sich mit dem Postulat innerer Widerspruchsfreiheit nur eine relative, äußere Grenze der Rechtsgeltung bestimmen.

279) Coing (d), S. 485. Daß das rechtliche Gesamtgefüge kein geschlossenes, einheitliches S y s t e m im l o g i s c h e n Sinne darstellen kann, wird namentlich auch von Viehweg, S. 59 nachdrücklich betont.

über die Geeignetheit, vielmehr auch über die Angemessenheit dieser Mittel zu entscheiden ist.

Gerade in dieser Überlegung wird deutlich, daß keine Normierung wertungsfrei sein kann. Auch der Hinweis Riezlers[280]), die Rechtsgestaltung erscheine keineswegs immer als das Ergebnis objektiver und gerecht abwägender Wertungen, sie könne vielmehr auch das Ergebnis einer überragenden Machtposition sein, läßt nur deutlich werden, daß eine Normierung von Fehlbewertungen ausgehen kann, ändert aber nichts an der Tatsache, daß auch ein auf reine Machtverhältnisse gegründetes Gesetz der Ausdruck bestimmter Wertungen bleibt. Selbst solche Rechtsgebiete, die sich scheinbar als eine Domäne für reine Zweck- und Nützlichkeitsentscheidungen[281]) erweisen, wie etwa bestimmte Regelungen des Straßenverkehrs- oder des prozessualen Verfahrensrechts bleiben nicht nur vom Ziel der Normierung, sondern auch von der Wahl der Mittel her durchaus axiologisch bestimmt. Ohne die Ausrichtung auf die primären Wertentscheidungen läßt sich kein begründetes Urteil über die Zweckmäßigkeit und den Nutzen der möglichen Mittel zur Verwirklichung des Normzieles gewinnen.

Auch die sogenannten „Generalklauseln“, die nach Bartholomeyczik[282]) dadurch charakterisiert sind, daß sie noch keine konkreten Werturteile enthalten, sind keine unvollkommenen Gesetze in dem Sinne, daß sie die Werturteile überhaupt offen lassen. Ihre Besonderheit liegt für den hier interessierenden Sachzusammenhang lediglich darin, daß bei ihnen der methodische Weg zur Auffindung der Werturteile ein anderer ist als bei den sonstigen Normen, weil die Generalklauseln keine unmittelbare Explikation der zugrundeliegenden Werturteile darstellen, vielmehr auf andere Bewertungsmaßstäbe verweisen wie etwa auf die Anschauung „aller billig und gerecht Denkenden“. Sie selbst aber sind ebenso das Ergebnis normativer Bewertungen wie die übrigen Normen und behalten darum ihre normative Dignität. Ob im übrigen die Kritik an der „Flucht in die Generalklauseln“ berechtigt ist[283]), kann in diesem Zusammenhang offen bleiben.

Im Rahmen der vorliegenden Untersuchung kann nicht der Versuch gemacht werden, eine allgemeine Axiologie der Rechtsnorm zu entwickeln, es muß genügen, festzustellen, daß die Rechtsnorm sowohl in ihrer tatbestandlichen Seite als auch in der Rechtsfolge auf einer Vielzahl rechtlicher Werturteile beruht, die für das Verständnis dieser Norm von grundlegender Bedeutung sind.

Auf eine interessante Analogie zur Logik sei jedoch noch hingewiesen. Wie es nicht sinnvoll ist, im Rahmen der Logik der Rechtsnorm

---

[280]) Riezler (a), S. 172.

[281]) Nach Coing (b), S. 229 soll den Nützlichkeitserwägungen die Bedeutung einer „materiellen Rechtsquelle“ zukommen.

[282]) Bartholomeyczik, S. 69.

[283]) Vgl. insbes. Hedemann, S. 66 ff.

zwischen Tatbestand und Rechtsfolge unter dem Gesichtspunkt ihrer logischen Verknüpfung einen Wesensunterschied zu machen, weil beide im Verhältnis zum anderen Ausgangspunkt von Implikationsbeziehungen sein können, so läßt sich auch zwischen den Tatbestands- und Rechtsfolgebegriffen kein Wesensunterschied feststellen. Beide sind axiologisch-teleologisch bestimmt. Wie die Tatbestandsbegriffe auf einer wertenden Auswahl aller nur denkbaren konkreten Lebenselemente beruhen und damit einer von Wert- und Zweckgesichtspunkten getragenen elektiven Tatbestandsbestimmung dienen, kann man auch von einer axiologisch-teleologischen elektiven Rechtsfolgebestimmung sprechen. Daß den Tatbestands- und den Rechtsfolgebegriffen als Ausdruck rechtlicher Wertungen die gleiche rechtliche Dignität zukommt, ergibt sich schon aus dem Umstand, daß Rechtsfolgen und Rechtsfolgebegriffe einzelner Normen wiederum Tatbestandselemente weiterer Normen darstellen können, wie sich etwa bei der Vergleichung der §§ 123 und 142 BGB zeigt. Die erstgenannten Normen haben alsdann in der Regel Tatbestandswirkung gegenüber den letzteren.

Die Einteilung der Rechtsbegriffe in Tatbestands- und Rechtsfolgebegriffe ist daher für den hier interessierenden Zusammenhang der axiologischen Begriffsbestimmung ohne Bedeutung. Alle Rechtsfolgebegriffe, die in einer Rechtsfolge auftreten, können im Tatbestand irgendeiner anderen Norm wiederkehren. Weiterhin sind alle im Tatbestand irgendeiner Rechtsnorm auftretenden Begriffe normativ in dem Sinne, daß sie ihre rechtliche Bedeutung erst von der Rechtsfolge und dem Rechtssystem her erfahren, für die sie entwickelt worden sind. Jeder Rechtsbegriff — mag zu seiner Bezeichnung nun ein Wort aus dem außerjuristischen Bereich entlehnt oder ein besonderes Fachwort geprägt worden sein — erhält damit seinen spezifisch rechtlichen Gehalt[284]) erst aus dem Gesamtrechtssystem, ob er nun im Tatbestand oder in der Rechtsfolge einer Norm auftritt. Er partizipiert damit an der Summe aller rechtlichen Werturteile, die dem Normsystem zugrundeliegen.

Nach dem Gesagten kann festgehalten werden, daß die axiologisch-elektive Normbestimmung ihren Ausgang nimmt von konkreten Lebenssachverhalten und aus ihnen die Elemente herausschält, denen die Dignität rechtlicher Normierungsfähigkeit und -bedürftigkeit zukommt. Dieser unmittelbare Bezug auf die Lebensverhältnisse läßt ein empirisches Element in der Rechtssetzung deutlich werden, zeigt aber zugleich, daß durch die Notwendigkeit wertender Stellungnahmen der Bereich der Empirie überschritten wird.

Den auf die gezeigte Weise entwickelten Normen ist es wesensgemäß, mit dem Anspruch auf Geltung aufzutreten. Diese Geltung aber

---

[284]) Brusiin (b), S. 65.

bedeutet unabhängig davon, ob sie auf den Willen des Gesetzgebers, die innere Verbindlichkeit einer Norm oder aber auf die Übereinstimmung der Norm mit dem Grundwert der Gerechtigkeit gegründet wird, daß die gesetzte Rechtsfolge für alle gegenwärtigen und zukünftigen Lebenssachverhalte maßgebend ist, die in den Bereich des Tatbestandes fallen. Insoweit kann nicht nur von einem Geltungsbereich der Rechtsfolge, sondern ebenso von einem Geltungsbereich des Tatbestandes gesprochen werden. Die Norm nimmt ihren Ausgangspunkt vom Lebenssachverhalt und zielt wieder auf ihn zurück. Sie ist daher in zweifacher Hinsicht rechtlich gewertete Wirklichkeit: Sie ist das Ergebnis von Wertungen und zugleich das Richtmaß für zukünftige Bewertungen. Sie antizipiert[285]) somit in einem gedanklichen Vorgriff[286]) die rechtlich bedeutsamen Werturteile derjenigen, denen die Rechtspflege anvertraut ist, und schränkt deren Freiheit in der Beurteilung der ihrer rechtlichen Entscheidung unterworfenen Lebenssachverhalte ein, und zwar nicht nur in dem Sinne, daß es innerhalb einer Rechts-ordnung nicht gestattet sein darf, die rechtlichen Entscheidungen nach Willkür vorzunehmen, sondern auch in dem weiteren Sinne, daß Wertungen bereits inhaltlich vorweggenommen werden, die insoweit nicht nochmals von Grund auf neu gesetzt, vielmehr als Gegebenheiten hingenommen werden müssen und nur noch erforscht und in inhaltlicher Übereinstimmung für den zu entscheidenden Fall nachvollzogen werden dürfen.

Aufgabe der Gesetzgebungstechnik ist es, die Erkenntnis der gesetzlich niedergelegten Werturteile zu erleichtern und den exakten Geltungsbereich dieser Werturteile deutlich werden zu lassen. Insoweit sind die Normen wiederum teleologische Gebilde, deren Aufgabe es ist, die Nachvollziehung der gesetzlichen Werturteile zu ermöglichen und damit sicherzustellen, daß das Recht in einer jeweils vorausbestimmbaren und dem Grundsatz gleicher Behandlung hinreichend genügenden Weise angewandt wird. Auch hier führt also die Rechtsteleologie zurück auf die Rechtsaxiologie.

Die Möglichkeiten der Gesetzgebungstechnik sind allerdings, wie die tägliche Erfahrung der Rechtspflege zeigt, begrenzt. Schreier [287]) hat die Auffassung vertreten, jedes Werturteil, das ja als Erkenntnisakt kognitive Elemente in sich birgt[288]), könne wiedergegeben werden durch ein kognitives Urteil und damit auf eine Ebene

---

[285]) Vgl. hierzu Sax, S. 146. Auf dem Charakter der Rechtsnorm als einer antizipierten Fallentscheidung beruht auch der häufig beobachtete Umstand, daß der Gesetzgeber neben Akten des Wertens auch solche des Wollens vollzieht; vgl. zu letzterem Schreier, S. 25; Riezler (a), S. 84.

[286]) So wörtlich Husserl, S. 55.

[287]) Schreier, S. 11 ff., 25.

[288]) Hamann, S. 971.

übersetzt werden, bei der es auf Wertungen nicht mehr ankomme. Aber selbst wenn man in konsequenter Anlehnung an diese Auffassung das Gesetz als ein System rein kognitiver Urteile versteht[289]), wird man nicht erwarten dürfen, die Rechtsanwendung ausschließlich auf dieser Ebene vollziehen zu können; man kann jedenfalls, wie sich im folgenden zeigen wird, für die Rechtsanwendung nicht auf den Rückgriff auf die durch das Gesetz vorgegebene Wertebene verzichten.

## § 19 Die Rechtsanwendung als axiologisches Problem

Es ist bereits gezeigt worden, daß eine wesentliche Aufgabe der Rechtsanwendung darin besteht, eine Subsumtionsbeziehung herzustellen zwischen dem zur Entscheidung stehenden Lebenssachverhalt und den Begriffen derjenigen Rechtsnorm, in deren Geltungsbereich der Sachverhalt fällt. Sofern es dabei überhaupt darum geht, durch geistige Erfassung der Erkenntnisobjekte im Wege des Vergleichs und der Einsicht in Beziehungszusammenhänge die gegebenen Objekte zunächst einmal überhaupt begrifflich zu erfassen und so zu einzelnen Abstraktionsstufen vorzudringen, die im Rahmen des entwickelten Begriffssystems die Feststellung von Subsumtionsbeziehungen ermöglichen, soll uns dieser Erkenntnisvorgang hier nicht beschäftigen. Einer näheren Betrachtung bedürfen jedoch die spezifisch juristischen Wertungsakte, die im Rahmen einer juristischen Subsumtion vollzogen werden müssen.

In jedem juristischen Subsumtionsakt liegt zunächst einmal schon insoweit ein Werturteil, als das Gesetz in der überlieferten Form für wert befunden wird, angewandt zu werden. Die Rechtsanwendung ist auch in diesem ersten Schritt keineswegs ein rein faktischer Vorgang, der sich etwa nur durch die staatliche Zwangsdrohung realisiert. Die Norm kann nicht alle für die Rechtsanwendung notwendigen Werturteile in vollem Umfang antizipieren, so daß alles Weitere eine sich ohne wertende Stellungnahme vollziehende tatsächliche Konsequenz gesetzlicher Positivität wäre. Jedes Recht realisiert sich letztlich aus der Wertschätzung seines Inhalts unter den Rechtsgenossen[290]) und nicht aus dem es begleitenden äußeren Zwang. Das folgt nicht nur aus der durch die Rechtserfahrung bestätigten Tatsache, daß ein staat-

[289]) Ähnlich Kretschmar, S. 41, der betont, indem der Gesetzgeber seine Disposition in die Form eines hypothetischen Urteils kleide, lasse er sie zugleich von der Zweckerwägung in gewissem Sinne los.

[290]) Zu weitgehend und zumindest mißverständlich erscheint mir allerdings die Feststellung Maihofers, S. 113, Sein und Sinn eines rechtlich relevaten Verhaltens bestimme sich immer nach dem „Sozialstandpunkt des Anderen“.

licher Zwang auf die Dauer keine den Rechtsüberzeugungen der Rechtssubjekte widersprechende Satzung aufrecht zu erhalten vermag, sondern auch aus der Natur des Rechts selbst, sofern man ernsthaft einen Wesensunterschied zur reinen Willkür annehmen will.

Ihre entscheidendste Ausprägung hat diese Auffassung in der Lehre vom Widerstandsrecht erfahren, dessen Grundlagen nicht erfaßt werden können, ohne daß die Beziehung zu der Unterworfenheit staatlicher Hoheitsakte unter die Wertungsmaßstäbe letzter Gewissensentscheidungen gesehen wird.

Steht somit — allerdings nur als Grenzfall — die Wertungsbedürftigkeit der Gesamtrechtsanwendung infrage, so vollziehen sich in einem engeren Sinne auch innerhalb der als Einheit gedachten Rechtsordnung Wertungen, indem die Einzelnormen auf ihre Geltung hin am Maßstab der obersten positiv gesetzten Rechts- und Verfassungsgrundsätze überprüft werden. Dieses richterliche Prüfungsrecht ist, wie immer auch seine Ausgestaltung im einzelnen aussehen mag, zugleich eine Prüfungspflicht und findet eine Grundlage nicht allein in seiner positiven Statuierung, sondern unabhängig davon in der Eigentümlichkeit des Rechtssystems als einer gegliederten Ordnung von Subordinationsbeziehungen, in der eine notwendige Tendenz darauf hinzielt, alle Antinomien aufzulösen.

Weiterhin liegt aber auch bei der juristischen Subsumtion ein Wertungsakt darin, daß eine Übereinstimmung des zu entscheidenden Sachverhalts mit den vom Gesetz „gemeinten" Fällen festgestellt und damit die Grundlage für einen Schluß nach den Grundsätzen der Logik gewonnen wird.

Schon die erste Sachverhaltsfeststellung ist dadurch im rechtlichen Sinne wertend-elektiv, daß sie erfolgt im Hinblick auf die Anwendung von Rechtsnormen. Nur diejenigen Sachverhaltselemente werden aus der Fülle der konkreten Einzelheiten des Lebensvorgangs herausgehoben, die als möglicherweise rechtlich relevant infrage kommen. Noch klarer tritt die typisch rechtliche Natur dieser Wertungen hervor, wenn eine bewußte Beziehung zu den Rechtsbegriffen der vorgegebenen Normen hergestellt wird. Es ist in diesem Rahmen etwa, um bei einem bereits angeführten Beispiel zu bleiben, zu entscheiden, ob ein bei einer Bergtour erlittener Unfall ein „unverschuldetes Unglück" im Sinne des § 63 HGB darstellt. Daß die Entscheidung darüber, ob ein bestimmtes Ereignis verschuldet oder unverschuldet ist, auf rechtlichen Abwägungen beruht, die nicht bis in ihren letzten Kern hinein rein rational zu erklären und zu begründen sind[291]), liegt bei der Komplexität des Schuldbegriffs auf der Hand. Ein Gleiches gilt aber auch für den Begriff des „Unglücks" und schlechthin für alle Rechtsbegriffe, wenn es im einzelnen auch nur mit geringerer Deut-

[291]) Vgl. hierzu insbes. Riezler (a), S. 173.

lichkeit zutage treten mag[292]). Keineswegs kann die wertende Inbeziehungsetzung von Sachverhalt und Norm durch einen bloß empirischen Akt ersetzt werden, da es darum geht, das „wirklich Belangvolle“[293]) aus den Gegebenheiten herauszuarbeiten. Die Rechtsbegriffe erhalten ihren Sinngehalt erst von den der Norm zugrundeliegenden Wertungen.

Es ist allgemein anerkannt, daß ein Gesetz ebenso wie eine private Willenserklärung auslegungsbedürftig und auslegungsfähig ist, und ferner, daß die Auslegung nicht im Bereich einer bloßen Wortinterpretation stehen bleiben kann. In diesem Zusammenhang wird gern auf § 133 BGB verwiesen[294]), nach welchem bei der Auslegung einer Willenserklärung der wirkliche Wille zu erforschen und nicht am buchstäblichen Sinn des Ausdrucks zu haften ist[295]). Nach dem bisher Gesagten kann festgestellt werden, daß es hier im Grunde nicht so sehr um den gesetzgeberischen Willen als solchen gehen kann, als vielmehr um die vom Gesetzgeber vollzogenen Werturteile. Freilich sind diese auch als antizipierte Wertungen gewollt oder genauer gesagt, es ist gewollt, daß in Zukunft nach diesen Wertungen verfahren werden soll. Nicht so sehr d a ß etwas gewollt wird, sondern w a s zum Gegenstand des gesetzgeberischen Willens gemacht wird, ist also für die Auslegung entscheidend.

Wie jedoch die Auslegungsregel des § 133 BGB nach herrschender Ansicht eine Grenze findet an dem eindeutigen Wortlaut der Willenserklärung, weil nur der nach außen hin e r k l ä r t e Wille in Betracht kommen könne[296]), so wird auch für die Gesetzesauslegung die Auffassung vertreten, daß der „Vorrang des Sinnes“ seine natürliche Grenze an dem klar und unzweideutig erklärten Ausdruck des Gesetzes finde[297]). Mag man sich auch dieser Auffassung anschließen, die durch sie erreichte Schärfe der Abgrenzung ist nur eine scheinbare und unvergleichlich geringer als bei einer privaten Willenserklärung: Die rechtsgeschäftliche Willenserklärung ist gewissermaßen eingebettet in ein System von Rechtsnormen, und damit stehen zur Beurteilung der durch die Willenserklärung herbeigeführten rechtlichen

---

[292]) Germann (a), S. 109.

[293]) Emge (d), S. 8.

[294]) Zimmermann (a), S. 948; (f), S. 1266 ff.; kritisch hierzu jedoch de Boor, S. 35.

[295]) Es wird in diesem Rahmen sogar für zulässig gehalten, daß das Prozeßgericht darüber in förmlichem Verfahren Beweis erhebt, was der Gesetzgeber mit dem Erlaß eines Gesetzes gewollt hat, Reinicke (b), S. 141 ff.

[296]) Palandt, § 133 BGB, Anm. 4, b.

[297]) Sauer (c), S. 296. Diese auch in der Rechtsprechung bislang herrschende Auffassung ist in letzter Zeit wiederholt aufgegeben worden, doch ist die Rechtsprechung noch keineswegs einheitlich, vgl. die Rechtsprechungsübersichten bei Zimmermann, Oswald und Reinicke.

Konsequenzen zahlreiche Normen zur Verfügung, die in den einzelnen Rechtsinstituten die typischen Rechtsverhältnisse regeln und gewissermaßen eine Korrektiv und eine Ergänzung für jede unvollständige und unvollkommene Willenserklärung bilden. Für das Gesetz und seine Auslegung zeigt sich hier keine gleichwertige Parallele, so daß sich nach Forsthoffs treffendem Wort[298]) die Rechtsanwendung eines ihrer wesentlichsten hermeneutischen Mittel berauben würde, wenn sie auf eine Berücksichtigung der ethischen Substanz und der Zweckstrebungen des Gesetzes bei der Norminterpretation verzichten wollte. Was soll etwa geschehen, wenn ein Gesetzeswortlaut äußerlich zwar als klar und eindeutig erscheint, aber durch einen Gesetzgebungsfehler viel zu eng ausgefallen ist? Wie soll beispielsweise entschieden werden, wenn eine Polizeiverordnung das Mitbringen von Hunden in Lebensmittelgeschäfte verbietet und nun jemand in einem solchen Geschäft erscheint, der einen gezähmten Fuchs bei sich führt? Man wird keine Bedenken haben, auch hier das Verbot als maßgebend anzusehen[299]), aber warum? Der äußere Wortlaut ist scheinbar klar, und doch wird man nicht ernsthaft der Ansicht sein können, die Ausdehnung des Verbots auf gezähmte Füchse sei mit dem Wortlaut der Bestimmung nicht zu vereinbaren. Eine Betrachtung der hinter der Vorschrift stehenden Werturteile zeigt vielmehr, daß nicht nur Hunde im biologischen Sinne gemeint sein können, sondern daß um der als notwendig angesehenen Lebensmittelhygiene willen Tiere, die unter diesem Gesichtswinkel eine ebenso große Gefährdung darstellen wie der als typischer Gefahrträger in der Norm angeführte „Hund", gleich behandelt werden müssen, und somit der Rechtsbegriff „Hund" in dieser Norm so weit zu fassen ist, daß der biologische Begriff „Hund" nur ein typischer und beispielshafter Anwendungsfall aus dem Gesamtgeltungsbereich der Gesetzesbestimmung darstellt.

Die Reihe der Beispiele ließe sich beliebig fortsetzen. De Boor[300]) hat nachgewiesen, daß Worte wie „Werk", „Geschäftsführung", „Genehmigung", ja selbst rechtstechnische, im Gesetz sorgfältig definierte Worte wie „Anspruch" je nach dem jeweiligen Gesetzeszusammenhang selbst innerhalb ein und desselben Gesetzes durchaus verschiedene Bedeutung haben, so daß nicht einmal angenommen werden darf, innerhalb eines Einzelgesetzes müsse bei gleicher Wortwahl auch von gleicher Bedeutung ausgegangen werden.

Selbst scheinbar gänzlich untechnische Gesetzesworte sind nicht schlechthin im Sinne ihrer allgemeinen Bedeutung, die sie in der Umgangssprache haben mögen, zu verstehen. „Eine strafbare Handlung

---

298) Forsthoff (a), S. 10 f.

299) So auch v. Hippel, E. (d), S. 33, von dem das angeführte Beispiel entlehnt worden ist.

300) De Boor, S. 33.

ist nicht vorhanden, wenn ..." heißt es in § 52 StGB, und es besteht Einmütigkeit darüber, daß hier ein „Entschuldigungsgrund" normiert worden ist. Der gleiche Wortlaut kehrt aber auch in § 53 StGB wieder, und die Rechtslehre ist sich einig, daß § 53 StGB einen „Rechtfertigungsgrund" zum Inhalt hat. Niemand wird im außerjuristischen Bereich von einer „beweglichen" Sache sprechen, wenn eine massiv gebaute Verkaufshalle auf Grund eines entsprechenden Gestattungsvertrages unter der Verpflichtung, sie später wieder abzubrechen, für eine Reihe von Jahren auf einem fremden Grundstück errichtet wird. Im Sinne der §§ 90 ff BGB handelt es sich aber gleichwohl um eine bewegliche Sache. Die Aneignung von Sachen, die einem Dritten verloren gegangen sind, durch den Finder gilt nach überwiegender Auffassung als Unterschlagung, obwohl es in § 246 StGB heißt, daß eine Unterschlagung nur begehen kann, wer eine fremde bewegliche Sache „im Besitz oder Gewahrsam h a t". Einen „E i n s t e i g e -diebstahl" kann man auch durch eine Tätigkeit begehen, welche die Alltagssprache als „Einkriechen" charakterisieren würde. Selbst über die Frage, was rechtlich gesehen etwa unter „Öffentlichkeit" zu verstehen ist oder was ein „Gebäude", ein „Werkzeug" oder eine „Waffe" sei, gibt es umfangreiche rechtswissenschaftliche Erörterungen, die zeigen, wie unvollkommen die Möglichkeiten sind, vom Vorstellungsgehalt der Umgangssprache her zu einer rechtlichen Qualifizierung bestimmter Lebenssachverhalte zu gelangen. Nicht einmal die sprachlichen Konjunktionen wie „und" und „oder" bleiben von dem spezifischen Sinngehalt der Gesetzessprache unberührt, so daß es beispielsweise mitunter notwendig wird, eine Disjunktion anzunehmen, obwohl im Gesetzeswortlaut die Konjunktion „und" erscheint[301]).

Welche Beispiele man auch wählen mag, immer wieder stößt man auf die Feststellung, daß die Rechtsanwendung nur dann in Übereinstimmung mit den vorgegebenen Normen verbleiben kann, wenn die zugrundeliegenden Wertungen aufgedeckt und als Ausgangspunkt für die Sinnerhellung der Rechtsbegriffe genommen werden[302]).

Der gegen das Zurückgreifen auf die dem Gesetz zugrundeliegenden Werturteile erhobene Einwand, die Erfassung dieser Werturteile sei „unendlich viel unsicherer" als die Erfassung der Gesetzesformulierung in ihrer von den zugrundeliegenden Wert- und Zweckerwägungen selbständigen Bedeutung[303]), fällt mit der Unhaltbarkeit des Postulats einer ausschließlich mit Mitteln der Logik oder der philologischen Betrachtung durchzuführenden Gesetzesinterpretation und bleibt im

---

301) Wolff (a), S. 78; (b), S. 406.

302) Binder (a), S. 897 ff, 914, 976 ff.; Coing (b), S. 251, 268; Huber, S. 381 ff., 392.

303) Kretschmar, S. 41, aber auch Kretschmar selbst hält, wie seine Ausführungen S. 33 ff. zeigen, eine Gesetzesinterpretation, die sich ausschließlich auf den isoliert betrachteten Gesetzeswortlaut stütz, nicht für möglich.

übrigen auch noch die Antwort auf die Frage schuldig, welche Wortbedeutung denn maßgebend sein soll, ob etwa der Sinngehalt des Wortes nach der Alltagssprache oder nach einer Kunstsprache zugrundezulegen und ob angesichts eines möglichen Bedeutungswandels für die Feststellung des Sinngehalts vom Zeitpunkt der Gesetzgebung oder der jeweiligen Gesetzesanwendung auszugehen ist. Wenn, wie Brütt[304]) zutreffend hervorhebt, selbst dort, wo Gesetzesbegriffe sogar durch Legaldefinitionen erfaßt sind, auf die axiologische Methode zur Fixierung des Geltungsumfangs nicht verzichtet werden kann, was sich etwa bei der Begriffsbestimmung der Fahrlässigkeit in § 276 BGB auf eindrucksvolle Weise beispielhaft zeigt, dann verbleibt der wertungsfreien Rechtsanwendung keine Eigenständigkeit mehr. Soweit sie sich im Rahmen eines extensionalen Rechtsdenkens[305]) überhaupt vollziehen läßt, hängt sie ab von den axiologischen Vorarbeiten, auf die jede Gesetzesinterpretation gegründet ist. Was im übrigen bei einem ohne axiologisch-teleologische Ausrichtung unternommenen Versuch der Norminhaltsbestimmung herauskommt, wird bei Felix Kaufmann deutlich, der aus dem Postulat nach radikaler Scheidung von Norminhalt und Normzweck die Konsequenz zieht, eine Norm müsse auf jeden Fall angewendet werden, ganz unabhängig von den subjektiven Wirkungen auf das Objekt dieser Normanwendung[306]).

Nach alledem ergeben sich für die Rechtsanwendung bereits zwei unterscheidbare Stufen: Einmal gilt es, den Sinn und damit den Geltungsbereich der Norm festzustellen, zum anderen, eine Entscheidung darüber zu treffen, ob der vorgegebene Lebenssachverhalt in den Geltungsbereich einer Norm fällt. Es muß jedoch bemerkt werden, daß beide Stufen in einer dialektischen Weise miteinander verknüpft sind, da jede von ihnen stets nur im Hinblick auf die andere vollzogen werden kann. Auch die unabhängig von einem konkreten Einzelfall vorgenommene Auslegung arbeitet mit vorgestellten Rechtsfällen und deren probeweiser Subsumierung unter die Norm.

In beiden Stufen sind typische Wertungselemente erkennbar: In der einen geht es in erster Linie um die Auffindung der durch die Norm antizipierten Werturteile, in der anderen um die wertende Inbeziehungsetzung von konkretem Lebenssachverhalt und abstrakten Rechtsbegriffen, die ein erstes konkretes Gestaltungselement in die Rechtsanwendung hineinträgt, welches nicht ausschließlich aus dem Gesetz ableitbar ist, da jeder einzelne Fall in seiner konkreten Einmaligkeit

---

304) Brütt, S. 153; anders dagegen Oertmann, S. 20.

305) Die Möglichkeiten eines solchen extensionalen, auf der Logik der Begriffsumfänge, also hauptsächlich der Klassenlogik aufgebauten Rechtsdenkens sind noch wenig erforscht. Auf sie kann in diesem Zusammenhang auch nicht näher eingegangen werden, sie müssen vielmehr einer gesonderten Untersuchung vorbehalten bleiben.

306) Kaufmann, S. 92 f.

ein Novum darstellt, das in seiner Individualtiät vom Gesetzgeber nicht abschließend vorwegschauend erfaßt werden konnte.

Mit diesem Schritt übersteigt die Rechtsanwendung den Bereich des rein nachvollziehenden Wertens und geht über zu Wertungen, die normfremde Elemente in sich enthalten. Freilich bleiben auch diese Werturteile unter dem Leitbild des Normsinns, aber sie verkörpern zugleich ein Moment der Gesetzesergänzung und stellen damit additive Wertungen dar, oder, wie sie in der Literatur häufig genannt werden, „Eigenwertungen“[307]), die es unmöglich machen, die Welt, in der sich die richterliche Tätigkeit vollzieht, als eine durch legislatorische Vorentscheidungen bestimmte „fertige“ Welt zu betrachten[308]).

Additiv wirken sie in erster Linie im Sinne einer stärkeren Konkretisierung[309]). Für die Tatbestandsseite ist dies bereits aufgezeigt worden. Indem festgestellt wird, daß ein Sachverhalt unter einen gesetzlichen Tatbestand fällt, ermöglicht der juristische Subsumtionsschluß, eine Verknüpfung zwischen gesetzlicher Rechtsfolge und dem Sachverhalt herzustellen. Damit ist aber noch keineswegs das Ende der Rechtsanwendung erreicht. Besonders deutlich wird dies bei den Strafrechtsnormen: Liegen etwa bei einem Angeklagten die tatbestandlichen Voraussetzungen der Unterschlagung vor, dann genügt es ja keineswegs festzulegen, daß der Angeklagte „mit Gefängnis bis zu 5 Jahren“ bestraft wird, sondern es ist diese Strafe im einzelnen näher zu bestimmen. Die Notwendigkeit einer solchen Konkretisierung ist auch keineswegs auf die bewußt als Rahmenbestimmung gesetzten Normen beschränkt. In jedem Falle der Anwendung einer Rechtsnorm ist von der abstrakten Rechtsfolge der Norm zu einer konkreten Rechtsfolge des zur Entscheidung stehenden Falles vorzudringen. In einprägsamer Weise zeigt sich dies in der Fassung der Urteils- und Beschlußformeln gerichtlicher Entscheidungen, die in Verbindung mit dem ihnen jeweils zugrundeliegenden Sachverhalt in diesem Sinne konkret sind. Keine dieser konkreten Rechtsfolgen ist einer anderen völlig gleich, sie erfahren ihre individuelle Bestimmung von der besonderen und nicht wiederholbaren Sachgestaltung des Einzelfalles her. In jeder rechtlichen Entscheidung liegt darum neben der Nachvollziehung der im Gesetz bereits antizipierten Werturteile ein „individuelles Gestaltungselement“, das durch die vorgegebenen Normen nicht restlos erklärt werden kann. Erst im richterlichen Urteil findet darum das Recht seine endgültige Bestimmtheit[310]). Natürlich darf diese konkrete Gestaltung nicht außerhalb des Umfangs der in der Norm enthaltenen

307) Rümeling, M., (b), S. 43, 64; Riezler (a), S. 89 (Fußnote 11); ähnlich auch Brütt, S. 153.

308) So jedoch Husserl, S. 61, der freilich auch anerkennt, daß in der Rechtsanwendung eine „schöpferische Leistung“ steckt.

309) Grundlegend hierzu: Bülow, S. 28 ff.

310) Bülow, S. 11.

und als gültig erkannten abstrakten Rechtsfolge liegen, aber damit ist nur ein Negativum aufgezeigt. Es ist eine entscheidende Frage der Rechtsanwendung, nach welchen Maßstäben die Konkretisierung der Rechtsfolgen zu geschehen hat.

Das Gesetz bildet hier jedoch nicht nur eine negative Schranke, in deren Rahmen ein im übrigen nicht gebundenes Ermessen oder gar die Willkür des jeweiligen Gestalters einzutreten hätte, es ist vielmehr in erster Linie zu prüfen, inwieweit die Norm und das Rechtssystem selbst Richtlinien für die Konkretisierung enthalten. Solche Richtlinien vermögen zwar keinen hinreichenden Bestimmungsgrund für die konkrete Gestaltung zu liefern, die letzten Entscheidungen liegen vielmehr in der verantwortlichen Wertung desjenigen, dem diese Gestaltungsaufgabe übertragen worden ist und der sich in gleicher Weise den Sinn der anzuwendenden Norm und den Lebenssachverhalt in seiner konkreten Einmaligkeit vergegenwärtigen muß, um vom Normsinn als Leitbild her eine Entscheidung zu treffen, die den besonderen Bedürfnissen des Einzelfalles im Rahmen der gegebenen Erkenntnismittel so gut wie möglich gerecht wird. Die Auffindung dieser Richtlinien ist eine jeder Rechtsanwendung gestellte Aufgabe, die nicht in beliebiger Weise durch Heranziehung eigener Werturteile umgangen werden kann.

Die Notwendigkeit von Eigenwertungen erweist sich aber nicht nur dort, wo es darum geht, für den Einzelfall eine konkrete Rechtsentscheidung zu finden; auch wo eine abstrakte Gesetzesnorm unabhängig von dem Ziel einer aktuellen Einzelentscheidung lediglich in ihrem abstrakten Bedeutungsgehalt interpretiert werden soll, kann selbst außerhalb der Berücksichtigung fingierter Einzelfälle auf additive Wertungen nicht schlechthin verzichtet werden, mögen letztere nun bewußt gesetzt werden oder sich in einer unbewußten[311]) Ausrichtung der Norminterpretation auf die jeweils für den einzelnen oder die Gemeinschaft herrschenden Wertvorstellungen vollziehen. Keine Gesetzesinterpretation kann auf eine rein kognitive Beschäftigung mit Gesetz und Gesetzmaterialien aufbauen[312]), und es ist in diesem Zusammenhang bezeichnend, daß die Lehre von der Übersetzbarkeit der Wert- und Willensentscheidungen des Gesetzgebungsaktes auf die Ebene des kognitiven Erkennens[313]) selbst nicht ohne die Annahme von Wertungsakten bei der Rechtsanwendung auskommt. Schreier[314]) betont, es könne vorkommen, daß die Begriffe der kognitiven Ebene nicht exakt den Umfang der zugrundeliegenden Wertungen wieder-

---

[311]) Esser (b), S. 33.

[312]) So im Ergebnis auch Scheuerle, S. 232 ff., der jedoch meint, rein kognitive Rechtsanwendungsakte könnten „möglicherweise“ als Grenzfall vorkommen.

[313]) Vgl. oben Seite 94 f.

[314]) Schreier, S. 45.

geben, daher müsse bei der Interpretation auch das Wertsystem voll ausgedacht werden.

Liegen die gesetzlichen Wertungen nicht klar zutage, so muß sich ganz zwangsläufig die Frage nach dem „vernünftigen Sinn der Gesetzessätze“[315]) ergeben und damit steht man unausweichlich im Bereich der wertenden Stellungnahme. Hinzu kommt, daß die einzelnen Interpretationsargumente in ihrer unterschiedlichen Tragweite und Bedeutung ebenso abgewogen werden müssen wie die in Rechtslehre und Rechtsprechung bereits geäußerten Rechtsansichten. Schließlich kann auch bei einer kognitiven Interpretation nicht darauf verzichtet werden, eine Eigenwertung wenigstens insoweit vorzunehmen, als darüber entschieden werden muß, von welcher Bedeutungsebene her — etwa der der Umgangssprache, einer besonderen Fachsprache oder einer einzelgesetzlichen Eigenterminologie — die Gesetzesbegriffe verstanden werden müssen. Namentlich für die Grenzfälle des Begriffsumfangs läßt sich diese Entscheidung nicht durch einen bloßen kognitiven Denkakt vollziehen.

Die Auffassung, daß in dem Gesetzgebungsakt notwendigerweise all das Material an Werturteilen vorhanden sei, um für jeden in den rechtserfüllten Raum fallenden Sachverhalt einen Rechtssatz bieten zu können[316]), darf als endgültig widerlegt gelten. Es ist daher nicht einmal als Grenzfall denkbar, den von Müllereisert[317]) beschriebenen „neutralen und objektiven juristischen Beobachter und Beurteiler“, der „nur beobachtet und der nur denkt, was andere Menschen erleben“ zum Idealtyp des richterlichen Beurteilers zu erheben.

Im Anschluß an Gustav Rümelins berühmt gewordenen Aufsatz über Werturteile und Willensentscheidungen im Zivilrecht hat sich die juristische Terminologie daran gewöhnt, den als Werturteile bezeichneten antizipierten Wertungen des Gesetzgebers die Eigenwertungen dessen, der das Gesetz anwendet, als „Willensentscheidungen“ gegenüberzustellen[318]). Durch diese Ausdrucksweise wird deutlich, daß die Gesetzesanwendung keinen ausschließlich kognitiven Denkakt darstellt, sondern eine g e w o l l t e Entscheidung ist. Soweit hiernach aber ein Willenselement in die Rechtsanwendung hineingetragen wird, handelt es sich nicht um die völlig irrationale Entscheidung eines Kür-Willens, wie die Soziologie den ungeordneten und unkontrollierbaren Entscheidungsimpuls zu bezeichnen pflegt, sondern um eine auf Rechtsverwirklichung ausgerichtete Wertentscheidung, die als solche g e - w o l l t ist[319]). Damit steht nicht im Widerspruch, daß etwa der Richter

[315]) Rümelin, M. (b), S. 43; ähnlich Schwinge (b), S. 63.
[316]) Herrfahrdt, S. 47.
[317]) Müllereisert, Bd. 2, S. 82 ff.
[318]) Vgl. z. B.: Rümelin, G., S. 49; Coing (a), S. 131; Riezler (a), S. 84.
[319]) Riezler (a), S. 84.

mitunter gezwungen ist, Wertungen bei der Entscheidung berücksichtigen zu müssen, die er innerlich nicht billigt[320]), da sich bei der Rechtsanwendung vorgegebene und eigene Wertungen notwendigerweise miteinander vermischen.

## § 20 Norm und Zeit

Sowohl bei der nachvollziehenden als auch bei der additiven Wertung stellt sich die entscheidende Frage, inwieweit die im Gesetz vorweggenommenen Werturteile in ihrer geschichtlich fixierten Form die Rechtsanwendung binden. Diese Frage ist von besonderem Interesse, wenn die Rechtsbetrachtung auf die Möglichkeit stößt, daß sich der zunächst noch in einem ungeläuterten Sinn verstandene Gesetzeswortlaut und die zugrundeliegenden Wertungen nicht decken, weil letztere durch Fehler der Gesetzgebungstechnik einen unrichtigen oder jedenfalls nur einen unvollständigen oder unvollkommenen Ausdruck gefunden haben, oder wenn sich eine starke Divergenz ergibt zwischen den subjektiven Wertvorstellungen des Gesetzgebers und den gewandelten Wertmaßstäben einer späteren Zeit.

Soweit es sich hierbei darum handelt, die Bedingungen aufzuzeigen, unter denen sich eine eindeutige Entscheidung contra legem rechtfertigen läßt, liegt der Fragenkreis außerhalb unseres Themas. Für die analoge Rechtsanwendung ist es aber nicht gleichgültig, wie weit die Bindung an den Gesetzeswortlaut und die dem Gesetz zugrundeliegenden Werturteile reicht.

Daß die auftretenden Divergenzen zwischen äußerem, etwa im Sinne der Alltagssprache verstandenem Wortlaut und innerem Normsinn rechtspolitisch und gesetzgebungstechnisch nicht erwünscht sind, wenn sie allzu groß werden, kann hier als ein Sonderproblem der Gesetzgebung übergangen werden. Festgehalten zu werden verdient aber, daß aus der Natur der Norm als eines in bestimmter Weise verknüpften Systems von Rechts-begriffen folgt, daß nur vom Normsinn her entschieden werden kann, welchen Geltungsumfang der Gesetzeswortlaut besitzt, so daß schlechterdings alle Normen auslegungsbedürftig sind[321]). Die juristischen Begriffe und Sätze sind nun einmal, wie Viehweg zutreffend betont[322]), in besonderer Weise an die juristischen Probleme gebunden. Das ist nicht nur eine notwendige Konsequenz der axiologischen Grundlagen der Norm, sondern liegt auch darin begründet, daß das Gesetz nicht um eines scheinbar präzisen, aber unrichtig gefaßten Ausdrucks willen Lebensverhältnisse ungeregelt lassen kann, wenn nicht außer dem in einem bestimmten Sinne verstandenen Wortlaut selbst auch noch andere rechtliche Er-

---

[320]) Somló, S. 406.

[321]) Burckhardt, S. 66, 92; Esser (b), S. 179; Gmür, S. 36; Walder, S. 35; Zimmermann (f), S. 1262 ff.

[322]) Viehweg S. 69 ff.

wägungen zu der Einsicht führen, daß der Geltungsumfang der Normen jene Lebensverhältnisse nicht berührt.

Da sich aber jede Rechtsanwendung in den geschichtlichen Ablauf des Soziallebens hineingestellt sieht, steht die Rechtstheorie vor einer noch tiefergreifenden Frage: Wie ist zu entscheiden, wenn nicht nur der Gesetzeswortlaut, sondern auch die in ihm verkörperten Werturteile des Gesetzgebers unvollkommen und damit fehlerhaft waren oder wenn die ursprünglichen Bewertungen den veränderten Lebensverhältnissen nicht mehr gerecht werden? Anders ausgedrückt: Kann man ein Gesetz nicht nur über seinen mißglückten Wortlaut, sondern auch über die zugrundeliegenden Wertungen des Gesetzgebers hinaus berichtigen? Die Beantwortung dieser Frage hat auch für den juristischen Analogieschluß Konsequenzen, die dazu nötigen, bei unserer Fragestellung kurz zu verweilen, wobei allerdings im einzelnen darauf verzichtet werden kann, die Regulative aufzuzeigen, welche die statischen und dynamischen Auslesungselemente in ein sinnvolles, der Rechtssicherheit möglichst entsprechendes Verhältnis zueinander bringen müssen[323]). Es muß jedoch bemerkt werden, daß die Forderung nach Gleichheit der rechtlichen Behandlung kein hinreichendes Korrektiv zur übertriebenen Dynamisierung der Rechtsentwicklung ist, da die rechtssoziologischen Maßstäbe der Gleichheit selbst wieder einem historischen Wandel unterliegen können[324]).

Daß man die Gesetzesanwendung nicht unbedingt an die subjektiven Wertungen des Gesetzgebers ein für allemal binden kann, bestätigt bereits die Rechtserfahrung, die immer wieder Beispiele einer lebendigen Rechtsentwicklung und einer damit verbundenen zunehmenden Entfernung von dem subjektiven Standort des jeweiligen Gesetzgebers zeigt. Bereits in der Zeit der Pandektenwissenschaft hat Bülow die Frage aufgeworfen, ob man denn ernsthaft die Auffassung verfechten wolle, alle Rechtsgedanken, die sich unter der Versicherung, justinianisches Gesetzesrecht wiederzugeben, in den Pandektenlehrbüchern fänden, seien in Wahrheit Justinians Recht[325]). Um diesen unzweifelhaften Umstand der Entwicklungsfähigkeit des Rechts zu erklären, ist die Rechtstheorie genötigt, dem Gesetz im Verhältnis zum Gesetzgeber geradezu eine Eigenständigkeit zuzuerkennen, die es ermöglicht, der notwendigen Rechtsentfaltung und Rechtsentwicklung Rechnung zu tragen, ohne daß der Zwang zu einer ständigen Revision des geschriebenen Rechts besteht.

Daß das Gesetz oft klüger ist als sein Urheber, ist nachgerade zu einem geflügelten Worte geworden[326]); und in der Tat: Man kann die

---

323) Auf die Gefahren einer allzu „progressiven" Rechtsprechung hat neuerdings Pawlowski, S. 130 ff. hingewiesen.

324) Mannzen, S. 650.

325) Bülow, S. 36 f.

326) Vgl. z. B. Bülow, S. 37; Engisch (d), S. 105; Radbruch, S. 211.

Auslegung nicht für alle Zukunft an die Klugheit des Gesetzgebers binden, ihr muß die Möglichkeit belassen bleiben, die subjektiven Wertungen des Gesetzgebers und damit den Bereich der Psychogenese[327]) zu übersteigen. Es liegt nahe, in der Gesetzesinterpretation eine Analogie zur Interpretation eines Kunstwerks zu erblicken. Für die Bedeutung eines Kunstwerks kann der Wille oder die rationale Vorstellung seines Schöpfers nicht letztlich entscheidend sein. Man wird immer wieder feststellen, daß sich bei der Betrachtung des Werkes Einsichten eröffnen, die völlig außerhalb der Bewußtseinssphäre des Künstlers lagen, und daß nach dem Maße sich wandelnder Erkenntnis und des geschichtlichen Wandels sich die Wertschätzung des Kunstwerks ändert. Das Werk verkörpert nicht nur Wertungen des Künstlers, sondern stellt in sich einen Wert dar, der sich, soweit das Kunstwerk eine soziale, auf die Mit- und Nachwelt wirkende Schöpfung ist, nach dem Maße des geschichtlichen Wandels in seiner Einstufung in die geltende Wertordnung selbst wandeln kann.

Auch das Gesetz vermag in diesem Sinne als ein System von Wertungen angesehen zu werden, dem eine gewisse Unabhängigkeit von den subjektiven Wertvorstellungen seines Schöpfers zukommt. Damit ist freilich noch nichts gesagt darüber, inwieweit sich die Betrachtung des Gesetzes lösen darf von den zum Ausdruck gebrachten und gehegten Werturteilen des Gesetzgebers. Die Analogie zum Kunstwerk vermag in dieser Richtung keine gültigen Einsichten zu liefern. Für das Gesetz lassen sich insoweit auch keine starren und für alle Fälle geltenden Regeln aufzeigen, da von den Besonderheiten der jeweiligen Normzusammenhänge und der historischen Situation nicht abgesehen werden kann. Was für Zeiten konstanter Entwicklung gelten mag, kann nicht ohne weiteres in Zeiten starker wirtschaftlicher und sozialer Erschütterungen Geltung beanspruchen[328]); und es ist schlechterdings unmöglich, aus dem Begriff des Rechts oder des Gesetzes Regeln zu deduzieren, die zu allgemeingültigen und brauchbaren Abgrenzungen führen. Selbst die Versuche, für konkrete Rechtssysteme Regeln über die Möglichkeiten und Grenzen einer Loslösung der Auslegung von den historischen Wertvorstellungen des Gesetzgebers aufzustellen, stoßen auf Grenzen, welche der Positivität des Rechts gezogen sind, da auch etwaige positiv niedergelegte Auslegungsnormen selbst wieder aus bestimmten geschichtlichen Situationen hervorgehen, die sich in der Dynamik des sozialen Lebens verändern und damit die Rechtsentwicklung zwar möglicherweise erschweren, aber niemals verhindern können.

Es erscheint auch wenig sinnvoll, gegenüber der geschichtlichen Entwicklung, die sich im Rechtsbewußtsein auch unabhängig von der An-

---

[327]) Schwinge (b), S. 57; ähnlich Betti, S. 355, der betont, es müsse der „Ursprungsgedanke der sinnhaltigen Form" überschritten werden.

[328]) Zur Rechtsprechung in der Nachkriegszeit vgl. die Übersichten bei Zimmermann und Reinicke.

erkennung durch staatliche Organe niederschlägt[329]), die vor allem von Stammler[330]) vertretene Fiktion aufrechterhalten zu wollen, das Recht beruhe stets auf dem Willen eines tatsächlich vorhandenen Gesetzgebers. Die rechtstheoretischen Probleme, die sich durch die Existenz eines vom aktuellen Gesetzgeber gelösten Rechts ergeben, können durch diese Fiktion[331]) nicht umgangen werden. Der teilweise geradezu stürmische Wandel in der Bedeutung und Bewertung, den etwa die Generalklauseln des Bürgerlichen Gesetzbuches erlebt haben[332]) und der — um ein weiteres Beispiel aus dem Bürgerlichen Recht zu nennen — zur Herausarbeitung neuer Rechtsbegriffe wie der positiven Forderungsverletzung oder der Verwirkung genötigt hat[333]), läßt die potentielle Entwicklungskraft eines Gesetzes deutlich werden. In diesem Zusammenhang ist auch bemerkenswert, daß bestimmte, nur aus der besonderen rechtspolitischen Kampfstellung bei dem Gesetzgebungsakt verständliche Gesetzesformulierungen durch die Rechtsentwicklung ihren polemischen Charakter völlig einbüßen können[334]). Es wäre rechtstheoretisch äußerst unzulänglich, die Erklärung eines solchen Phänomens darauf zu gründen, das Gesetz sei vom gegenwärtigen Gesetzgeber eben in seiner jeweiligen Bedeutung gewollt, um auf diese Weise die Überbewertung des „Willens des Gesetzgebers“ aufrechterhalten zu können. Will man das Recht überhaupt als eine Willensäußerung auffassen, so muß man diese als eine „permanente Willenserklärung des ganzen Volkes“[335]) verstehen, bei der es nicht ausschließlich auf den Willensinhalt der Entstehungszeit der Gesetze ankommen kann[336]).

Soweit sich eine Lösung von den subjektiven Vorstellungen des Gesetzgebers vollziehen darf, ist also bei der Auslegung nicht mehr zu fragen, welcher Sinn der Norm nach der Vorstellung des Gesetzgebers zukommt, sondern vielmehr, welcher Sinn der Norm in der konkreten geschichtlichen Situation, in welcher die Entscheidung nach dem Gesetz gefällt werden muß, beizumessen ist.

---

329) Laun, S. 134.

330) Stammler (a), S. 615.

331) Baumgarten (b) spricht auch ausdrücklich von einer „persona ficta“ (S. 69).

332) Vgl. hierzu Hedemann, S. 7 ff.

333) De Boor, S. 35 f.

334) v. Hippel, F. (d), S. 50 f.

335) Gmür, S. 45. Die Folgerungen, die Gmür aus dieser Feststellung zieht, sind allerdings umstritten. Vgl. etwa Liver, S. 15 ff.

336) Gmür, S. 45; Binder (a), S. 976 f. — Die Rechtsanwendung zeigt hier einen bemerkenswerten Berührungspunkt mit der Lehre von der Legitimität der hinter der Rechtsordnung stehenden Macht. Eine einmal gegebene Legitimität kann nicht als eine permanente Eigenschaft der hoheitlichen Gewalt gedeutet werden, sie steht vielmehr immer vor der Möglichkeit, durch Nichtbewährung zur Illigimität zu werden (Geiler, S. 19).

Es tritt hier gleichzeitig eine Objektivierung[337]) — soweit sich eine Lösung vom Willen des Gesetzgebers vollzieht — und weiterhin auch eine Relativierung — soweit die jeweilige geschichtlich-soziale Situation Bedeutung gewinnt — ein, die beide jedoch nichts an der axiologischen Natur der Norm ändern. Nach wie vor bleibt die Norm trotz ihres eigentümlichen „Oszillierens"[338]) eine Bewertung des Tatsächlichen und verkörpert in sich einen Rechtswert, dessen jeweilige Äußerungsform naturgemäß nicht unbeeinflußt bleiben kann von der Veränderung der Verhältnisse, auf welche von den obersten Rechtsprinzipien her durch Bewertung eine Antwort für die konkrete rechtliche Gestaltung gefunden werden muß.

Die durch die aufgezeigte Relativierung des Rechts herbeigeführte Wandelbarkeit nötigt jedoch nicht zur Preisgabe der Deutung des vorgegebenen Gesetzes als eines Systems antizipierter Wertungen gegenüber den additiven Wertentscheidungen der Gesetzesanwendung. Die der Relativierung zugeordnete Korrelation der Objektivierung zwingt vielmehr eindeutig zur Aufrechterhaltung der Unterscheidung von antizipierten und additiven Wertungen. Nur darf man nicht einseitig auf die subjektiven Wertvorstellungen der am Gesetzgebungsakt beteiligten Personen abstellen, sondern muß die gesamte Rechtsentwicklung in ihrer axiologischen Bedeutung verstehen, die dazu führt, das Gesetz in seinem zwar nicht unwandelbaren, aber immerhin vorgegebenen und für die Rechtsanwendung festzustellenden Wertbestande zu sehen. Dabei ist es durchaus möglich und natürlich, daß sich einzelne additive Wertentscheidungen eines bestimmten geschichtlichen Gesetzesanwendungsaktes mit ihrer Vollziehung objektivieren und sich dadurch für spätere Gesetzesanwendungsakte als Bestandteil der zu beachtenden antizipierten Wertungen darstellen, wie dies insbesondere im Präjudizienrecht deutlich wird. Wie bereits der Gesetzgeber einer Werttradition verpflichtet ist[339]), so schafft auch die Entwicklung des Gesetzes selbst wiederum eine Werttradition, an welcher die gesamte Rechtsgemeinschaft mitwirkt[340]). Weil das Gesetz in einer Werttradition steht und seinen Gesamtsinn erst aus der Summe der antizipierten und additiven Wertungen empfängt, die bei der Gesetzgebung und der nachfolgenden Rechtsanwendung maßgebend waren, stellt es auch keineswegs einen inneren Widerspruch dar, wenn einerseits fest-

[337]) Coing (a), S. 132.
[338]) Coing (b), S. 255.
[339]) Coing (a), S. 126.
[340]) Insoweit kann dem von Erbe, S. 43 aufgestellten Postulat zugestimmt werden, daß es „kein Zurück hinter das erreichte Stadium der Entwicklung" geben darf. Soweit Erbe allerdings in diesem (inhaltsleeren) Postulat eine wirksame Schranke gegen gesetzliches Unrecht sieht, kann ich ihm nicht folgen, da ja auch ein solches Unrecht ein „Stadium der Entwicklung", wenn auch ein verwerfliches Stadium, darstellt.

gestellt wird, daß der Bedeutungsgehalt der einzelnen Normen nicht aus ihrem isoliert betrachteten Wortlaut verstanden werden darf, daß aber das Gesamtgefüge des gesetzten Rechts, welches ja nur in Worte gefaßt für die spätere Rechtsanwendung überliefert werden kann, in dieser Wortfassung das wesentlichste Material für die Auffindung der maßgeblichen Wertungen darstellt[341]). Was dem Einzelnen fehlt, kann dem Ganzen durchaus innewohnen, weil dieses Ganze Träger jener Interdependenz zu sein vermag, welche die ideelle Einheit der Rechtsordnung ausmacht.

Es ist freilich zuzugeben, daß durch die aufgezeigte Relativierung der Norm eine gewisse Beeinträchtigung der Positivität des Gesetzes eintritt, die manchen herkömmlichen Vorstellungen nur wenig entsprechen mag. Es geht hier aber nicht um rechtstheoretische Postulate, sondern um die Aufzeigung der natürlichen Grenzen der Normierbarkeit, an denen jede Positivität enden muß. Für den Rechtsbegriff ist von wesentlicher Bedeutung, daß auch jenseits dieser Grenzen strenger Positivität erkennbare Bestimmungsgründe und keine willkürlichen Annahmen obwalten oder doch wenigstens obwalten sollten, die sich in Übereinstimmung halten mit den obersten Rechtswerten der jeweiligen Rechtsgemeinschaft. Die Auffindung dieser obersten Rechtswerte selbst aber ist ein Vorgang, der sich wiederum nicht im Bereich reiner Positivität vollziehen kann; er hat vielmehr seinen Ausgangspunkt zu nehmen von den lebendigen Rechtsüberzeugungen der Glieder der Rechtsgemeinschaft sowie von der Anerkennung der für die Gemeinschaft geltenden sittlichen Ordnung, zu welcher sich die Rechtsordnung nicht ohne Gefahr für ihren eigenen Bestand in Widerspruch zu setzen vermag.

## 2. Analogie und axiologische Rechtsanwendung

### § 21 Die Wertmaßstäbe der analogen Rechtsanwendung

Nach diesem notwendigerweise nur summarischen Durchblick durch die Axiologie der Rechtssetzung und Rechtsverwirklichung kann nunmehr gefragt werden, welche Voraussetzungen erfüllt sein müssen, um den juristischen Analogieschluß als von der Rechtsordnung her geboten und damit die gefundene analoge Norm als geltend ansehen zu können. Als Ausgangspunkt diene dabei das relativ einfache Beispiel einer kalkülisierten gesetzlichen Bestimmung $(V_1 \& V_2 \& V_3) \rightarrow Rf$, von der aus für die Gegebenheiten $(V_1 \& V_2 \& V_4)$ gefolgert wird, daß gleichfalls $(V_1 \& V_2 \& V_4) \rightarrow Rf$ gilt.

---

341) Vgl. hierzu auch Engisch (d), S. 188 f.

Da sich nach dem Gesagten jede Normsetzung und Normanwendung auf Wertungen gründet, kann es keinem Zweifel unterliegen, daß die Folgerung auf die Implikation ($V_1$ & $V_2$ & $V_4$) $\rightarrow$ Rf nur zutreffen kann, wenn Ausgangs- und analoge Norm auf gleichen Wertungen beruhen. Die Gleichheit der Rechtsfolgen kann nur mit der Gleichwertigkeit der Tatbestände begründet werden[342]). Ob eine solche Gleichwertigkeit aber besteht, läßt sich nicht aus einer rein äußerlichen Vergleichung der Tatbestände feststellen.

So kann aus dem bloßen Wortlaut des bereits angeführten § 12 BGB noch nichts für die Rechtsfolge abgeleitet werden, die einzutreten hat, wenn einem nicht rechtsfähigen Verein, der sich eine Vereinsbezeichnung zugelegt hat, das Recht auf diese Bezeichnung bestritten oder wenn diese Bezeichnung von Dritten mißbraucht wird. Äußerlich zeigen beide Tatbestände weitgehend Gemeinsamkeiten und weiterhin auch gewisse Unterschiede. Einer Betrachtung, die nicht zu einer Bewertung der Tatbestandselemente vordringt, fehlt jedoch jegliche Möglichkeit, r e c h t l i c h e Konsequenzen zu ziehen. In diesem Sinne ist es auch zu verstehen, daß für die juristische Analogie immer wieder darauf hingewiesen wird, die Übereinstimmung müsse in den „wesentlichen Punkten" gegeben sein. Welches diese wesentlichen Punkte oder, wie Gmür[342a]) formuliert, die für den Zweck des Gesetzes in bestimmender Weise maßgebenden Faktoren sind, ist nur durch eine axiologische Betrachtung zu ermitteln, die sich mit dem Gefüge der Wertungen auseinandersetzt, welches hinter der Ausgangsnorm steht, und die auf eine Regelung konkreter Lebensverhältnisse ausgerichtet ist.

Die Grundlagen für eine tragfähige Analogie sind daher in einer doppelten Richtung aufzuspüren. Einmal vom konkreten Lebenssachverhalt und zum anderen von der abstrakten Norm her.

Soweit hier die konkreten Lebensverhältnisse in Frage stehen, ist davon auszugehen, daß es eine Wesensaufgabe der Rechtsordnung darstellt, dem Ausgleich widerstreitender Strebungen innerhalb der Rechtsgemeinschaft zu dienen. Dies trifft in erster Linie dort zu, wo die Glieder der Rechtsgemeinschaft als Gleichgeordnete einander gegenübertreten, was etwa der Fall ist, wenn zwei Personen ein Schuldverhältnis eingehen. Die Notwendigkeit des Ausgleichs würde jedoch nur einseitig gesehen, wenn er auf die Ebene der Gleichordnung von Gemeinschaftsgliedern beschränkt würde[343]). Mag der Gedanke des Ausgleichs auch diese enge Auffassung nahelegen, da jede ausgleichende Abwägung notwendigerweise voraussetzt, daß die konkurrierenden Ansprüche, über die eine Regelung getroffen werden muß, verglichen werden können; ein abwägender Vergleich scheint zunächst

[342]) v. Hippel, E., (b), S. 126.
[342a]) Gmür, S. 51.
[343]) Germann (a), S. 118.

nur dort möglich zu sein, wo die Rechtssuchenden als einander gleichgeordnet gegenübertreten können. Die notwendige Vergleichsebene besteht jedoch nicht in der Gleichordnung der Rechtssubjekte, sondern in der Abwägbarkeit ihrer Ansprüche, so daß es durchaus möglich und für die Rechtsanwendung notwendig erscheint, sich einer vergleichenden Abwägung der aufeinanderstoßenden Ansprüche der Gemeinschaft einerseits und der aus dem Streben nach Selbstgestaltung entspringenden Ansprüche des Individuums andererseits nicht zu entziehen[344]. In diesem Sinne verlangt beispielsweise der Strafanspruch des Staates eine abwägende Vergleichung mit den besonderen Wesenselementen und Wertstrebungen der Täterpersönlichkeit, damit sichergestellt wird, daß sich der staatliche Strafanspruch nur in einer „angemessenen" Strafe realisiert. Die Möglichkeit einer Abwägung beruht hier darauf, daß sowohl die Handlungen des Rechtsbrechers als auch die Strafe innerhalb der Rechtsgemeinschaft einer bestimmten sozialen und ethischen und damit zugleich auch einer rechtlichen Wertung unterworfen sind.

Alle diese konkurrierenden Ansprüche stellen sich rechtssoziologisch als Lebensinteressen dar, wobei jedoch der Begriff des Interesses weit gefaßt werden muß, da er schlechthin die materiellen wie ideellen[345] menschlichen Strebungen, ja schon die „Begehrensdisposition"[346] auf Objekte hin umgreift, an denen demjenigen, der das Interesse hegt, in irgendeiner Weise gelegen ist. Im objektiven Sinne können als Interessen auch die von dem subjektiven Streben unabhängigen Beziehungen zu diesen Objekten gelten[347]. Mögen diese Strebungen innerlich gestaltet sein, wie sie wollen, sie alle können selbst zum Objekt rechtlicher Beurteilung werden, wenn sie Anlaß zu der Annahme bieten, die Gemeinschaftsordnung könne durch deren ungeregelte Auswirkung gestört oder beeinträchtigt werden. So vermögen die sittlichen und kulturellen Wertstrebungen der Gemeinschaftsglieder wie des Gemeinschaftsganzen ebenso zu rechtserheblichen Interessen zu werden wie die wirtschaftlichen Bedürfnisse. Billigenswerten und schutzwürdigen Interessen stehen die mißbilligenswerten Interessen gegenüber, die eine Abwehrreaktion der Rechtsgemeinschaft geradezu herausfordern. Selbst die Reflexwirkungen gesetzten Rechts, die sich etwa in den Rechtsüberzeugungen und -gewohnheiten niederschlagen, treten in den Bereich dieser Interessen ein und damit neben die Rechtsüberzeugungen, die sich unabhängig von Rechtssatzungen gebildet haben.

In jedem dieser Fälle stellt sich die Frage nach der rechtlichen Bewertung der soziologischen Interessen. Die Betrachtung der Interessen

---

344) Riezler (a), S. 171.
345) Heck (a), S. 17, (b), S. 28.
346) Heck (b), S. 37.
347) Heck (b), S. 37.

unter dem besonderen Gesichtspunkt des Rechts ist von Anfang an eine axiologische. Dies muß insbesondere gegenüber der Auffassung Maschkes festgehalten werden, für den die „materiellen Entstehungsursachen" der Rechtsnorm, insbesondere die „Bedürfnisse und Interessen" ihrem Wesen nach nichts weiter juristisch Qualifizierbares sind, etwas, das „außerhalb der Gedankenwelt des Rechtlichen" liegt[348]. Ebensowenig wie die Rechtssetzung kann sich auch die Rechtsanwendung darauf beschränken, die rechtlich als Ansprüche auftretenden konkurrierenden Interessen rein mechanisch so weit zu beschränken, daß sie zu einem gewissen Gleichgewicht gebracht werden; denn dann würde die Entscheidung im Grunde von der bloßen äußeren Stärke der jeweiligen Kraft abhängen, mit welcher die Interessen vertreten werden. Die Betrachtung der soziologischen Interessen läßt auch nur die Problemstellung deutlich werden, gibt aber noch nicht die Lösung des Interessenkonfliktes durch eine Rechtsregel[349]. Es ist vielmehr durch Abwägung das Angemessene zu suchen, so daß es entscheidend auf die Gesichtspunkte ankommt, unter denen sich diese Abwägung vollzieht.

Im Rahmen der Rechtsanwendung können diese Gesichtspunkte nur in Anlehnung an die vorgegebene Rechtsmaterie festgelegt werden. Das gesetzte Recht selbst ist im Grunde nichts anderes als eine Regelung typischer Interessenlagen und steht damit im Dienste des Ausgleichs oder der Sicherung von Interessen[350], so daß sich auch hier wiederum zeigt, daß die Lebenssachverhalte und mit ihnen die in ihnen zum Ausdruck kommenden Interessen nicht zutreffend bewertet werden können ohne Auffindung der Wertmaßstäbe des Gesetzes, daß aber auch diese Auffindung erst gelingen kann, wenn sie gesehen wird in ihrem Bezug auf die zu regelnden Einzelfälle.

Diese Wechselwirkung wird auch für die analoge Rechtsanwendung bedeutsam. Leider kommt sie in der beliebten Formel, Analogie sei geboten bei Gleichheit der Interessenlage und des gesetzgeberischen Grundes nicht genügend zum Ausdruck. Man kann nicht beide als getrennte Wertungsmaßstäbe nebeneinander stellen, die dann eine Analogie als rechtlich begründet erscheinen lassen, wenn sie beide jeweils für sich das Ergebnis zeigen, daß ein Fall, dessen Rechtsfolge noch nicht klargestellt ist, mit einem in seiner Rechtsfolge eindeutigen Fall übereinstimmt. Geht man davon aus, daß zwei solche Fälle zu vergleichen sind und daß es darauf ankommt, zwischen beiden Übereinstimmungen oder Verschiedenheiten festzustellen, so zeigt sich, daß dies nur möglich ist, wenn Beziehungen hergestellt werden zu weiteren Fällen, in denen auf jeden Fall eine abweichende Rechtsfolge einzutreten hat. Auch letzteres muß wiederum in Anlehnung an das Gesetz

348) Maschke, S. 3.
349) Coing (d), S. 484.
350) Fechner (a), S. 92 f.

erfolgen. Die Forderung nach Gleichheit der Interessenlage kann daher von sich aus keinen Wertungsmaßstab für die Analogie begründen, die Feststellung dieser Gleichheit ist vielmehr bereits das Ergebnis einer Wertung, um deren Maßstäbe es hier geht. Es ist daher auch unmöglich, etwa im Rahmen eines „kausalen Rechtsdenkens"[351]) die soziologischen Interessen als kausal zwingende Bestimmungsfaktoren der Norminterpretation zu deuten[352]). Die Verhältnisse werden zutreffender erfaßt, wenn man den „gesetzgeberischen Grund" oder genauer die dem Gesetz zugrundeliegenden Werturteile zum Bewertungsmaßstab der ins Auge gefaßten Interessen nimmt[353]) und danach entscheidet, ob eine Gleichheit der Interessenlage angenommen werden kann oder nicht.

Die Auffindung der Grundgedanken des Gesetzes ist jedoch eine Aufgabe jeder Gesetzesinterpretation und damit keine Besonderheit der Analogie.

Es ist nicht möglich, die Grundgedanken des Gesetzes im Wege bloßer Abstraktion aufzufinden. Richtig ist zwar, daß nicht alle in einer Gesetzesnorm auftretenden Tatbestandselemente gleich wichtig sind für die Auslösung einer Rechtsfolge und daß man infolgedessen mitunter von völlig unwichtigen Elementen absehen kann, um den Kern des Gesetzes klarer herausstellen zu können. Wenn aber Sauer[354]) betont, man müsse, um zum Grundgedanken eines Gesetzes zu gelangen, eine Stufe der Abstraktion zurückgehen, und zwar immer nur eine und nicht mehrere, weil sonst von wesentlichen Merkmalen des Tatbestandes abgesehen werde, so ist diese Forderung zwar als Warnung vor unrichtigen Abstraktionen berechtigt, aber unzutreffend insoweit, als es keine generelle Regel darüber geben kann, bis zu welcher Abstraktionsstufe vorgedrungen werden darf, ohne zu Generalisierungen zu gelangen, die dem Sinn des Gesetzes nicht mehr gerecht werden.

Der Weg zu den im axiologischen Sinne gedeuteten Grundgedanken des Gesetzes ist also nicht der einer nach bestimmten formalen Gesetzen vollzogenen Abstraktion, sondern wird bestimmt von der Rechtsmaterie selbst, deren Wertbestrebungen es aufzudecken gilt. Es gibt nicht e i n e n Weg zu dem gesteckten Ziel, man muß vielmehr, wie Sauer an anderer Stelle zutreffend sagt[355]), „den Gegenstand von möglichst vielen Seiten betrachten, man muß ihn gleichsam von allen Seiten anbohren". Dabei wird auch einzig und allein von der Sache her bestimmt, in welchem Rahmen sich die Untersuchung bewegen muß.

---

351) Vgl. hierzu Müller-Erzbach.
352) Fechner (b), S. 355 ff.; Hubmann, S. 92 f.
353) Rümelin, M. (b), S. 77; Oertmann, S. 60; Huber, S. 387.
354) Sauer (c), S. 317.
355) Sauer (c), S. 243.

In dem einen Falle mag es genügen, die Einzelnorm selbst oder ihren unmittelbaren Zusammenhang zu betrachten, ein anderes Mal wird man sich gezwungen sehen, den Grundgedanken aus einer Gesamtanalyse des betreffenden Gesetzes heraus zu entwickeln. Ein drittes Mal wiederum kann man vor der Aufgabe stehen, Zusammenhänge und Verflechtungen in der Gesamtrechtsordnung aufzuspüren und von ihnen aus den Sinn einer Norm zu ermitteln.

Darum kann die Herausarbeitung des Sinnes einer Gesetzesvorschrift auch kein rein logisches Verfahren darstellen, dessen Ergebnisse mit logischer Verbindlichkeit aufzutreten vermöchten. Wenn Gowa[356]) betont, ein Rechtsgrundsatz sei dann als zwingend nachgewiesen, wenn sich ergebe, daß er denknotwendig für das geltende Rechtssystem sei, so zeigt eine nähere Betrachtung, daß durch einen Rekurs auf die Logik nur eine Grenze, nicht aber eine inhaltliche Richtlinie für die Auffindung der Rechtsgrundsätze festgelegt werden kann. Sicherlich dürfen keine Widersprüche auftreten, aber damit bleibt noch ein weitgesteckter Rahmen für die nähere inhaltliche Ausgestaltung. Eine Beschränkung auf diejenigen Rechtsgrundsätze, die sich in dem genannten Sinn als notwendig ergeben, würde eine solche Verarmung des Rechts darstellen, daß die Rechtsanwendung den ihr gestellten Aufgaben nicht mehr gerecht zu werden vermöchte.

Die Analogie läßt sich allerdings nicht ausschließlich auf eine Interessenabwertung nach den Maßstäben der Grundgedanken der Ausgangsnorm gründen. Hat man als Ausgangsnorm $(V_1 \& V_2 \& V_3) \rightarrow Rf$, so ist nicht ohne weiteres gesagt, daß der Grundgedanke dieser Norm auch noch die tatsächlichen Voraussetzungen $(V_1 \& V_2 \& V_4)$ umgreift. Geht man nun einen Schritt weiter, um einen Grundgedanken zu entwickeln, für den $(V_1 \& V_2 \& V_3)$ wie $(V_1 \& V_2 \& V_4)$ gleicherweise Spezialfälle darstellen, dann bleibt wiederum offen, ob nicht durch das Hinzutreten der Tatbestandselemente $V_3$ einerseits und $V_4$ andererseits auch die entsprechende Rechtsfolge einer weitergehenden Konkretisierung oder Modifizierung bedarf. An diesem Punkte erweist sich deutlich, daß der Entscheidung nach den Grundgedanken des Gesetzes eine Grenze gesetzt ist, bei der sich die Wertung der Sachverhalte in einem stärkeren Maße vom Gesetz löst und sich betonter zur verantwortlichen Eigenwertung durch den Rechtsanwendenden hinkehrt. Es ist an anderer Stelle bereits auf die Notwendigkeit solcher additiver Wertungen hingewiesen worden. Im Rahmen der analogen Rechtsanwendung kommt ihr eine besondere Bedeutung zu. Starre Grenzen lassen sich allerdings nicht ziehen, zumal auch der nicht auf den Grundgedanken einer positiven Norm zurückführbaren Interessenabwertung verschiedenartigste erkennbare Bestimmungsgründe zur Verfügung stehen, wie etwa der Rückgriff auf altes Rechtsgut, Handelsgebräuche,

---

[356]) Gowa, S. 20.

fortlaufende Verwaltungspraxis, um nur einige zu nennen, die von Fall zu Fall mit unterschiedlichem Gewicht Bedeutung zu erlangen vermögen.

Die Anlehnung an das Gesetz kann stärker und schwächer sein, je nach den besonderen Verhältnissen, die vorgefunden werden. In jedem einzelnen Fall stellt sich im übrigen auch die Frage, ob es nicht um einer größeren Rechtsklarheit willen jeweils besser ist, ein unvollkommenes Gesetz trotz seiner Mängel anzuwenden, als es durch ein größeres Maß an additiven Wertungen zu läutern und zu ergänzen[357]). Alle starren Regeln, wie eng die Bindung an das Gesetz sein muß und wie weit man sich notfalls von ihm lösen darf, versagen, weil es für die Geltungsbereiche der gesetzlichen Grundgedanken keinen allgemeingültigen Maßstab geben kann. Wo diese Grenze jeweils im einzelnen liegt, richtet sich danach, wie weit der axiologische Sinngehalt der Norm den Umfang ihres in einem vorläufigen Sinn erfaßten Wortlauts überschreitet, und dies kann von Fall zu Fall verschieden sein[358]), ja kann nicht einmal für eine einzelne Gesetzesbestimmung, deren äußerer Wortlaut unverändert bleibt, für alle Zukunft festgelegt werden. In einem lückenhaft fragmentarischen Gesetzeszusammenhang kann der Geltungsbereich einzelner Normen ein anderer sein als in einer wohlfundierten und bis in die Einzelheiten hinein gegliederten Kodifikation, wie auch die besondere Natur der Gesetzesbestimmungen etwa als Generalklauseln oder sehr stark spezialisierte Einzelnormen von Einfluß ist. Schließlich bleibt auch die jeweilige Rechtsmaterie von Bedeutung, so daß etwa im Strafrecht nicht ohne weiteres die gleiche Freiheit für eine rechtsschöpferische Tätigkeit herrscht wie im Zivilrecht.

In allen Fällen bleibt freilich zu beachten, daß der Eigenwertung nur eine subsidiäre Funktion zuerkannt werden darf; wo eine Anlehnung an bestehende Normen erfolgen kann, muß sie auch erfolgen. Jede weitergehende Lösung vom Gesetz wird zu einer Frage nach der Zulässigkeit von Entscheidungen contra legem überhaupt, deren rechtstheoretische Bewältigung und Beantwortung auch unabhängig vom Analogieproblem gefunden werden muß.

Für den Normsinn und damit für den Grundgedanken der Norm ist es wesentlich, daß sie nicht für alle einzelnen Fälle gleichermaßen auf einen einheitlichen Geltungsgrund zurückgeführt werden können. Zwar gründen sie alle letztlich in einem höchsten Rechtsprinzip, in der Gerechtigkeit, der Rechtsidee oder wie immer man den höchsten Rechts-

---

357) Vom Standpunkt der subjektiven Theorie aus stellt sich in diesem Zusammenhang die Frage, ob der Gesetzgeber, nachdem er einmal eine unsachgemäße Norm gesetzt hat, dennoch die neu gefundene Entscheidung billigen würde (Herrfahrdt, S. 21).

358) Betti, S. 361 f.

wert, aus dem alles Recht seine Geltungskraft bekommt, bestimmen mag. Aber es ist bereits darauf hingewiesen worden, daß sich die gesetzlichen Werturteile auch nach anderen Werten hin auszurichten haben, weil sie in die Ganzheit des Soziallebens hineingreifen. Hinzu kommt noch, daß innerhalb der Rechtsordnung Geltungsgründe zur Wirksamkeit gelangen können, die sich nicht unmittelbar auf den höchsten Rechtswert zurückführen lassen, die aber einen maßgeblichen Einfluß auf den Sinn der Gesetzesnormen auszuüben vermögen. Wie die Veränderungen der Lebensumstände zu einer Veränderung des Normsinns führen können, so wirken in noch stärkerem Maße Rechtstradition und -gewohnheit sowie die Rechtsprechung selbst dann auf die Norminterpretation ein, wenn sie sich mit den Intentionen des Gesetzgebers und sogar mit dem in einem bestimmten Sinne gedeuteten Gesetzeswortlaut nicht ohne weiteres in Einklang bringen lassen. Es ist hierbei nicht so sehr an Fälle gedacht, in denen sich Rechtsgewohnheiten bereits zu einem Gewohnheitsrecht verdichtet haben, da alsdann die Verbindlichkeit schon unmittelbar gegeben ist, als vielmehr an jene, in denen unabhängig von einer Verdichtung zu verbindlichem Recht in der täglichen Rechtsanwendung nach bestimmten Gewohnheiten verfahren wird, die schon um der gebotenen Voraussehbarkeit der Rechtsfolgen willen nicht ohne zwingenden Grund aufgegeben werden dürfen. Sehr deutlich wird die Notwendigkeit zu solchen Rückgriffen auf bestehende oder frühere Gewohnheiten und Übungen, wenn sich die Interpretation eines neu erlassenen Gesetzes anschließt an das überkommene Rechtsgut, welches durch den Gesetzgebungsakt in seiner unmittelbar positiven Geltung aufgehoben worden ist, da ja die Begriffswelt des Gesetzgebers von dem geschichtlichen Bildungsprozeß abhängt, dem auch die Rechtsbegriffe unterworfen sind[359]).

Es ist zu beachten, daß der Schwerpunkt der Begründung von Fall zu Fall sehr verschieden sein kann. Das eine Mal kann der subjektive Wille des Gesetzgebers besondere Bedeutung erlangen, das andere Mal wird eine ausgeprägte Rechtstradition, eine höchstrichterliche Rechtsprechung oder eine aktuelle Nützlichkeitserwägung des Richters oder Rechtslehrers im Vordergrund stehen, ein drittes Mal wird möglicherweise der Rechtsvergleichung oder der Betrachtung der Rechtssystematik besonderes Gewicht beizumessen sein. Am Beispiel der Berücksichtigung der Stellung einer Norm im Rechtssystem zeigt sich besonders deutlich das sich stets wandelnde Gewicht der Interpretationsmaßstäbe. Normen können als „leges fugitivae" an der systematisch falschen Stelle stehen, deren Berücksichtigung als Auslegungsmaßstab die Interpretation in die Irre führen würde[360]). Dies gilt

---

[359]) Coing (a), S. 126.

[360]) Walder, S. 37.

namentlich für die Generalklauseln[361]). Andererseits kann auf die Berücksichtigung der Gesamtsystematik des Gesetzes nicht verzichtet werden, da nur auf diese Weise die notwendige Interpretation des Rechtes als Ganzes möglich ist[362]).

Daher weist Somló[363]) zutreffend darauf hin, daß die Frage, welche Faktoren bei einer Gesetzesinterpretation wirksam werden, nicht ein für allemal und für alle Rechtsordnungen entschieden werden kann[364]). Die Notwendigkeit, die Gesetzesinterpretation in den Rahmen der Ordnungszusammenhänge der jeweiligen Rechtsordnung zu stellen[365]), läßt es müßig erscheinen, eine auch nur annähernd zutreffende Systematisierung von Auslegungsrichtlinien mit dem Anspruch auf allgemeine Gültigkeit zu versuchen. Der Interpretationslehre als einer der allgemeinen Rechtslehre angehörenden Disziplin sind hier notwendige Grenzen gesetzt[366]). Freilich ist damit nicht ausgechlossen, daß für einzelne Rechtssysteme oder wenigstens für Teilbereiche von ihnen nähere Konkretisierungen möglich und notwendig sind. Nur in diesem engen Rahmen kann der Versuch Hubmanns[367]) als sinnvoll gelten, für den Bereich der Interessenabwägung ein ausgearbeitetes und konkretisiertes System von Beurteilungsgrundsätzen zu entwickeln. Die Grenzen, die einem solchen Versuch gesetzt sind, werden auch bei Hubmann selbst deutlich, da er, soweit die Interpretation einer bestimmten Einzelrechtsordung überschritten wird, lediglich zu einigen offenbar als Topikkatalog gedachten formalen Regeln der Bewertung und Konfliktslösung gelangt und damit nicht wesentlich über die Feststellung hinauskommt, daß „in erster Linie der Sinn und Zweck des Gesetzes maßgebend“ sei[368]). Hubmann betont demgemäß auch selbst, seine Grundsätze könnten nicht mehr bilden als einen „Katalog von Gesichtspunkten“[369]).

Starre Regeln über den Rang der einzelnen Wertungsmaßstäbe wären der Tod eines jeden echten Rechtsverständnisses und würden der Rechtsanwendung ihre Anpassungsfähigkeit an die veränderten

---

361) Hedemann, S. 52.

362) Huber, S. 389.

363) Somló, S. 416. Somló geht allerdings zu weit, wenn er meint, es könne auch ein Recht geben, das nach seiner besonderen Situation ein „Werten und Wollen des Richters“ bei der Gesetzesinterpretation strengstens verbieten könne. Ein solches Recht ist nicht einmal als theoretischer Grenzfall denkbar, da es mit einem völlig unerfüllbaren Anspruch aufträte.

364) Vgl. ferner Huber, S. 389 (Fußnote); Franzen, S. 69. Bedenklich an dem angeführten Werk Franzens ist jedoch die starke und unberechtigte Bindung der Auslegung an die herrschende p o l i t i s c h e Raison.

365) Reinhard-König, S. 20.

366) Brusiin (a), S. 70.

367) Hubmann, S. 85 ff.

368) So wörtlich S. 104.

369) Hubmann, S. 131.

Lebensverhältnisse nehmen. Es wäre sinnlos, um eines formalen Prinzips willen dem Recht die Fähigkeit und die Aufgabe abzusprechen, sich wie das Leben selbst zu wandeln und zu entwickeln, wenn auch stets eine Grenze zur Willkür gezogen bleiben muß, auf die an anderer Stelle einzugehen sein wird.

## § 22 Axiologische Rechtsfindung und logischer Analogieschluß

Die bisherigen Untersuchungen haben uns auf eine bezeichnende Antinomie zwischen der logischen und der axiologischen Seite der analogen Rechtsanwendung hingeführt: Während es für den logischen Analogieschluß wesentlich ist, daß nur eine partielle Übereinstimmung der als analog angesehenen Gegenstände bekannt ist, und der juristische Analogieschluß, wie wir gesehen haben, darüberhinaus geradezu eine „negative Instanz" aufweist, zwingt die axiologische Betrachtung zur Annahme, daß die Rechtsfolge des einen Falles nur dann auch in einem weiteren Falle Anwendung finden kann, wenn beide Fälle vor dem Grundgedanken des Gesetzes oder allgemeiner noch nach den für Rechtsanwendung maßgeblichen Wertungsmaßstäben als rechtlich gleichwertig gelten können. Ist aber einmal diese Gleichwertigkeit festgestellt, so ist die Annahme einer Gleichheit der Rechtsfolgen zwingend. Bei der axiologischen Betrachtungsweise geht es gerade darum, die Gleichwertigkeit zweier oder mehrerer zum Vergleich stehender Rechtsfälle festzustellen. Alles weitere ist dann Sache einer logischen Schlußfolgerung:

Rechtlich gleichwertige Sachverhalte lösen die gleiche Rechtsfolge aus.
Die Sachverhalte A und B sind rechtlich gleichwertig.
―――――――――――――――――――――――――
Folglich lösen beide die gleiche Rechtsfolge aus.

Der Unterschied dieser Folgerung zum Aufbau des logischen Analogieschlusses ist augenfällig. Der Vergleich beider Schlußmodi zeigt aber zugleich, daß die angedeutete Antinomie im Grunde nur eine scheinbare ist. Indem nämlich die Folgerung nach Analogie durch die axiologische Betrachtungsweise ihre problematische Natur aufgibt und zwingenden Charakter annimmt, wird sie auf eine völlig andere Ebene gehoben und gewinnt eine neue Struktur. Es geht nun nicht mehr darum, aus einer partiellen eine weitergehende Übereinstimmung zu erschließen, sondern lediglich noch darum, aus den in allen maßgeblichen Bestimmungsrichtungen bereits durch wertende Vergleichung bekannten Gemeinsamkeiten mit Hilfe der Syllogistik die in den Prämissen implicite enthaltenen Konsequenzen aufzudecken. Die festgestellten Gemeinsamkeiten berechtigen dazu, bereits als Ausgangspunkt der Schlußfolgerung eine Äquivalenz der verglichenen Sachverhalte hinsichtlich der für die Rechtsfolge bedeutsamen Tatbestandselemente anzunehmen und damit die weitere Betrachtung auf eine Basis zu stellen, die bei dem eigentlichen Analogieschluß nur als Konsequenz der problematischen Folgerung auftaucht.

Durch den selben Schritt, durch welchen der Übergang von einer problematischen Folgerung zu einer solchen nach logischer Gewißheit vollzogen wird, wird der Boden des Analogieschlusses, wie er im ersten Teil dieser Untersuchung entwickelt worden ist, verlassen. Die metalogische Betrachtung verwandelt also im Grunde nicht den problematischen Analogieschluß in einen solchen zwingenden Charakters, sondern hebt ihn geradezu auf. Dem Analogieschluß bleibt es daher eigentümlich, daß er notwendigerweise einen Mangel an Gewißheit aufweist, den er als A n a l o g i e -schluß nicht zu überwinden vermag. Es stellt somit einen Wesenszug der Folgerung per analogiam dar, daß die materiellen Beziehungen der Einzelglieder der Analogie in ihrer vollen Tragweite weder explicite noch implicite bekannt sind und daher der Folgesatz ohne innere Gewißheit gesetzt wird. Soweit eine metalogische Betrachtungsweise diese Beziehungen näherhin untersucht und klärt, stellt dieses Verfahren gegenüber dem Analogieschluß kein Fortschreiten auf gleicher Ebene dar, sondern bildet ein aliud, das sich nicht ausschließlich nach formalen Denkgesetzen abspielt, dessen Ergebnisse aber wiederum eine Ausgangssituation für die Anwendung formaler Denkgesetze schaffen und damit bewirken, daß in den auf sie aufbauenden logischen Konstruktionen die formale Struktur des Analogieschlusses gänzlich eliminiert wird.

Für die rechtswissenschaftliche Analogie äußert sich dieses aliud beispielsweise darin, daß die axiologische Rechtsbetrachtung die „negative Instanz", die in der Ausgangssituation jedes von der Logik her gedeuteten juristischen Analogieschlusses anzutreffen ist, beseitigt, indem sie die für die Auslösung der entsprechenden Rechtsfolgen wesentlichen Tatbestandselemente eindeutig herausstellt und die Rechtsfolge nur dann auf den zur Entscheidung stehenden Fall anwendet, wenn sich erweist, daß in den wesentlichen Tatbestandselementen keine solche negative Instanz mehr enthalten ist. Dies ist freilich nicht erst dann der Fall, wenn alle wesentlichen Tatbestandselemente einer bestimmten Vergleichsnorm ihrem d o r t umrissenen Inhalt nach gegeben sind, sondern schon dann, wenn die Tatbestandselemente der Vergleichsnorm und der abstrahierte Sachverhalt des zu entscheidenden Falles sich auf einer Ebene der G l e i c h w e r t i g k e i t treffen.

Nach dem Gesagten ist der Analogieschluß in seiner von der Logik her bestimmten Struktur für die Rechtsanwendung keineswegs zur Bedeutungslosigkeit verurteilt. Wenn ihm auch kein zwingender Charakter zukommen kann, leistet er doch als ein „Rechtsanzeichen"[370]) der Erkenntnis und der Entfaltung des Rechts bedeutende Dienste, indem er als eine vorläufige, versuchsweise Schlußfolgerung die denkbaren Möglichkeiten herausstellt, welche die axiologische Betrachtung näherhin zu prüfen hat, um die rechtlich gleichwertigen Sachverhalte zu Gleichheitskreisen zusammenzufassen und ihnen eine einheitliche Rechtsfolge beizulegen und um weiterhin auch noch die Ähnlichkeitskreise zu entwickeln, in denen jeweils alle Sachverhalte erfaßt werden können, deren Rechtsfolgen wegen der axiologisch gebotenen Konkretisierung zwar untereinander Modifikationen aufzuweisen haben, aber doch in den Grundlagen eine gewisse Gemeinsamkeit besitzen, die es berechtigt erscheinen läßt, sie aus dem Gesamtbereich der möglichen Sachverhalte herauszuheben und im Rahmen einer sachgemäßen Rechtssystematik zusammenzufassen.

Daß der Analogieschluß in diesem Sinne allerdings auch nicht mehr sein kann als ein vorläufiges Verfahren, wird dabei bereits an der besonderen Struktur des juristischen Analogieschlusses deutlich:

Als Ausgangspunkt eines Analogieschlusses unterscheiden sich, wie wir gesehen haben, der Tatbestand der im Gesetz enthaltenen Vergleichsnorm und der auf die Abstraktionsstufe dieses Tatbestandes übertragene Sachverhalt des zu entscheidenden Falles in wenigstens einem ihrer Elemente. Die Erstreckung der Rechtsfolge der Vergleichsnorm auf den vorgegebenen Fall hingegen kann mit Gewißheit nur vorgenommen werden, wenn eine Gleichwertigkeit der Tatbestände erkennbar ist, wenn diese also — logisch gesehen — demselben Gleichheitskreis hinsichtlich der Rechtsfolgen angehören. Dann kann aber, wenn wir den als Ausgangspunkt der Analogie genommenen Tatbestand der Vergleichsnorm etwa als Konjunktion ($V_1$ & $V_2$ & $V_3$) bezeichnen können, diese Konjunktion noch nicht die umfassende Wiedergabe des durch eine dem Gesamtgeltungsumfang der Norm gerecht werdenden Interpretation eindeutig festgestellten Normsinns darstellen, sondern nur eine Kombination von Tatbestandselementen aus einem Gleichheitskreis sein, zu dem auch noch weitere Kombinationen gezählt werden müssen. ($V_1$ & $V_2$ & $V_3$) ist also selbst nur eine vorläufige Deutung der Tatbestandsseite des Normsinns, die vielleicht — was erst durch eingehende axiologische Betrachtung geklärt werden müßte — noch generalisierungsbedürftig ist, um den für die Rechtsfolge maßgeblichen Gesamtatbestand zu erschöpfen. Dieser Umstand erklärt es auch, daß es Analogieschlüsse gibt, die sich ausschließlich innerhalb des Rahmens eines gesetzlichen Tatbestandes vollziehen, indem als Implikans der Ausgangsimplikation lediglich ein Sonderfall des gesetzlichen Tatbestandes genommen und auf die Rechtsfolge eines anderen Sonderfalls geschlossen wird, und daß es weitere Analo-

[370]) Kegel, S. 267.

gieschlüsse gibt, bei denen sich das Implikans der Ausgangsimplikation nach dem vorläufig angenommenen Sinn des gesetzlichen Tatbestandes richtet und deren Folgerung die Erweiterung dieses angenommenen Normsinns nahelegt. Eine Norm, deren Sinn bereits bis zur äußersten Grenze seines Geltungsbereichs ausgeschöpft ist, kann demnach nicht mehr zum Ausgangspunkt einer in ihren Ergebnissen zutreffenden Analogie gemacht werden.

Durch diese Überlegungen zeigt sich bestätigt, daß es für die Analogie als ein vorläufiges Verfahren im Rahmen der Rechtsanwendung wenig sinnvoll ist, sich in irgendwelche Spekulationen über den Grad der Wahrscheinlichkeit einzulassen, die dieser Folgerung zukommt. Ihren heuristischen Wert erfüllt sie schon durch die bloße Aufzeigung der bestehenden Möglichkeiten, alles weitere ist dann Sache der wertenden Vergleichung und Abstimmung mit den Grundgedanken der Rechtsordnung und verläßt damit den Bereich, in dem Wahrscheinlichkeitskalküle ein brauchbares Hilfsmittel zur Erweiterung unserer Erkenntnis sein mögen.

Schließlich ist noch einiges über das Verhältnis von juristischer Analogie und Induktion zu sagen.

Die analoge Rechtsanwendung — als ein axiologisches Verfahren gesehen — ist insoweit „induktiv", als sie zurückgreift auf die der Norm zugrundeliegenden Wertungen. Dieser Rückgriff stützt sich jedoch nicht auf eine reine Induktion im Sinne der Logikwissenschaft. Es ist insoweit gleichgültig, ob dabei der Ausgangspunkt von einer einzigen oder von mehreren gesetzlichen Vorschriften genommen wird. Keinesfalls wird, wie bereits ausgeführt worden ist, durch beliebige Generalisierung oder unter Rückgriff auf die Häufigkeit der Beispielsfälle der entsprechende Grundgedanke des Gesetzes herausgestellt, sondern das Verfahren ist ein mit Mitteln der Logik nicht erfaßbares axiologisches. Der Rückgriff auf den Grundgedanken des Gesetzes kann daher auch nicht als eine bloße Ersetzung des problematischen Analogieschlusses im engeren Sinne durch einen ebenfalls problematischen Induktionsschluß aufgefaßt werden, wodurch sich das Verfahren nicht von seiner Untauglichkeit zu einer rechtlich hinreichenden Begründung der Folgerung zu befreien vermöchte; er stützt sich vielmehr auf metalogische Erwägungen und gelangt nur durch sie zu der juridischen Gewißheit, welcher jede rechtliche Folgerung bedarf.

Wie der Analogieschluß im engeren Sinne, so vermag freilich auch der Induktionsschluß als ein vorläufiges Verfahren für die Rechtsanwendung Bedeutung zu erlangen. Hier ist an die Fälle zu denken, in denen aus dem Umstand, daß einige von mehreren zu einem (vorläufigen) Gleichheitskreis zusammengefaßten Sachverhalten eine bestimmte Rechtsfolge nach sich ziehen, darauf geschlossen wird, daß dies bei allen Sachverhalten des Gleichheitskreises der Fall ist[371]). Bei einer solchen Sachlage von einem Analogieschluß zu sprechen, verbietet sich schon deshalb, weil der Charakter eines Niveauschlusses völlig aufgegeben worden ist. An dem problematischen und lediglich vorläufigen Charakter der Ergebnisse ändert sich dadurch jedoch nichts. Wenn auch Lindenbaum-Hosiasson von den durch sie vorausgesetzten Axiomen aus zu dem Ergebnis gelangt ist, daß sich für die Induktion eine Wahrscheinlichkeit deutlicher nachweisen lasse als für den Analogieschluß, so ist bereits hinreichend betont worden, daß dies jedenfalls insoweit ohne Bedeutung bleiben muß, als die durch die Induktion erschlossenen Gattungsmerkmale von den den Ausgangspunkt des Schlusses bildenden Gegenständen auf die anderen Gegenstände der Gattung übertragen werden[372]).

Die Induktion kann daher der Rechtsfindung keine besseren Ergebnisse liefern als die Analogie, über deren Grenzen an innerer Gewißheit sie sich in den hier interessierenden Bestimmungsrichtungen nicht zu erheben vermag. Wohl aber kann sie dienen als ein heuristisches Prinzip zur Auffindung von Gemeinsamkeiten und stellt sich damit in den Dienst der Rechtsvereinfachung und der systematischen Durchdringung des Rechtsstoffes.

## III. Die juristische Interpretationsmethodik und das Problem der analogen Rechtsanwendung

### § 23 Analogie und allgemeine Rechtsgrundsätze

Als im Jahre 1906 die Antrittsvorlesung Fleiners über die Umbildung zivilrechtlicher Institute durch das öffentliche Recht im Druck erschien, waren Lehre und Rechtsprechung noch stark von der auf Perthes zurückgehenden Theorie von den „gemischten Rechtsverhältnissen" beherrscht[373]). Fleiner wies gegenüber dieser Theorie nach, daß eine praktische Notwendigkeit die einheitliche Betrachtung der Rechtsinstitute erfordert[374]). Damit war die Grundlage geschaffen zu einer klaren Prüfung der Frage, in welchem Maße und auf welchem methodischen Weg Privatrechtsnormen hilfsweise zur Ergänzung des fragmentarischen öffentlichen Rechts herangezogen werden können. Fleiner hatte offensichtlich auch schon erkannt, daß selbst bei einer solchen hilfsweisen Heranziehung in Wirklichkeit nicht Privatrecht, sondern öffentliches Recht angewandt wird, denn er stellt fest, aus der zeitlichen Priorität des Auftretens von Rechtsformen auf dem

---

371) Vgl. insbes. oben § 17.
372) Vgl. oben § 11.
373) Fleiner (a), S. 10.
374) Fleiner (a), S. 14.

Boden des Privatrechts könne nicht auf eine diesen innewohnende privatrechtliche Natur geschlossen werden[375]).

Diese Auffassung hat Fleiner in seinen „Institutionen des deutschen Verwaltungsrechts" noch klarer herausgestellt. Bereits in der ersten Auflage von 1911 zeigt er die Konsequenzen auf, die sich aus der Erkenntnis ergeben, daß alle Normen, welche zur Ausfüllung von Lücken des positiven öffentlichen Rechts herangezogen werden, als öffentlichrechtliche Vorschriften Anwendung finden[376]). Daneben betont er, daß es zwei Wege gebe, auf denen das Privatrecht für die Ausgestaltung des öffentlichen Rechts Bedeutung erlange: Der erste Weg ist nach ihm dann beschreitbar, wenn ein öffentlichrechtliches Rechtsverhältnis früher dem Privatrecht zugerechnet worden ist. Fleiner hält in diesen Fällen die Heranziehung des früheren Privatrechts für möglich. Bei der Darstellung des zweiten Weges geht er davon aus, daß jedes Recht unausgesprochene Rechtsgedanken in sich berge. Wegen dieses Umstandes sei es möglich, aus einzelnen Bestimmungen einen allgemeineren Obersatz abzuleiten, und über diesen Obersatz könne auch das Privatrecht für das öffentliche Recht fruchtbar gemacht werden. Bemerkenswert ist, daß Fleiner in den ersten Auflagen seines Werkes diese Methode nicht von der Analogie abgrenzt, sie vielmehr im Sachregister unter das Stichwort „analoge Anwendung des Zivilrechts" stellt. Erst später — und bezeichnenderweise unter Berufung auf die Rechtsprechung des Reichsgerichts — betont er, daß die genannte Heranziehung nicht als Analogie aufgefaßt werden könne[377]).

Der entscheidende Schritt zur Abgrenzung der Analogie von der Auffindung und Anwendung der im Gesetz enthaltenen allgemeinen Rechtsgedanken hatte sich in der Rechtsprechung des Reichsgerichts vollzogen. Da sich die eigenartige Problemstellung bei der Beurteilung des Verhältnisses von Analogie und der Anwendung allgemeiner Rechtsgrundsätze nur aus der Besonderheit der reichsgerichtlichen Auffassung verstehen läßt, muß auf sie kurz eingegangen werden, obwohl unsere Untersuchung keine problemgeschichtlichen Ziele verfolgt.

Solange die herrschende Ansicht davon ausging, daß öffentliche Rechtsverhältnise zugleich zivilrechtliche Seiten haben könnten, mußte es als zulässig gelten, Privatrechtsnormen unmittelbar im Rahmen öffentlicher Rechtsverhältnisse anzuwenden[378]). Mit der klaren Heraus-

---

375) Fleiner (a), S. 23.

376) Vgl. hierzu und zum folgenden Fleiner (b), 1. Aufl., S. 51 ff., 2. Aufl., S. 55 ff.

377) Fleiner (b), 8. Aufl., S. 55—57.

378) Wie lange z. B. für das Beamtenverhältnis die vermögensrechtlichen Ansprüche für privatrechtliche gehalten worden sind, zeigen die Entscheidungen RG (Z) 92, 178 (179) vom 8. 2. 1918 und RG (Z) 104, 58 (60) vom 14. 3. 1922, die den Berufsgerichten gegenüber ausdrücklich feststellen mußten, daß alle Ansprüche aus dem Beamtenverhältnis öffentlichrechtlicher Natur sind.

arbeitung der Unterschiede zwischen Privatrecht und öffentlichem Recht tauchte jedoch die Frage auf, ob ein solcher Rückgriff auf das Privatrecht auch dann erfolgen dürfe, wenn ein Rechtsverhältnis als in jeder Beziehung öffentlichrechtlich erkannt worden war. Nunmehr konnten auf keinen Fall Bestimmungen des Bürgerlichen Rechts unmittelbar herangezogen werden, doch glaubte das Reichsgericht andererseits nicht, ganz auf ihre Verwertung verzichten zu können. In einem Urteil vom 18. 5. 1909 sprach der dritte Zivilsenat aus, daß zur Ergänzung des öffentlichen Rechts die Vorschriften des Privatrechts im Wege der Analogie herangezogen werden könnten[379]). Die Urteile der übrigen Senate zeigen in dieser Zeit jedoch noch nicht diese deutliche Abgrenzung von Privatrecht und öffentlichem Recht. So wird beispielsweise in einem Urteil des VI. Senats vom 15. 6. 1911[380]) über die Tragung von Polizeikosten durch Anwendung der Bestimmungen des BGB über die Geschäftsführung ohne Auftrag entschieden, ohne daß der Senat sich darüber äußert, ob er diese Anwendung als unmittelbare oder nur als entsprechende angesehen hat.

Auch bei einer weiteren Wendung der Rechtsprechung war der III. Senat führend: Im Urteil vom 2. 6. 1916[381]) erklärte er, auch die analoge Anwendung privatrechtlicher Normen könne den Besonderheiten des öffentlichen Rechts nicht gerecht werden, vielmehr sei nur der in den Privatrechtsnormen zum Ausdruck gekommene Grundgedanke anwendbar, sofern er nicht dem Wesen des öffentlichen Rechts widerspreche.

Es kann hier nicht untersucht werden, inwieweit bei dieser Rechtsprechung der Einfluß Otto Mayers und seiner Theorie, daß zivilistische und öffentliche Rechtsinstitute nichts Rechtsähnliches sein könnten[382]), wirksam geworden ist. Der unmittelbare Anstoß zur Abweichung von der bisherigen Rechtsprechung ist, wie auch die nachfolgenden Urteile[383]) zeigen, offenbar von einer anderen Seite her erfolgt: Es war nämlich zu prüfen, ob bürgerlichrechtliche Normen, die zur Ergänzung von nicht revisiblem öffentlichem Landesrecht herangezogen worden waren, ihrerseits revisibel blieben.

Für die neue Richtung seiner Rechtsprechung hat der III. Senat die knappe und treffende Formulierung gefunden:

---

379) RG (Z) 71, 243 (247), der Senat kann sich bei dieser Entscheidung bereits auf einige voraufgegangene Entscheidungen stützen. Vgl. aus der späteren Rechtsprechung insbes. RG (Z) 74, 342 (343 f.); Seuff. Arch. 70, 16 (17 f.).

380) RG (Z) 77, 193 (197).

381) Leipz. Zeitschr. 1916, Sp. 1102, Nr. 18.

382) Mayer, O., 2. Aufl., S. 119 f., 3. Aufl., S. 116.

383) Leipz. Zeitschr. 1917 Sp. 740 (742), u. Sp. 928 (929).

„Die Entscheidung hat sich bei dem Mangel einschlagender Vorschriften auf die Grundsätze zu stützen, die sich aus der Natur der Sache bei Berücksichtigung der Rechtsgedanken ergeben, welche für die Beurteilung ähnlich liegender Verhältnisse des Privatrechts maßgebend sind“[384]).

Nach einigem Schwanken blieben in der Folgezeit die Urteile des Senats beharrlich auf der neuen Linie und verhalfen ihr dadurch zu allgemeiner Anerkennung bei den übrigen Senaten, den Verwaltungsgerichten und dem überwiegenden Teil des Schrifttums[385]).

Damit hatte sich eine Auffassung gefestigt, die eine prinzipielle Unterscheidung trifft zwischen der Analogie und der Auffindung und Anwendung allgemeiner Rechtsgrundsätze. Es leuchtet ein, daß bei einer konsequenten Fortentwicklung dieser Unterscheidung der Wirkungsbereich der a n a l o g e n Rechtsanwendung erheblich eingeschränkt wird.

Es ist jedoch zu fragen, ob diese Unterscheidung aufrechterhalten werden kann. Wenn Schüle[386]) zur Begründung der Unterscheidung davon spricht, es handele sich bei der Analogie stets um Tatbestände, die im wesentlichen gleichartig seien, während mit allgemeinen Rechtsgedanken dann gearbeitet werden müsse, wenn die Tatbestände im wesentlichen voneinander abwichen, so kann es sich dabei nur um graduelle, nicht aber um begriffliche Unterschiede handeln, und es ist zu betonen, daß ja gerade in den Fällen der Analogie die Herausstellung eines allgemeinen Rechtsgrundsatzes möglich erscheint. Auch der Hinweis darauf, die Analogie sei nur insoweit zulässig, als angenommen werden könne, der Gesetzgeber würde sie gewollt haben[387]), geht, wie bereits im einzelnen nachgewiesen worden ist, fehl und erscheint von der Logik her gesehen als Abgrenzung willkürlich, für die axiologische Betrachtung aber als unzulänglich. Wenn die Rechtswissenschaft das Bedürfnis empfindet, die Zulässigkeit der juristischen Analogie unter sachlichen Gesichtspunkten einzuschränken, so darf dies jedenfalls nicht zu engherzig geschehen. Denn gerade die Tatsache, daß jenseits der gezogenen Grenzen unter Anlehnung an gesetzliche Normen, wenn auch mit scheinbar anderer Begründung, argumentiert wird, würde bei zu großer Enge die Unsachgemäßheit der gesetzten Grenzen deutlich werden lassen und diese als revisionsbedürftig erweisen.

---

384) RG (Z) 91, 21 (22).

385) Vgl. z. B. RG (Z) 92, 178 (179); 95, 144 (146); 97, 43 (44); 98, 341 (342); 104, 58 (60); 107, 189 (190); 109, 8 (10); Preuß. OVG 82, 305; 84, 155 (158); Zur Literatur vgl. die eingehenden Nachweisungen bei Forsthoff, (b), S. 134 ff. 142 ff.

386) Schüle, S. 407.

387) Schüle, S. 408.

Auch die Versuche Bergmanns[388]), eine theoretische Untermauerung der Unterscheidung von analoger Rechtsanwendung und Herausarbeitung allgemeiner Rechtsgrundsätze zu liefern, vermögen nicht zu überzeugen. Seiner Meinung nach ist die Abgrenzung deshalb notwendig, weil der gesetzgeberische Grund für einen Privatrechtssatz niemals auf einen äußerlich ähnlich gelagerten Fall des öffentlichen Rechts genau zutreffen könne[389]), und deshalb sei eine Analogie nicht möglich. Demgegenüber zeigt aber gerade die Herausarbeitung des allgemeinen Rechtsgrundsatzes, daß der privatrechtliche und der öffentlichrechtliche Fall in ihren wesentlichen Tatbestandselementen Gemeinsamkeiten aufweisen, die es ermöglichen, zu den tragenden Grundgedanken vorzudringen. Wenn es aber schon möglich ist, den gemeinsamen Rechtsgrundsatz eindeutig herauszustellen, dann erweist es sich als unsinnig, anzunehmen, unter den gegebenen Voraussetzungen sei eine Analogie unstatthaft, weil deren begriffliche Vorbedingung, nämlich daß in den „für den vorliegenden Zweck wesentlichen Merkmalen"[390]) Übereinstimmung herrscht, nicht gegeben seien.

Bergmann verfährt bei seiner Untersuchung so, daß er zunächst die Analogie als methodisches Hilfsmittel ablehnt, um dann einen anderen Weg zu suchen, den er in der Herausarbeitung der allgemeinen Rechtsgedanken findet. Verfolgt man jedoch einmal den Weg in umgekehrter Richtung, dann erweist sich, daß die Unterscheidung ohne sachliche Berechtigung ist: Wo zwei Normen auf einen gemeinsamen allgemeinen Rechtsgedanken zurückgehen, da besteht auch ein Analogieverhältnis zwischen ihnen, das es ermöglicht, per analogiam von der einen Norm auf die andere Folgerungen zu ziehen, mag nun die Grenze des einzelnen Rechtsgebiets überschritten werden oder nicht[391]).

Mag die Auffindung der allgemeinen Grundgedanken auch nicht nach dem formalen Schema des logischen Analogieschlusses im engeren Sinne verlaufen, sondern vielmehr auf die Schlußfigur der Induktion zurückgehen und ihre Gültigkeit aus dem Bereich der Axiologie empfangen, zur juristischen Analogie im axiologischen Sinne läßt sich jedenfalls kein prinzipieller Unterschied ausmachen, der dazu berechtigen würde, der Analogie die ihr tatsächlich zukommende Bedeutung bei der Ergänzung des öffentlichen Rechts unter Anlehnung an Normen des Privatrechts abzusprechen.

In ihrer axiologischen Gestalt muß die Analogie in Übereinstimmung bleiben mit den tragenden Grundgedanken der von ihr unmittelbar oder mittelbar in Bezug genommenen Normen. Sie greift dabei nicht willkürlich auf Obersätze zurück, die sich irgendwie aus dem vor-

---

[388]) Bergmann, insbes. S. 20 ff.
[389]) Bergmann, S. 23.
[390]) Bergmann, S. 21.
[391]) So auch Engisch (a), S. 76 ff. für das Verhältnis von Privatrecht und öffentlichem Recht.

gegebenen Normbestand logisch konstruieren lassen[392]), so daß es nicht möglich ist, zu fordern, nur wo die Lösung mit logischer Notwendigkeit auftrete, dürfe man sich für sie entscheiden[393]). Sie präzisiert vielmehr den Geltungsbereich der Normen und bringt die allgemeinen Rechtsgrundsätze nur insoweit zur Anwendung, als dem nicht die Notwendigkeit einer näheren Konkretisierung entgegensteht.

Den gleichen Weg muß aber auch die Theorie der Anwendung allgemeiner Rechtsgrundsätze beschreiten, will sie zu sachlich richtigen Ergebnissen kommen. Nur soweit eine Unterscheidung zwischen Analogieschluß im engeren Sinne und Induktion sinnvoll ist, kann es demnach berechtigt sein, die Herausarbeitung allgemeiner Rechtsgrundsätze aus Einzelnormen von der Analogie im engeren Sinne abzugrenzen und der induktiven Rechtsfindung zuzuordnen.

## § 24 Analogie und Fallgerechtigkeit

Wenn auch die Normfindung unter Rückgriff auf die in einer gesetzlichen Norm niedergelegten allgemeinen Rechtsgedanken nicht außerhalb des Bereichs der juristischen Analogie liegt, so kommt es doch keineswegs immer bei der Entwicklung einer „analogen" Norm zu einer klaren Herausarbeitung des vollen Geltungsumfangs dieser allgemeinen Rechtsgedanken.

Manche Analogie stützt sich weniger auf einen bewußten Rückgriff auf materielle Rechtsprinzipien als vielmehr auf Praktikabilitätserwägungen. Dies gilt namentlich bei Normen, deren Inhalt überwiegend rechtstechnischer Art ist oder rein praktische Regelungen trifft[394]), die unter dem Gesichtspunkt höherer Rechtsideen möglicherweise ebensogut auch anders getroffen werden konnten, für die es jedoch wichtig ist, daß sie um einer vernünftigen Lebensordnung willen überhaupt bestehen. Es ist hier etwa an die Vorschriften über die Berechnung von Fristen oder an bestimmte verkehrstechnische Bestimmungen zu denken. Ob im Straßenverkehr generell die Regel des Rechtsfahrens oder die des Linksfahrens gelten soll, läßt sich nicht nach obersten Rechtsprinzipien entscheiden, sondern ist eine Frage rein praktischer Erwägungen.

Enthält ein Normzusammenhang keine ausdrücklichen Regelungen dieser Art, obwohl deren Bestehen einem sachlichen Bedürfnis entspricht, so legen schon Praktikabilitätserwägungen nahe, eine Regelung in Anlehnung an Bestimmungen zu finden, die in anderen Rechtsgebieten aus einem entsprechenden Bedürfnis nach positiver Regelung gesetzt worden sind. Hier geht es zwar auch um Werturteile, soweit

392) Schreier, S. 42.
393) So zu Unrecht Schwinge (b), S. 66.
394) Oertmann, S. 46.

die Notwendigkeit einer Regelung und die Geeignetheit der ins Auge gefaßten Lösung in Frage stehen, man kann aber nur bedingt von einem Rückgriff auf einen materiellen allgemeinen Rechtsgedanken sprechen, nämlich nur insoweit, als von den obersten Rechtsprinzipien her überhaupt eine Regelung gefordert wird. So wird man es beispielsweise nicht als eine Frage der materiellen Gerechtigkeit ansehen können, ob eine Frist an dem Tage zu laufen beginnt, an welchem ein bestimmtes Ereignis eintritt, oder erst an dem nächstfolgenden Tage.

Es läßt sich auch nicht verkennen, daß diese Ersetzung eines umfassenden Rekurses auf die allgemeinen Rechtsgrundsätze einer allgemeinen Tendenz in der Rechtsanwendung entgegenkommt: dem Bestreben, bei der Lösung eines konkreten Falles aus Gründen einer gesunden Rechtsökonomie alle rechtlichen Erwägungen auszuschalten, die nicht unbedingt für die jeweilige Fallentscheidung notwendig sind. Insbesondere der Rechtspraktiker wird es begrüßen, wenn er mit Praktikabilitätserwägungen auskommt und nicht gezwungen ist, die ihm im Grunde auch nicht gestellte Aufgabe der umfassenden Herausarbeitung der allgemeinen Rechtsgrundsätze zu übernehmen, zumal die Erfahrung zeigt, daß es mitunter leichter ist, sich über eine konkrete Wertung zu einigen, als Einigkeit in den grundsätzlichen Anschauungen zu erzielen[395]).

Dem entspricht es, daß sich die Rechtspraxis in aller Regel damit begnügt, festzustellen, daß eine bestimmte Rechtsnorm auf den konkreten zur Entscheidung stehenden Fall „analog" angewandt werden kann, ohne daß zuvor eine analoge Norm unter Ausschöpfung ihres vollen Geltungsumfanges entwickelt wird. Sie wird dazu um so eher geneigt sein, je mehr sie von der Theorie darin bestärkt wird, eine Analogie sei auch ohne umfassende Herausarbeitung eines allgemeinen Obersatzes zu vollziehen. In diesem Sinne betont Weigelin[396]), es komme bei der praktischen Durchführung der Analogie nicht so sehr auf die Herausarbeitung des allgemeinen Obersatzes an, dessen Tragweite vielmehr dahingestellt bleiben könne, sondern es genüge die Erkenntnis der Wesensähnlichkeit zwischen dem einen und dem anderen Falle.

Für diese Ausgangssituation, vor die sich die Logik mit ihrem Analogieschluß gestellt sieht, ist diese Unbestimmtheit des Geltungsbereichs des allgemeinen Obersatzes schon deshalb hinzunehmen, weil ja gerade die spezifische Struktur des Analogieschlusses von dieser Unbestimmtheit geprägt wird und im Falle völliger Klarheit über den allgemeinen Obersatz mit einem gewöhnlichen Syllogismus auszukommen wäre.

395) Rümelin, M. (b), S. 55.
396) Weigelin, S. 12.

Aber auch für eine axiologische Betrachtung ist man zur Lösung eines Einzelfalles nicht auf eine abschließende Herausarbeitung des Obersatzes und der analogen Norm angewiesen. Es erscheint als ausreichend, wenn der Geltungsbereich der analogen Norm lediglich in dem Umfange erfaßt wird, daß sich der zur Entscheidung stehende Sachverhalt als ein Unterfall dieser Norm erweisen läßt. Im übrigen mag man die Herausarbeitung der Norm der Rechtsdogmatik überlassen.

Die analoge Rechtsanwendung ist damit sehr stark auf den Einzelfall abgestellt und begnügt sich häufig damit, die tragenden allgemeinen Rechtsgedanken lediglich in einer ungefähren und mehr intuitiven Vorschau zu erfassen und die Entscheidung stärker auf eine konkrete Sachbezogenheit abzustellen. Von hier aus wird es auch verständlich, daß die Rechtslehre ein besonderes Gewicht auf die Betrachtung der zugrundeliegenden Interessen legt.

Es ist nicht zu verkennen, daß damit gleichzeitig eine stärkere Loslösung vom Gesetz erfolgt, als wenn die dem Gesetz zugrundeliegenden allgemeinen Rechtsgedanken mit voller Schärfe herausgearbeitet würden. So ist es auch für Weigelin[397]) nur konsequent, wenn er betont, daß die Rechtsähnlichkeit des zu entscheidenden Falles mit dem Tatbestand einer gesetzlichen Norm als solche nicht der entscheidende Grund für die entsprechende Anwendung sei, es komme vielmehr darauf an, ob sich auf diesem Wege ein befriedigendes Ergebnis erzielen lasse.

In der Tat läßt sich häufig beobachten, daß bei der Auffindung dessen, was in bestimmten Fällen „Recht" ist, trotz der Berufung auf die Rechtsähnlichkeit mit einer gesetzlichen Norm und die Übereinstimmung mit deren Grundgedanken die Überlegung entscheidend ist, ob eine auf den zu entscheidenden Fall abgestellte Norm „billigenswert" erscheint, wobei kein besonderer Wert darauf gelegt wird, festzustellen, was allgemein, abstrakt richtig ist, sondern vornehmlich geprüft wird, ob die gefundene Regelung des Einzelfalles dem entspricht, was nach der Auffassung des Entscheidenden gelten sollte oder, falls ein Rekurs auf die Rechtsüberzeugungen der Rechtsgemeinschaft genommen wird, was als eine geltende rechtliche Überzeugung angesehen werden muß und mithin als das im konkreten Fall Gesollte gefordert werden kann. Damit vollzieht sich die Suche nach dem Angemessenen also unter Orientierung an dem konkreten Lebensverhältnis und den in der Rechtsgemeinschaft herrschenden Rechtsüberzeugungen, wobei sich der Rückgriff auf diese Überzeugungen namentlich auf die Erwägung stützt, daß es nicht angemessen erscheint, von einem Gliede der Gemeinschaft Loyalität gegenüber einer Ordnung zu fordern, deren Billigung von ihm redlicherweise nicht erwartet werden kann.

---

[397]) Weigelin, S. 13.

Soweit sich dieser Akt der Rechtsfindung darauf gründet, daß derjenige, der die Entscheidung fällt, das in Anlehnung an eine andere gesetzliche Norm gefundene Ergebnis für richtig hält, geht er von der Annahme aus, daß der Mensch normalerweise — sofern es sich nicht um überwiegend rechtstechnische Fragen handelt — eine ganz eindeutige und unmittelbare Vorstellung hat von dem, was in einem bestimmten konkreten[398]) Falle angemessen ist, indem er sich die einander widerstreitenden Interessen klarmacht und sie gegeneinander abwägt. Die Einzelheiten dieses komplexen Sachverhalts, der zurückgeht auf das, was Messner die „menschliche Urerfahrung des sittlichen Rechtsgewissens“[399]) genannt hat, mögen hier auf sich beruhen. Bedeutsam erscheint, daß diese Tendenz zur konkreten Entscheidung der eigentlichen Aufgabe des Richters entgegenkommt, die ihm unterbreiteten Einzelfälle sachgerecht zu regeln, nicht aber, abstrakten Prinzipien als solchen ohne eine Beziehung auf einzelne Lebenssachverhalte Anerkennung zu verschaffen. Letzteres ist im übrigen auch in voller Strenge nicht durchzuführen, wenn nicht die abstrakte gesetzliche „Richtlinie“ durch ein Mindestmaß an „Kasuistik“ für die Lebenswirklichkeit anwendbar gemacht wird[400]).

Sofern solche konkreten, auf den einzelnen Fall ausgerichteten Rechtsbetrachtungen, die man dem Bereich der Billigkeit zuzuzählen hat[401]), mit dem Anspruch auf Geltung auftreten, werden sie sehr leicht in ein Spannungsverhältnis zur ratio scripta der positiven Rechtssatzungen geraten, denn vom Standpunkt des Gesetzes aus ist eine Entscheidung noch nicht dadurch als dem geltenden Recht entsprechend erwiesen, daß sie als richtig und billigenswert empfunden wird. Bott-Bodenhausen[402]) sieht es als eine wesentliche Eigenschaft der Billigkeit an, daß sie dahin wirke, die logische Geschlossenheit des Rechts aufzuheben. Sie sei aber andererseits auch notwendig, um die Starrheit des formativen gesetzlichen Begriffssystems durch sittliche Impulse auszugleichen. Individuelle Behandlung der Rechtsfragen[403]), die nach praktischer Verwendbarkeit und Ausgleich strebe und die stark gefühlsbestimmt sei, suche die Starrheit zu mildern, die das Recht dadurch erfahren habe, daß Begriffsformen festgelegt seien, die nicht nach den jeweiligen Erfordernissen wechseln könnten.

---

398) Daß solche unmittelbaren Wertentscheidungen nur in einer konkreten Situation getroffen werden können, wird von Coing (c), S. 81 besonders hervorgehoben.

399) Messner, S. 529.

400) v. Hippel, F. (b), S. 29 ff.

401) Binder (a), S. 396 ff., insbes. S. 401; (b), S. 165; Engisch (c), insbes. 212 ff.; Isay, S. 177 f.; Rümelin, M. (a), insbes. S. 43, 48. — Es bleibt freilich festzuhalten, daß diese Billigkeit des Einzelfalles als „aequitas specialis“ nicht den Gesamtbereich der Billigkeit ausmacht, die auch das „Maßgebende im Allgemeinen“, die „aequitas generalis“ umfaßt (Hering (a), S. 7).

402) Bott-Bodenhausen, insbes. S. 130 ff.

403) Bott-Bodenhausen, S. 12.

Diese Analyse zeigt zutreffend auf, wie Billigkeit und Satzungsstrenge in einem Spannungsverhältnis zueinander stehen[404]. Allerdings sind die Wege, die Bott-Bodenhausen zur Lösung dieses Spannungsverhältnisses aufzeigt, nicht gangbar. Man kann nicht den Mangel der statischen Rechtsbegriffe, die dem Leben immer nachhinken, durch ein rein funktionales Recht beseitigen. Dieser Funktionalismus richtet seine Einteilungsprinzipien nach den jeweiligen Urteilszwecken[405], um so zu verhindern, daß die Rechtsbegriffe veralten. Damit wird aber im Ergebnis die juristische Begriffsbildung in das Stadium der konkreten Fallentscheidung verlegt und die Bedeutung des Gesetzes als ein System vorweggenommener und für die Rechtsanwendung gültiger Werturteile verkannt. Zwar kommt jeder positiven Rechtsnorm notwendigerweise ein Defizit gegenüber dem idealen Recht zu, aber wenn es auch vom Standort dieses idealen Rechts aus weniger auf die institutionellen Rechts-formen als auf die Geeignetheit der konkreten Entscheidungen für die Verwirklichung der Gerechtigkeit ankommt, so ist doch dieses Defizit des positiven Rechts nicht einfach durch Auflösung der Bindung an die Werturteile des Gesetzes zu mindern. Das Korrektiv zur Vermeidung einer übertriebenen Statik der Gesetzesbegriffe ist nicht gegen das Gesetz durchzusetzen, sondern in einer verständigen Interpretation des Gesetzes selbst zu finden, wobei den veränderten sozialen Gegebenheiten durchaus Rechnung getragen werden kann.

Bei dieser Bindung der Rechtsanwendung an das Gesetz liegt es nahe, den Billigkeitserwägungen namentlich dort einen größeren Einfluß einzuräumen, wo Zweifel über den Sinn und die Tragweite positiver Normen auftauchen oder solche Normen gänzlich zu fehlen scheinen[406]. In diesem Rahmen gewinnt die Billigkeit, die sich gerade im Falle der Rechtsnot gewissermaßen wie von selbst einstellt[407], auch für die analoge Rechtsanwendung besondere Bedeutung. Wie aber bereits ganz allgemein die Billigkeitserwägungen der Satzungstreue als eines notwendigen Regulativs bedürfen, so darf sich auch die analoge Rechtsanwendung jedenfalls insoweit nicht zugunsten konkreter Ermessensentscheidungen von den bestehenden Rechtssatzungen lösen, als diese Anhaltspunkte für die Fallentscheidung bieten[408].

Die Analogie gibt zwar einen Ansatzpunkt für eine auf den konkreten Fall abgestellte Billigkeitsentscheidung, die Bindung an das vorgegebene abstrakte Recht ist aber stärker, als daß sie lediglich eine äußere Begründung für eine Entscheidung darstellen würde, die in Wirklichkeit nicht auf den Erwägungen des Gesetzes, sondern ledig-

404) Vgl. hierzu auch Binder (a), S. 404 ff.

405) Bott-Bodenhausen, S. 26.

406) Binder (a), S. 401 ff.; Petraschek, S. 308; Del Vecchio, S. 390.

407) Hering (b), S. 14.

408) Nach Lefebvre darf die Analogie nur dann angewandt werden, wenn dies der Aequitas entspricht.

lich auf einer konkreten Fallbetrachtung oder gar subjektiven Zweckmäßigkeitserwägungen des Entscheidenden[409]) beruht[410]). Sie ist damit mehr als eine bloße Verschleierung der wahren Motive der Rechtspflegeorgane.

Es ist bereits darauf hingewiesen worden, daß der Eigenbewertung gegenüber den Bewertungsmaßstäben, die das vorgegebene Recht darbietet, auch im Rahmen der analogen Rechtsanwendung lediglich subsidiäre Bedeutung zukommen kann. Diese Bindung an das Gesetz stellt ein echtes Argument der Rechtsanwendung dar, so daß die Eigenbewertung erst dort einzutreten hat, wo der vorgegebene Rechtsstoff keine Anhaltspunkte für die Entscheidung mehr zu bieten vermag. Damit kann die Analogie niemals bloße konkrete Fallentscheidung sein, sie hat vielmehr zur Voraussetzung, daß — wenn auch nicht immer explicite, so doch zumindest intuitiv — zurückgegriffen wird auf die allgemeinen Rechtsgrundsätze, die hinter den analog herangezogenen Normen des positiven Rechts stehen. Daß daneben auch die Billigkeitserwägungen einen Geltungsbereich behalten, hängt nicht nur mit dem allgemeinen Umstand zusammen, daß die Billigkeit gegenüber der Starrheit und Statik des Gesetzes ein notwendiges, wenn auch mit Vorsicht zu handhabendes Regulativ darstellt und damit der Rechtsinterpretation dient[411]), erfährt vielmehr gerade für den Fall der analogen Rechtsanwendung eine zusätzliche Bedeutung dadurch, daß hier der subsidiären Eigenbewertung eine notwendige und nicht durch Rückgriff auf die Werturteile des Gesetzes völlig eliminierbare besondere Bedeutung zukommt.

Es stellt damit keinen inneren Widerspruch dar, daß die Axiologie der analogen Rechtsanwendung sowohl auf die allgemeinen Rechtsgrundsätze als auch auf die konkrete Entscheidung nach den Besonderheiten des Einzelfalles hinweist. Beides steht vielmehr in einem korrelativen Verhältnis und ermöglicht damit eine Argumentation sowohl von dem vorgegebenen positiven Recht als auch vom Einzelfall her, wobei freilich die Grenze der Eigenbewertung bestimmt wird durch den Grundsatz der Normgebundenheit des Richters, einen Grundsatz, dessen Tragweite für die einzelnen Rechtssysteme unterschiedlich gedeutet werden mag, auf den aber keine positive Rechtsordnung verzichten kann, will sie sich nicht selbst preisgeben.

## § 25 Analogie und argumentum e contrario

Als „logische Umkehrung“[412]) wird in der Rechtswissenschaft dem Analogieschluß das sogenannte argumentum e contrario gegenüber-

---

409) Bachof, S. 740.
410) Meier-Hayoz, S. 181.
411) Ridder, S. 183.
412) v. Hippel, E. (b), S. 127.

gestellt. Nach Klug[413]) baut sich dieses argumentum wie folgt auf:

Prämisse: Wenn ein Sachverhalt die gesetzlichen Voraussetzungen $V_1, V_2, \ldots V_n$ erfüllt, so treten für ihn die Rechtsfolgen $R_1, R_2, \ldots Rn$ ein. Konklusion: Wenn ein Sachverhalt die gesetzlichen Voraussetzungen $V_1, V_2, \ldots V_n$ nicht erfüllt, so treten für ihn die Rechtsfolgen $R_1, R_2, \ldots R_n$ nicht ein.

Klug hat im einzelnen die Bedingungen untersucht, unter denen das argumentum logische Verbindlichkeit zu erlangen vermag. Für die traditionelle Logik läßt sich das obige Schema auf die nicht als allgemein gültig erweisliche Formel bringen:

Jedes S ist P
Kein non-S ist P[414])

Nähere Klarheit über die logischen Zusammenhänge bringt die Logistik, die eine genauere Unterscheidung der möglichen Implikationsbeziehungen erlaubt. Es sei ausgegangen von einer in den Prädikatenkalkül übertragenen Rechtsnorm

$$(x)\ [V(x) \rightarrow R(x)]$$

Das argumentum würde sodann besagen:

$$[(x)\ [V(x) \rightarrow R(x)]] \rightarrow [(x)\ [\bar{V}(x) \rightarrow \bar{R}(x)]]$$

Ein Beweis für die Richtigkeit dieser Implikation kann freilich nicht erbracht werden[415]).

Führt jedoch die Rechtsnorm zu einer intensiven Implikation

$$(x)\ [V(x) \Rightarrow R(x)]$$

so läßt sich der Umkehrschluß als logisch zwingend nachweisen[416]):

$$[(x)\ [V(x) \Rightarrow R(x)]] \rightarrow [(x)\ [\bar{V}(x) \rightarrow \bar{R}(x)]]$$

Ein Gleiches gilt für die Äquivalenz, die ja eine intensive Implikation in sich enthält:

$$[(x)\ [V(x) \leftrightarrow R(x)]] \rightarrow [(x)\ [\bar{V}(x) \leftrightarrow \bar{R}(x)]]$$

Aus dem Gesagten erhellt, daß das argumentum streng genommen ein Gegenstück zum Analogieschluß darstellt, wenn es sich um eine Norm handelt, deren Kalkülisierung eine „extensive" Implikation ($\rightarrow$) zwischen Tatbestand und Rechtsfolge ergibt. Liegt eine „intensive" Implikation ($\Rightarrow$) oder eine Äquivalenz zugrunde, so steht von vornherein für die Logik fest, daß nur das argumentum e contrario zu-

413) Klug, S. 127.
414) Klug, S. 128.
415) Dies wird bei Zimmermann (d), S. 627 nicht berücksichtigt; Zimmermann versucht am Beispiel des Art. 64 des Grundgesetzes darzulegen, daß der Umkehrschluß logisch durchaus zwingend sei.
416) Vgl. im einzelnen Klug, S. 130 f.

treffen kann und ein Analogieschluß überhaupt nicht mehr in Betracht kommt. Insoweit kann auch Klug nicht zugestimmt werden, der meint, daß zwar bei einer intensiven Implikation der Umkehrschluß stets zulässig sei, daraus jedoch nicht folge, daß ein Analogieschluß bei dieser Sachlage niemals erlaubt sei. Ein Analogieschluß könne jedenfalls dann in Betracht kommen, wenn für die dazu notwendigen Voraussetzungen ein Ähnlichkeitskreis definiert sei[417]). Bei einer solchen Betrachtungsweise besteht die Gefahr, daß zwei Dinge miteinander vermischt werden, die um einer hinreichenden logischen Klarheit willen auseinandergehalten werden sollten: Ist eine intensive Implikation $(x)\ [V_1\ (x) \Rightarrow R\ (x)]$ gegeben, so läßt sich aus logischen Gründen in bezug auf V kein Ähnlichkeitskreis, zu dem alle $V_1$, $V_2$, ... $V_n$ gezählt werden könnten, mit der Wirkung definieren, daß gelten würde:

$$(x)\ [[V_1\ (x) \vee V_2\ (x) \vee \ldots \vee V_n\ (x)] \Rightarrow R\ (x)]$$

Für die Ausgangsimplikation $(x)\ [V_1\ (x) \Rightarrow R\ (x)]$ folgt gemäß der Wahrheitswerttafel[418]), daß sie stets dann falsch ist, wenn $V_1\ (x)$ nicht zutrifft, wohl aber R (x). Sie läßt sich also nicht ohne Sinnveränderung dahin ergänzen, daß in das linke Implikationsglied neue disjunktiv verknüpfte Teilelemente aufgenommen werden, weil alsdann die Implikation selbst dann noch zutreffen würde, wenn eines der Disjunktionsglieder falsch wäre. Bleibt aber die Implikation auch für den Fall noch richtig, daß $V_1\ (x)$ nicht zutrifft, so erweist sich damit, daß der in der Implikation $(x)\ [V_1\ (x) \Rightarrow R\ (x)]$ zum Ausdruck gebrachte Ansatz überhaupt fehlerhaft war und die Implikationsglieder nicht richtig erfaßt hat. Steht noch nicht fest, ob außer $V_1\ (x)$ auch noch andere Voraussetzungen die durch R (x) gekennzeichnete Rechtsfolge auszulösen vermögen, so kann eine intensive Implikation überhaupt noch nicht aufgestellt werden. Wenn also ein Ähnlichkeitskreis mit dem Ziel definiert werden soll, alle Sachverhalte in ihm zu erfassen, welche die gleiche Rechtsfolge auslösen, so kann dies nur in dem Sinne geschehen, daß alle Glieder des Ähnlichkeitskreises im Rahmen des gegebenen Implikans verbleiben, also als Unterfall von $V_1$ aufgefaßt werden. Es ist dies dann aber keine Frage eines Analogieschlusses, sondern eine solche nach der Subsumtion ähnlicher Sachverhalte unter die gleichen vorgegebenen Tatbestandsbegriffe.

Schwierigkeiten der Abgrenzung zwischen den Fällen, in denen ein Analogieschluß, und den weiteren Fällen, in denen das argumentum anzuwenden ist, können also nur dort auftauchen, wo zwischen Tatbestand und Rechtsfolge keine intensive Implikation vorausgesetzt werden kann, wo vielmehr von einer extensiven Implikation ausgegangen werden muß. Daß in jedem dieser Fälle jeweils nur eines dieser beiden Interpretationsargumente zu richtigen Ergebnissen

[417]) Klug, S. 134.
[418]) Vgl. oben § 6.

führt, leuchtet ohne weiteres ein, wenn man sich vergegenwärtigt, daß am Ende jeder juristischen Argumentation die Einsicht stehen muß, daß sich die herausgearbeiteten Konsequenzen als rechtlich zwingend darstellen.

Zwar kann daher für die extensive Implikation Klug zugestimmt werden, wenn er betont, daß die Möglichkeit des Umkehrschlusses unabhängig sei von der Möglichkeit des Analogieschlusses[419]), sofern man hier an die logische Möglichkeit denkt, die stets dann angenommen werden darf, wenn eine Folgerung nicht als notwendig falsch erwiesen werden kann. Für die axiologische Betrachtung hingegen, die Klug nicht mehr in seine Untersuchungen einbezieht, schließen beide Interpretationsargumente einander aus. Erweist sich das eine von ihnen als richtig, so ist das andere notwendigerweise unzutreffend, erweist sich eines von ihnen als falsch, so ist man notwendigerweise auf das andere verwiesen. Eine abweichende Betrachtung ließe sich nur dann begründen, wenn man das argumentum e contrario auf die Fälle beschränken würde, in denen es sich als logisch zwingend nachweisen läßt, nämlich auf die Fälle von bereits eindeutig feststehenden intensiven Implikationen[420]). Dies entspricht aber nicht der rechtswissenschaftlichen Übung, die sich bei der Anwendung des argumentum keineswegs auf die Fälle logischer Verbindlichkeit beschränkt, sondern sich dieses Hilfsmittels gerade als eines axiologischen Arguments bedient. Folgt man dieser Übung, so bedarf die obige Feststellung, daß man bei Ablehnung des einen Arguments notwendigerweise dem anderen folgen müsse, noch einer genaueren Klarstellung: Ergibt sich, daß ein Analogieschluß nicht gezogen werden darf, so ist damit erwiesen, daß die Rechtsfolge der herangezogenen Norm auf den zu entscheidenden Fall keine Anwendung findet, wobei der nähere Geltungsumfang der Norm im übrigen dahingestellt bleiben kann. Ergibt sich hingegen, daß das argumentum e contrario nicht zutrifft, so ist damit noch keineswegs erwiesen, daß die Fälle einer zulässigen analogen Anwendung auch den zu entscheidenden Fall umfassen. Es bedarf also im Hinblick auf diesen Fall einer näheren Klarstellung des Geltungsbereichs der der herangezogenen Norm zugrundeliegenden Werturteile, um in Anlehnung an diese unter subsidiärer Ergänzung durch Eigenbewertung der vorgegebenen Sachlage zu bestimmen, ob der zur Entscheidung stehende Sachverhalt in diesen Geltungsbereich hineinfällt und damit geeignet ist, die durch die Norm festgelegte Rechtsfolge auszulösen.

## § 26 Analogieschluß und Auslegung

Im Hinblick auf das Verbot strafbegründender und strafschärfender Analogie im Strafrecht ist es immer wieder unternommen worden, die

---

419) Klug, S. 134.
420) So Klug, S. 133.

Analogie von der Auslegung klar und eindeutig abzugrenzen. Die Versuche, klare Unterscheidungskriterien herauszuarbeiten, stoßen jedoch auf erhebliche Schwierigkeiten, die es mit sich gebracht haben, daß es bislang nicht gelungen ist, zu allgemein anerkannten Ergebnissen vorzudringen.

Geht man davon aus, daß sich der Sinn des juristischen Analogieschlusses in der Ausfüllung von Gesetzeslücken erschöpft, so wird die Abgrenzung zur restriktiven Interpretation leicht, die Probleme tauchen dann erst auf, wenn die sogenannte extensive Interpretation ins Auge gefaßt wird. Es ist freilich vorweg klarzustellen, daß die Abgrenzung von extensiver und restriktiver Auslegung nur eine relative ist und für die nachfolgenden Untersuchungen keine entscheidende Bedeutung hat. Sie gilt nämlich nur auf der Basis der jeweils angenommenen Ausgangslage, indem zunächst unterstellt wird, daß der äußere Wortlaut der auszulegenden Norm einen bestimmten, abgrenzbaren Geltungsbereich für diese Norm festlege, der auf Grund der vorzunehmenden Gesetzesinterpretation entweder erweitert oder eingeschränkt werden könne. Die Relativität der angenommenen Ausgangslage zeigt sich dabei am einprägsamsten dort, wo durch eine unklare Sprachfassung besonders tiefgreifende Zweifel an dem Umfang des Geltungsbereichs der Norm hervorgerufen werden.

Dennoch wird das Bedürfnis nach einer ausdrücklichen Abgrenzung der Analogie gemeinhin nur im Verhältnis zur extensiven Interpretation empfunden, obwohl sich die Analogie mitunter durchaus in den Dienst einer „restriktiven" Interpretation stellen läßt, etwa wenn aus der Parallelvorschrift des § 823 Abs. 1 BGB gefolgert wird, daß auch im Rahmen des § 823 Abs. 2 BGB Widerrechtlichkeit zur Auslösung der Schadensersatzpflicht notwendig ist.

Der begriffliche Unterschied von extensiver Interpretation und Analogie wird zumeist darin gesehen, daß erstere im Rahmen des möglichen Sinnes des gedeuteten Gesetzeswortlauts verbleibe, während die Analogie eine Anwendung der Norm auf Fälle ermögliche, die jenseits dieser Grenze liegen[421]). Die Auslegung stelle nur die Klärung des Inhalts eines vorliegenden Gesetzes dar[422]) im Rahmen „der möglichen im Worte liegenden Bezugnahme auf Vorstellungen"[423]). Dem Gesetzeswortlaut käme demnach eine wesentliche „Abgrenzungsfunktion" zu[424]), und es ginge bei der Auslegung darum, innerhalb dieses ge-

[421]) Dahm, S. 66. Brütt, S. 157 spricht von einer „bewußten Erweiterung des gefundenen Gedankeninhalts".

[422]) RGR-Kom., Bd. 1, Einl. B, 3 (S. 8); Enneccerus-Nipperdey, S. 154: ähnlicn Sax, S. 82.

[423]) RGR-Kom., Bd. 1, Einl. B, 3 (S. 8); Engisch (d), S. 149 spricht vom „möglichen Wortsinn".

[424]) So ausdrücklich Schwinge (b), S. 48.

steckten Rahmens den „wahren Sinn des Gesetzes“[425]) zu erkennen. Es müßte alsdann weiterhin als ein notwendiges Begriffsmerkmal der Analogie gelten, daß sie außerhalb des Gesetzessinnes liegt[426]). Eine mehr subjektiv ausgerichtete Auffassung, der jedoch die Unmöglichkeit entgegensteht, die Rechtsanwendung an den Willen des historischen Gesetzgebers zu binden, stellt stärker auf den gesetzgeberischen Willen ab und meint, die Auslegung bleibe im Rahmen dessen, was der Gesetzgeber gewollt habe, während die Analogie diese Grenze überschreite[427]).

Zieht man die Konsequenzen aus den aufgezeigten Ansichten, so steht man vor ernsthaften Zweifeln an der sachlichen Richtigkeit dieser Abgrenzung von Analogie und Auslegung. Diese Bedenken sind nicht nur darin begründet, daß, wie die wohl herrschende Ansicht zugibt, für die praktische Entscheidung im Einzelfall die Grenzen flüssig sein können[428]), sondern setzen bereits bei den einzelnen begrifflichen Unterscheidungsmerkmalen ein. Im Rahmen der Auslegung gilt es als zulässig, dem Gesetzeswortlaut eine weitere Bedeutung beizumessen, als dies nach dem gewöhnlichen Sprachgebrauch des täglichen Lebens geschehen könnte[429]), und es ist zu fragen, wie weit sich diese Entfernung vom gewöhnlichen Sprachgebrauch erstrecken darf, ohne daß die Grenze der Auslegung überschritten wird. Beschränkt man sich auf die Feststelung, man könne jeweils so weit gehen, wie der Sinn des Gesetzes reiche[430]), so kann dem zugestimmt werden, damit ist aber noch keine hinreichende Abgrenzung zur Analogie gewonnen. Auch die Analogie muß ja als eine „sinngemäße“ Anwendung des Gesetzes angesehen werden[431]) und darf sich damit niemals vom Gesetzessinn lösen[432]). Endlich ist auch keine Gesetzesauslegung denkbar bei einem konsequenten Verzicht auf jegliche Eigenwertung, so daß es keinesfalls angeht, die Notwendigkeit einer klaren Scheidung von Auslegung und Analogie mit der Unhaltbarkeit des „Lückenlosigkeitsdogmas“ zu begründen, wie dies Reichel versucht hat[433]). Auf diese Zusammen-

---

425) So wörtlich Schack, S. 278; Sauer (c), S. 308; Weigelin, S. 13.

426) Nach Friedrich, S. 450 f. unterscheiden sich Auslegung und Analogie dadurch, daß die Auslegung auf „direkter Erkenntnis der im Gesetz enthaltenen Wertungen“, die Analogie hingegen auf „freier Wertung durch den Richter“ beruht.

427) Bartholomeyczik, S. 80; Riezler (a), S. 178 (Fußnote).

428) RGR-Kom., Bd. 1, Einl. B, 3 (S. 8); Dahm, S. 66.

429) Weigelin, S. 13; Sax, S. 82; Schwinge (b), S. 48; Schack, S. 278 (Fußnote).

430) Radbruch, S. 210; Schwinge (b) ,S. 68.

431) So auch ausdrücklich Sax, S. 147.

432) Nach Bartholomeyczik, S. 119 geht dagegen die Analogie „über den Sinn des Gesetzes hinaus“. Damit wird jedoch nicht berücksichtigt, daß die Notwendigkeit von Eigenwertungen die Verbindlichkeit der gesetzlichen Wertungen nicht aufhebt.

433) Reichel (a), S. 103.

hänge hat bereits der Kommentar Staudingers zum Bürgerlichen Gesetzbuch hingewiesen, wenn er betont, man müsse die flüssige Grenze zwischen Auslegung und Analogie nach dem Maße der graduellen Abweichung vom Gesetz bestimmen[134]). Damit wäre festgestellt, daß es bestimmte Fälle gibt, bei denen eindeutig nur Auslegung und keine Analogie betrieben wird, und bestimmte andere Fälle, bei denen es geradezu umgekehrt liegt, daß aber dazwischen eine Fülle von Fällen verbleibt, bei denen es höchst zweifelhaft ist, ob jeweils von Auslegung oder von Analogie gesprochen werden muß[435]).

Aber es tauchen noch weitere Bedenken auf, die es nicht ratsam erscheinen lassen, den bisher betrachteten Unterscheidungsmaßstäben zu folgen. Da alle Tatbestands- und Rechtsfolgebegriffe einer Rechtsnorm zugleich Rechtsbegriffe sind und daher nur aus dem Normzusammenhang verstanden werden können, ist die Gesetzesterminologie nicht an den gewöhnlichen Sprachgebrauch gebunden, mag es auch rechtspolitisch sinnvoll sein, sich möglichst an diesen anzuschließen. Alles, was unmittelbar oder mittelbar dazu dient, die Bedeutung dieser Rechtsbegriffe aufzuhellen und zu bestimmen, ist Auslegung. Gesetzesinterpretation wäre also jede Tätigkeit, die darauf ausgerichtet ist, den Gesetzswortlaut so zu deuten und notfalls auch richtigzustellen, daß er als ein integrierender Teil der als Einheit vorgestellten Rechtsordnung gelten kann. Man wird aber noch einen Schritt weitergehen müssen. Die Auslegung hat den rechtlichen Gehalt des Gesetzes, die ihm immanente Gestaltungskraft nicht nur in dem oben genannten Sinne herauszuarbeiten, sondern auch so darzubieten, daß sie für die Rechtsanwendung fruchtbar gemacht werden kann, denn die Auslegung erfolgt ja im Hinblick auf diese Rechtsanwendung und steht in deren Dienst, so daß es auch noch als Auslegungstätigkeit gelten muß, den bereits sinngemäß erfaßten Rechtsstoff so darzulegen, daß er sich als möglichst zweckmäßig formuliert für die juristische Subsumtionstätigkeit erweist.

Der Begriff der Auslegung ist damit zunächst von dem der Analogie völlig unabhängig. Wird er jedoch in bewußter Abgrenzung zur Analogie hin definiert, so zeigt sich, daß er eine ganz bestimmten normativen oder dogmatischen Zielen dienende Zweckschöpfung ist, die keinen Anspruch darauf erheben kann, die Sache selbst in ihrer vollen Tragweite zu umgreifen. Jede dieser Abgrenzungen schwebt dabei in der Gefahr, zu verkennen, daß Analogie und Auslegung zwar Berührungs-

---

434) Staudinger, 1. Bd., S. 31.

435) Interessant in diesem Zusammenhang ist beispielsweise die unterschiedliche Behandlung der Entziehung elektrischer Energie in der deutschen und der französischen Rechtsprechung, obwohl der Begriff der „Sache" in beiden Rechtssystemen weitgehend übereinstimmt (Schönke, S. 89).

punkte und Überscheidungen aufweisen, im Grunde jedoch auf völlig verschiedenen Ebenen liegen, und daß sich die zwischen beiden bestehenden Beziehungen als wesentlich komplexer darstellen, als es nach den üblichen Abgrenzungen den Anschein hat. Sauer hat die Verschiedenheit der Ebenen von Analogie und Auslegung herausgestellt[436]) und sie zum Ausgangspunkt einer Unterscheidung gemacht, indem er meint, die Auslegung gehöre der Rechtserkenntnis an, die Analogie hingegen der Rechtsanwendung. Auslegung wäre demnach der methodisch erste Schritt, der den Sinn des Gesetzes klarstellt. Bei der Rechtsanwendung wäre es sodann weiterhin festzustellen, ob der zu entscheidende Fall im Rahmen dieses Gesetzessinnes liegt. Bejaht man dies, so wäre eine einfache Subsumtion möglich und für die Analogie kein Raum; kommt man zu einer Verneinung und fällt der Sachverhalt auch nicht unter den Sinn einer anderen Norm, dann müßte sich die Frage nach der Zulässigkeit eines Analogieschlusses ergeben, der, wie Sauer meint, den Sinn eines Gesetzes auf einen a n d e r e n , aber „rechtsähnlichen" Fall anwende[437]).

Auch unabhängig davon, daß die Beziehung der Auslegung zur Rechtsanwendung weiter geht, als es in der Charakterisierung der Auslegung als eines vorbereitenden Schrittes zum Ausdruck kommt, ist die durch die Unterscheidung Sauers gewonnene Klarheit freilich zunächst nur eine scheinbare. Sauer wendet sich dagegen, die Analogie als eine über den Sinn des Gesetzes hinausgehende Auslegung aufzufassen, gleichzeitig betont er aber, bei der Analogie gehe es um die Behandlung eines „anderen" Falles, also wohl eines solchen, der unter den klar herausgearbeiteten Sinn des Gesetzes nicht subsumiert werden kann. Auf diesen Fall soll jedoch andererseits gerade der Sinn des Gesetzes Anwendung finden, und es soll weiterhin eine Rechtsähnlichkeit bestehen[438]), die doch wiederum danach zu prüfen wäre, ob der zu entscheidenden Fall und die analog heranzuziehende Norm auf den selben Grundgedanken beruhen.

Immerhin zeigt die Verweisung von Auslegung und Analogie auf zwei verschiedene Ebenen, daß es wenig sinnvoll ist, die Frage aufzuwerfen, wie weit sich die Auslegung vom Gesetzeswortlaut entfernen dürfe, ohne dadurch zur Analogie zu werden, daß vielmehr die zuläs-

---

436) Sauer (c), S. 308; so auch bereits S. 291, wo er versucht, diese Unterscheidung der Ebenen auch durch den Hinweis zu begründen, die Analogie unterstehe notwendigerweise der konkreten Betrachtungsweise, die Auslegung hingegen vor allem der abstrakten. In dieser Schärfe ist die Abgrenzung aber nicht aufrechtzuerhalten, da einmal auch die Auslegung im Hinblick auf konkrete Fälle erfolgen kann, zum anderen kein Grund ersichtlich ist, warum die Analogie im Bereich einer weitergehenden Abstraktion kein Heimatrecht mehr haben sollte.

437) Sauer (c), S. 307 f.

438) Sauer (c), S. 288.

sige Loslösung vom Gesetzeswortlaut für die Auslegung völlig davon unabhängig zu entscheiden ist, ob ein Analogieschluß gezogen werden kann oder nicht.

Um jedoch die unterschiedlichen Ebenen von Analogie und Auslegung schärfer herausstellen, muß man den Analogieschluß in der von der Logik dargebotenen Gestalt von der axiologischen Analogie unterscheiden. Wenn man das Problem auf einen einfachen Nenner bringt, so wird man sagen dürfen, daß der logische Analogieschluß gewissermaßen im Dienst der Gesetzesauslegung steht, indem er sie vorbereitet, während die axiologische Analogie geradezu als das Ergebnis der Auslegung erscheint, diese also voraussetzt. Freilich wird sich zeigen, daß damit noch nicht alle wesentlichen Punkte der Beziehung von Analogie und Auslegung erschöpft sind.

Dem logischen Analogieschluß eignet keine innere Gewißheit, er kann nur zu vorläufigen, problematischen Ergebnissen kommen, die einer Bestätigung durch metalogische Erwägungen und Einsichten bedürfen. Hat man nun einen vorgestellten Sachverhalt, der zweifelsfrei eine in einer Rechtsnorm festgelegte Rechtsfolge auslöst, so wird durch Vergleich bestimmter weiterer Fälle mit diesem zweifelsfreien Rechtsfall aus der — axiologisch freilich noch nicht gesicherten — Festellung von partiellen Übereinstimmungen der Tatbestände die Folgerung nahegelegt, auch in diesen Fällen müsse die Rechtsfolge eintreten. Der Auslegung werden damit Wege gewiesen, die jedoch durch weitergehende axiologische Betrachtung auf ihre Gangbarkeit hin überprüft werden müssen. Letzteres aber ist insoweit eine Auslegungstätigkeit, als auf die dem Gesetz zugrundeliegenden Bewertungen zurückgegriffen wird.

Aber der Analogieschluß selbst setzt seinerseits zumindest ein Minimum an Auslegungstätigkeit voraus: Indem er nämlich bewußt davon ausgeht, daß der Ausgangsfall „zweifelsfrei" nach den gegebenen Normen die Rechtsfolge auslöst, erweist es sich als notwendig, daß zuvor die Auslegung diesen Ausgangspunkt als gesichert ergeben hat. Man wird deshalb den Analogieschluß der Logik als eine Methode ansehen dürfen, die der stufenweise Entfaltung der Auslegung dient und dementsprechend mit der Auslegung selbst nicht verwechselt werden darf. Aus der problematischen Natur des Folgesatzes des Analogieschlusses folgt freilich, daß die Reichweite der Auslegung sich nicht so weit zu erstrecken vermag, als der *logische* Analogieschluß in der Aufzeigung *möglicher* Folgerungen reicht.

Bei der axiologischen Analogie, die in sich juristische Gewißheit besitzen muß, liegen die Dinge weitgehend anders: Um zu einer vollständigen Gewißheit zu gelangen, muß Klarheit über Sinn und Tragweite der analog herangezogenen Gesetzesnorm insoweit bestehen, als diese für den zu entscheidenden Fall Bedeutung zu erlangen vermag.

Hier wird also die Gesetzesinterpretation vorausgesetzt oder vielmehr: die notwendige axiologische Betrachtung fällt mit der Gesetzesauslegung zusammen. Soweit alsdann aus den Ergebnissen im Wege der Syllogistik weitere Konsequenzen gezogen werden, erscheint die Gesetzesinterpretation ebenfalls als Voraussetzung der gezogenen Folgerungen; da diese letzteren Folgerungen sich mit logischer Stringenz aus den angenommenen Voraussetzungen ergeben, stellt ihre Auffindung noch selbst eine Auslegungstätigkeit dar, so daß man ebenfalls mit Recht sagen kann, daß sich die Auslegung zum Teil auch als das Ergebnis der Analogie darbietet. Es zeigt sich bei der Analogie die gleiche Dialektik, welche Engisch[439]) für die allgemeine Gesetzesauslegung festgestellt hat: Die Auslegung des Rechtsbegriffs ist logisch gesehen Voraussetzung der Subsumtion, die ihrerseits aber wiederum als Auslegungsergebnis ein weiteres Vergleichmaterial für die Gesetzesauslegung darstellen kann.

Die axiologische Analogie vermag nur insoweit den Rahmen der Auslegung zu sprengen, als ihr eine umfassendere Möglichkeit als der Auslegung zuerkannt werden darf, sich auf Erwägungen zu stützen, welche nicht mehr darauf gerichtet sind, die antizipierten Werturteile des Gesetzes herauszuarbeiten, sondern die dem Bereich der Eigenwertung angehören. Je unergiebiger das im Gesetz dargebotene Material ist, desto stärker treten die additiven Wertungen in den Vordergrund; in i h r e m Bereich kann man dann nicht mehr von Gesetzesauslegung sprechen, obwohl sie noch Bestandteil einer analogen Rechtsanwendung sein können. Eine starre Grenze läßt sich allerdings zwischen Auslegung und Eigenwertung nicht ziehen. Einmal kommt auch in jeder Auslegung ein gewisses Maß an Eigenwertung zum Ausdruck, und zum anderen hört eine ausschließlich auf eigenen Werturteilen beruhende Rechtsfindung, die sich überhaupt nicht mehr an den antizipierten Wertentscheidungen des Gesetzes orientiert, auf, analoge Rechtsanwendung zu sein.

Die Verschiedenheit der Ebenen von Auslegung und Analogie zeigt sich insgesamt gesehen also darin, daß die Analogie, insoweit sie eine Schlußfolgerung darstellt — und zwar nach dem im Rahmen der Logik behandelten besonderen, allerdings nicht auf Gewißheit angelegten Schlußschema als auch als ein auf eine axiologische Betrachtung aufbauender Syllogismus —, innerhalb wie außerhalb der Auslegung Bedeutung zu erlangen vermag[440]) und daß sie, insoweit die Axiologie selbst in Frage steht, gegenüber der Auslegung eine erweiterte Möglichkeit für das Zurückgreifen auf die subsidiären Eigenwertungen eröffnet, wobei sich keine starre Regel dafür angeben läßt, wo die

---

439) Engisch (d), S. 57.
440) So auch Germann (a), S. 121.

Grenze der Auslegung im einzelnen verläuft[441]). In letzterer Hinsicht trifft somit die bereits angeführte Ansicht Staudingers zu, daß das Maß der graduellen Abweichung darüber zu entscheiden hat, wo der Bereich der Auslegung endet.

Als ein wesentlicher Gesichtspunkt für die Eingrenzung kann dabei das Prinzip der Rechtssicherheit gelten[442]). Freilich darf ihre Bedeutung für den hier zu prüfenden Zusammenhang auch nicht überschätzt werden, da ja gerade die grundsätzliche Zulässigkeit der Analogie über die Grenzen des nach traditioneller Auffassung möglichen Umfangs der Auslegung hinaus zeigt, daß es mit einer übertriebenen Vorsicht bei der Bestimmung der Grenzen der Auslegung nicht getan ist. Es geht daher nicht an, die Rechtssicherheit ausschließlich im Sinne einer Vorausberechenbarkeit der Rechtsfolgen zu deuten. Auch sie ist der materiellen Gerechtigkeit verpflichtet und kann damit keine Rechtfertigung für ein zu starres Auslegungsschema bieten [443]).

Zudem können die Akzente in den einzelnen Rechtsgebieten durchaus unterschiedlich liegen, wie das sogenannte „Analogieverbot" im Strafrecht, das im Grunde gar kein Verbot jeglicher Analogie darstellen kann[444]), zeigt. Dieses Verbot bedeutet nichts anderes, als daß bei der Auslegung um der Rechtssicherheit willen besondere Sorgfalt in der Bestimmung der Grenzen zulässiger Eigenwertungen geboten ist[445]) und bestimmte Mindestanforderungen an die Erkennbarkeit der gesetzlichen Werturteile gestellt werden müssen. Eine absolut feststehende Schranke kann freilich nach dem Gesagten auch hier nicht gezogen werden, und eine unangemessene Überbewertung der psychologischen und normativen Bedeutung des Grundsatzes „nulla poena sine lege" [446]) dient weder dem Rechtsfrieden noch der Achtung vor dem Gesetz. Es ist ein Irrtum, zu glauben, solche Abgrenzungen ließen sich ein für allemal definitiv festlegen. Der Gesetzgeber vermag dies so wenig wie die Wissenschaft oder die Rechtsprechung. Ein Recht, das angewandt wird, lebt und entwickelt sich mit den Lebensverhältnissen, deren Ordnung es dient. Das Leben aber spottet der Schranken, die sich gegen die inneren Gesetze dieses Lebens stellen.

---

[441]) Sax, S. 79.

[442]) Riezler (b), S. 339 f. Diese Schutzfunktion des Prinzips der Rechtssicherheit besteht nicht nur zugunsten des gesetzten Rechts, sondern kann auch gegenüber den Präjudizien Bedeutung gewinnen, selbst wenn diesen nicht ausdrücklich im Gesetz eine unbedingt bindende Wirkung zugesprochen worden ist (Germann (c), S. 490).

[443]) Scholz, S. 59 ff.

[444]) Huber, S. 390 (Fußnote); Ehrlich, S. 226; Germann (a), S. 120 f.

[445]) Germann (a), S. 67 f.; Herrfahrdt, S. 79 ff.

[446]) Vgl. hierzu auch Mayer, H., S. 13.

## § 27 Ergebnisse

### I.

1. Die traditionelle Logik deutet den Begriff der Ähnlichkeit überwiegend als partielle Gleichheit und ermöglicht eine Begriffsbestimmung der Analogie als eine Relation zwischen Begriffsverhältnissen (§§ 1, 2).
2. Als Analogieschluß wird in der traditionellen Logik üblicherweise eine Folgerung verstanden, die von einer teilweisen Übereinstimmung zweier Gegenstände auf eine weitergehende Übereinstimmung schließt und sich damit nicht auf eine eigentliche Analogie, sondern auf eine Ähnlichkeit (partielle Gleichheit) stützt (§ 3).
3. Das Verhältnis von Analogie und Induktionsschluß bleibt in der traditionellen Logik im einzelnen kontrovers; es wird aber überwiegend angenommen, daß beide auf den selben Prinzipien beruhen (§ 4).
4. Der Analogieschluß kann mit den Mitteln der traditionellen Logik nicht als logisch zwingend nachgewiesen werden (§ 5).

### II.

1. Die Analogie läßt sich in der Relationslogik deuten als Strukturgleichheit (§§ 6—9).
2. Der Analogieschluß kann im Rahmen der kalkülisierten Logik verstanden werden als ein Schluß von partieller auf weitergehende oder völlige Strukturgleichheit (§§ 10—12).
3. Die Versuche, den Analogie- und Induktionsschluß im Rahmen eines Wahrscheinlichkeitskalküls als logische Folgerungen zu rechtfertigen, bieten keinen Ansatzpunkt für eine Begründung der juristischen Analogie (§ 11).
4. Auch im Rahmen eines Logikkalküls vermag der Analogieschluß nicht als Schlußverfahren begründet zu werden, dessen Ergebnisse gesichert sind (§ 12).

### III.

1. Die kalkülisierte Logik ist geeignet, logische Grundbeziehungen des Rechtssatzes und der Rechtsanwendung darzustellen (§§ 13—17).
2. Die logische Verknüpfung von gesetzlichem Tatbestand und Rechtsfolge läßt sich auf Implikationsbeziehungen zurückführen (§ 13).
3. Die Subsumtion eines Sachverhalts unter eine Rechtsnorm ist kein ausschließlich oder überwiegend logisches Verfahren (§ 14).

4. Für die analoge Rechtsanwendung ermöglicht die kalkülisierte Logik eine klare Scheidung der logischen und metalogischen Elemente (§§ 15, 17).
5. Die „entsprechende Anwendung" von Vorschriften auf Grund von Verweisungsnormen ist nicht ausschließlich mit Mitteln der Logik zu vollziehen (§ 15).
6. Die analoge Rechtsanwendung folgert, soweit sie auf den Analogieschluß der Logik zurückgreift, aus einer partiellen Übereinstimmung in den Tatbeständen die Gleichheit der Rechtsfolgen. Soweit aus qualitativen Unterschieden der Tatbestände auch ein qualitativer Unterschied der Rechtsfolgen erschlossen werden soll, kann sich dieses Verfahren nicht auf den problematischen Analogieschluß im Sinne der Logik stützen (§§ 16, 17).
7. Die Logik vermag keine materiellen Maßstäbe dafür anzugeben, wann zwischen mehreren Tatbeständen „Rechtsähnlichkeit" besteht (§§ 16, 17).

IV.

1. Die Rechtsnormen enthalten antizipierte Werturteile über die nach ihnen zu entscheidenden Rechtsfälle (§ 18).
2. Die Rechtsanwendung vollzieht sich unter Ergänzung der antizipierten Werturteile des Gesetzes durch additive Wertungen (Eigenwertungen) dessen, der das Recht anwendet (§ 19).
3. Rechtsbegriffe sind zu interpretieren aus den für sie maßgebenden Werturteilen (§ 19).
4. Die Gesetzesinterpretation ist nicht für alle Zukunft an die subjektiven Werturteile des Gesetzgebers gebunden (§20).

V.

1. Die analoge Rechtsanwendung gewinnt ihre Maßstäbe aus einer Analyse der durch das vorhandene Rechtsgut vorgegebenen Wertentscheidungen (§ 21).
2. Durch bündige axiologische Begründung geht der juristische Analogieschluß in einen Subsumtionsschluß über (§ 22).
3. Der Analogieschluß im Sinne der Logik behält auch in der Rechtswissenschaft seine Bedeutung als ein vorläufiges Verfahren der Rechtsfindung (§ 22).

VI.

1. Die in der juristischen Literatur und in der Rechtsprechung vertretene Theorie über die Herausarbeitung und Anwendung allgemeiner Rechtsgrundsätze läßt sich weder in ihrem logischen noch in ihrem axiologischen Gehalt eindeutig von der analogen Rechtsanwendung abgrenzen (§ 23).

2. Die analoge Rechtsanwendung kann nicht als eine ausschließlich auf den Einzelfall abgestellte Billigkeitsentscheidung vollzogen werden (§ 24).
3. Das „argumentum e contrario" führt ebensowenig wie die Analogie zu logisch bündigen Ergebnissen; es ist gleichfalls axiologisch bestimmt.
   Für die axiologische Betrachtung schließen beide Argumente einander aus, für die logische Betrachtungsweise hingegen dann nicht, wenn Tatbestand und Rechtsfolge der Vergleichsnorm durch eine extensive Implikation miteinander verknüpft sind und nur eine Aussage über die sich damit ergebenden logischen Möglichkeiten der Ausdehnung der Rechtsfolge auf weitere Sachverhalte gemacht werden soll (§ 25).
4. Der rechtswissenschaftliche Begriff der Auslegung ist, soweit er in bewußter Abgrenzung zur Analogie verwandt wird, eine Zweckschöpfung im Dienste bestimmter normativer und dogmatischer Ziele (§ 26).
5. Analogie und Auslegung sind keine gleichgeordneten Methoden der Rechtsfindung. Der Analogieschluß der Logik kann in der Rechtswissenschaft verstanden werden als ein Mittel der Gesetzesinterpretation; die axiologische analoge Rechtsanwendung stellt das Ergebnis einer Gesetzesinterpretation dar und bildet gleichzeitig wieder die Grundlage für juristische Subsumtionsschlüsse (§ 26).
6. Das in den einzelnen Rechtsgebieten mit unterschiedlicher Stärke auf die Möglichkeiten der Gesetzesinterpretation restriktiv wirkende Gebot der Rechtssicherheit ist eine Frage nach der Begrenzung der Zulässigkeit von Eigenwertungen und nach der Erkennbarkeit der für die Fallbeurteilung maßgeblichen Werturteile, aber keine Frage rein philologischer Erwägungen (§ 26).

Kolibri 360 GmbH
Ferdinand-Jühlke-Straße 7
99095 Erfurt, Deutschland
produktsicherheit@kolibri360.de